U0449221

WINNERS TAKE ALL

赢者通吃

THE
ELITE CHARADE
OF
CHANGING
THE WORLD

当改变世界变成一门生意

ANAND GIRIDHARADAS
〔美〕阿南德·吉里德哈拉达斯 著

吴国卿 译

中国出版集团 东方出版中心

图书在版编目（CIP）数据

赢者通吃：当改变世界变成一门生意 /（美）阿南德·吉里德哈拉达斯（Anand Giridharadas）著；吴国卿译. -- 上海：东方出版中心，2025. 1. -- ISBN 978-7-5473-2661-9

I. F0-49

中国国家版本馆 CIP 数据核字第 20253PR793 号

Copyright © 2018 by Anand Giridharadas
All rights reserved including the rights of reproduction in whole or in part in any form.

上海市版权局著作权合同登记：图字：09-2024-0879 号

赢者通吃：当改变世界变成一门生意

著　　者	［美］阿南德·吉里德哈拉达斯
译　　者	吴国卿
策　　划	陈义望
责任编辑	周心怡
特约编辑	邰莉莉
封面设计	钱　珺
出 版 人	陈义望
出版发行	东方出版中心
地　　址	上海市仙霞路 345 号
邮政编码	200336
电　　话	021-62417400
印 刷 者	山东临沂新华印刷物流集团有限责任公司
开　　本	889mm×1194mm　1/32
印　　张	9
字　　数	189 千字
版　　次	2025 年 3 月第 1 版
印　　次	2025 年 3 月第 1 次印刷
定　　价	59.00 元

版权所有　侵权必究

如图书有印装质量问题，请寄回本社出版部调换或拨打021-62597596联系。

献给奥瑞恩（Orion）和佐拉（Zora）
以及今天出生的逾三十万个小孩，
希望你们看透我们的幻象。

目 录

前　言　/ 001
第一章　这个世界是如何改变的　/ 001
第二章　双赢　/ 025
第三章　戴着恼人贝雷帽的反叛王　/ 051
第四章　批评家和思想领袖　/ 079
第五章　纵火犯是最好的救火员　/ 121
第六章　慷慨与正义　/ 145
第七章　现代世界的运作　/ 193
后　记　"其他人不是你的小孩"　/ 237
谢　词　/ 256
注　释　/ 263

前　言

　　成功的社会就像一部进步的机器，纳入创新的原料，制造出广泛的人类进步。美国机器已经出现故障。

美国处处呈现各种创新的事物，在我们的企业和经济、邻区和学校、科技和社会结构，但是这些新事物未能转变成普遍分享的进步与整体文明的改善。美国科学家在医药和遗传学有最突破性的发现，发表的生物医学研究超越其他国家，但一般美国人健康的改善仍比其他富裕国家的人民缓慢，有几年的预期寿命实际上还下降。拜视频和互联网的力量所赐，美国发明家创造出惊人的学习方法，其中有许多还无须花钱，但今日十二年级学生的阅读测验平均成绩还不如一九九二年。美国已掀起一家刊物所称的"烹饪复兴"，既有蓬勃发展的农夫市场，也有全食超市（Whole Foods Market），但大多数人营养缺乏情况并未获得改善，肥胖和相关病症的发生率持续提高。想当创业家可以利用的工具比以往更方便取得，特别是对在线上学习写代码的学生或Uber司机来说，但拥有企业的年轻人比率从二十世纪八十年代以来却已减少三分之二。美国诞生了一家极为成功的线上超级书店，即亚马逊（Amazon），以及另一家扫描超过两千五百万本书供大众使用的公司Google，但识字率仍然停滞不前，每年阅读至少一本文学作品的人数在几十年来减少了近四分之一。政府可以运用的数据资料越来越多，与公民对话和倾听民意的方法也日新月异，但只有四分之一的民众觉得政府值得信任，比率和动荡的二十世纪六十年代一样。

成功的社会就像一部进步的机器，纳入创新的原料，制造出广泛的人类进步。美国机器已经故障。几十年来，每当变革的果实掉落时，绝大多数会落入少数幸运者的篮子里。例如，顶层十分之一美国人的平均税前所得从一九八〇年以来加倍，顶层1%的所得则增加三倍多，顶层0.001%的人所得更是增加七倍多，然而底层一半美国人的平均税前所得几乎原封不动。这些熟悉的数字表示，三十五年来神奇而令人目眩神迷的改变，对一亿一千七百万名美国人的平均所得毫无影响。另一方面，出人头地的机会已从真正的共享转变成已经领先者的特权。一九四〇年出生的美国人里，在上层中产阶级顶层和下层中产阶级底层环境里成长的人，都有约90%的机会实现比父母辈生活得更好的美国梦。但对一九八四年后出生的美国人来说，贫富对照已成为新现实。今日在接近收入阶梯顶端成长的人有70%的机会实现这种梦想，而在接近底层环境亟需出人头地的人则只有35%的机会攀升到高于父母的地位。较幸运者垄断的不止是进步和金钱：富裕的美国男性除了活得比其他国家的一般人更久外，现在还比贫穷的美国男性更长寿十五年，而贫穷的美国男性寿命则与苏丹和巴基斯坦的男性相当。

因此，数千万名美国人，不管左派或右派，都有一个共同的感觉：游戏规则对他们这种人不利。也许这是我们不断听到谴责"体制"的原因，因为人们期待体制把偶然的发展转变为社会的进步。然而，体制（美国和世界各国皆然）的设计却把创新的利益向上吸走，造成全世界亿万富豪的财富增加速度是一般人的两倍多，让顶层10%的人拥有地球上财富的90%。难怪美国的大众选民——和世界各国的大众一样，近几年来变得更加怨恨和多疑，纷纷拥抱民粹运动，以过去似乎无法想象的方式把社会主义和民族主义带入政治生活的中心，屈服于各式各样的阴谋论与假新闻。在分歧的意识形态两边都有一种正在扩散的认知，认为体制已经损坏，并且必须改变。

一些精英面对这种聚积的愤怒，已躲到豪宅的围墙与大门后，只有在尝试夺取更大的政治权力、保护自己免于暴民攻击时才会现身。但在近几年来，有许多幸运者也尝试一些既值得称许也符合自己利益的做法：试图凭借接管问题来协助解决问题。

在高度不平等现状中的赢家，宣称自己是变革的忠诚支持者，知道问题是什么，而且想参与问题的解决。事实上，他们想引导如何寻找解决方法。他们相信，自己的解决方法应该成为社会改革的前锋。他们可能会加入或支持一般人发起解决各类社会问题的运动，不过较常见的是这些精英发起行动，带头推动社会改革，就好像这是他们投资组合的一支股票或等待重整的公司。由于他们掌管这些社会改革的尝试，这些尝试自然反映出他们的偏见。

这些行动大多不是民主的，也并未反映集体的解决问题方式或全面性的解决对策，反而偏好运用私营部门和掠夺的金钱，以市场角度看待事物，以及绕过政府。它们反映一种极具影响力的观点，也就是不公正现状的赢家——以及协助他们出头的工具与心态和价值——就是解决不公正的秘诀。那些在不平等时代最可能被憎恶的人，借此化身为终结不平等时代的救星。高盛（Goldman Sachs）有社会意识的金融家致力提倡如"绿色债券"和"影响力投资"等"双赢"行动来改变世界。优步与爱彼迎等科技公司宣称，让各地的穷人得以自己当司机或出租空房间而获得收入。管理顾问和华尔街的谋士寻求说服社会部门，他们应借由取得董事席次与领导职位来领导社会追求更平等。富豪统治阶层和大企业赞助的会议与创意集会主持讨论不公正的小组座谈，并拔擢愿意把思维限缩在有瑕疵的体制内改善生活，而非解决瑕疵的"思想领袖"。赚钱的企业在履行企业社会责任时，采用可疑的方法和不负责任的手段，一些富人凭借"回馈"而博取名声，无视他们建立财富时，可能已经制造出严重的社会问题。如阿斯彭研究所（Aspen Institute）和克林顿全球行动计划（Clinton Global Initiative，CGI）等精英论坛，鼓励富人任命自己为改变社会的领袖，解决一向是由像他们这样的人协助制造与延续的社会问题。一种被称为 B 型企业（B Corporations）的社群意识企业已经诞生，反映的信念是"较开明的谋利企业，而非公共监督，是公共福祉万无一失的保证"。两位硅谷亿万富豪资助一项重新思考民主党方针的行动计划，其中一位以不带反讽的语气宣称，他们的目标是放大弱势者的声音，削弱像他们这类富人的政治影响力。

这类幕后精英往往说着"改变世界"和"让世界变得更美好"之类的语言，通常这类语言会让人联想到街头抗争，而非滑雪胜地。但是我们无可避免地终究要面对一个现实：不管这些精英多么努力地帮忙，他们仍继续积聚了压倒性的进步份额，而一般人的生活几乎毫无改善，且除了军队外，几乎所有美国的体制已经丧失大众信任。

我们准备把前途通过一个又一个假设能改变世界的行动计划，托付给这些精英吗？我们准备宣告参与式民主失败，另一种私人形式的改革是未来的新方法？美国的自治政府颓败的状况是放弃、任由它进一步衰亡的借口吗？或是每个人都可能发声、有意义的民主值得我们奋力争取？

不可否认，今日的精英可能属于历史上较有社会意识的精英，但是从数字无情的逻辑来看，他们也是历史上最敢掠夺的一群。凭借拒绝危及他们的生活方式、拒绝接受拥有权力者可能必须为了公众利益而牺牲的概念,这些精英紧抱一套容许他们垄断进步的社会体制,只施舍象征性的残屑给贫苦无依者,其中有许多人若在社会正确运作下本不需要这种残屑。本书试着了解这些精英对社会的关注和掠夺之间、特殊的协助与特殊的囤积之间,以及喂养甚至是教唆不正义的现状,与喂养者尝试修补一小部分现状之间的关系。本书也尝试提供精英如何看待世界的观点,以便我们更能评估他们改变世界运动的益处和局限。

有许多方式理解精英的关注与掠夺,其中之一是精英正在尽其所能。这个世界就是如此,这个体制就是如此,时代的力量大过任何人的抗拒,最幸运的人正在提供帮助。这个观点可解释为虽然帮助只是杯水车薪,但他们已经尽力而为。略带批判性的看法则是,这种精英主导的改变是出于善意却不适当,治标而不治本,并不能改变让我们处境艰难的根本病因。根据这种观点,精英是在推卸做更有意义的改革。

不过,对精英自任社会改革的前锋,还有另一种较黑暗的批判:它不但未能让情况好转,反而让情况变得对他们有利。毕竟,这种做法平息大众被排除在进步之外的一部分愤怒,改善赢家的形象。以私人和自愿性的半吊子措施,排挤可以为所有人解决问题的公共对策,而且这些做法并非出自精英的善意。不容否认的是,在我们这个时代里,精英主导众多改变社会的计划,确实做了许多好事,纾解痛苦和拯救人命。不过,我们也应该记得奥斯卡·王尔德说过,这种精英的帮助"并非解决方法",反而"让困境更加恶化"。在一百多年前,类似今日的时代,他写道:"正如最恶劣的蓄奴者仁慈对待他们的奴隶,以免体制的恐怖被身受其害者发现,并且被深思它的人了解。今日英国的情况也是如此，为害最大的人是那些为善最大的人。"

王尔德的想法在现代人听来可能很极端，尝试为善怎么可能不对？答案可能是：当为善是更大、可能实施更隐秘伤害的帮凶时就有可能。在我们的时代，伤害是金钱和权力集中在少数人的手中，让他们能从近乎垄断变革的利益夺取好处。精英追求为善往往不但未能碰触这样的权力集中，实际上往往形成支撑。因为当精英带头推动社会改革时，能重新塑造社会改革的内容，尤其是让它绝对不至于威胁赢家。在拥有权力者与不拥有权力者的差距如此大的时代，精英已散布必须协助弱势者的观念，但是仅限于采用对市场友善而不动摇根本权力平衡的方式。社会改革应该采用不改变根本经济体制的方法，容许赢家继续赢，进而助长他们想要解决的许多问题。这个法则被普遍奉为圭臬，有助于我们了解在每个地方观察到的现象：有权力者基本上以维持现状的方法，致力于"改变世界"，并以维系不合理的分配影响力、资源及工具的方法"回馈"社会。是否有更好的方法？

代表世界最富裕国家的研究与政策机构——经济合作与发展组织（Organisation for Economic Co-operation and Development，OECD）秘书长，不久前比喻今日的精英姿态有如电影中的意大利贵族唐克雷迪·法尔科内里（Tancredi Falconeri）表示："如果我们希望事物保持原状，就必须改变。"要是这个看法正确，我们四周大部分的慈善、社会创新和捐一得一（give-one-get-one）营销，可能是保护精英免于更险恶变革的保守自卫做法，而非改革措施。经济合作与发展组织秘书长安赫尔·古里亚（Ángel Gurría）写道，在被搁置的议题中，有许多是"所得、财富和机会的不平等加剧；金融与真实经济日益脱钩；劳工、企业及区域间的生产力差异扩大；市场赢家分食最大块饼的现象；税务体系的进步停滞；贪腐和政治与体制被既得利益者挟持；决策不透明和缺少一般民众参与；教育并传递给未来世代的价值贫乏"。古里亚写道，精英发现有无数种方法可以"表面上做出改变，实际上毫无改变"。可能因真正的社会变革损失最多的人却让自己掌管社会改革，而且往往获得了最需要社会改革者的被动许可。

以这些趋势为标志的时代，以唐纳德·特朗普（Donald Trump）当选总统达到顶峰，再自然不过了。特朗普既是揭发者，又是剥削者，也是崇尚精英领导社会变革的体现。过去很少有人像他这么成功地利用大众普遍的直觉——发现精英虚伪地宣称，他们做的是为大多数美国人好的事。他将这种直觉煽动成狂热的愤怒，引导其对准大多数边缘化、无助的美国人，而非精英。特朗普正体现了这种助他崛起并被他善加利用的骗局。正像他抨击的精英，特朗普成了扮成叛徒的当权人物。他变成自命为穷人、未受教育者的强大保护者，并且违反所有证据，坚称他的利益与他追求的变革无关。他变成富豪统治阶层变革理论的头号推销员，宣称对最有权力的他最好的事，也是对最弱势者最好的事。特朗普是一个归谬论证，代表一种文化要求精英去改革造就了这些精英并让其他人承受苦难的体制。

投票给特朗普的人和对他的当选感到绝望的人有一个共同点，就是感觉这个国家需要彻底改革。我们面对的问题是，金权在握的精英已经主宰经济，并对政治权力殿堂发挥巨大的影响力，我们是否应该容许他们继续进行社会变革与追求更大的平等？唯一比控制金钱和权力更好的是，控制对如何分配金钱和权力努力的质疑。唯一比当一只狐狸更好的是，当一只看管母鸡的狐狸。

关键在于，涉及我们共同生活的改革是由人民选出的政府领导并向人民负责，还是由宣称知道最符合我们利益的富裕精英来领导。我们必须决定是否愿意以效率和规模等优势价值之名，容许民主的目标被个体行为者篡夺，虽然通常真的渴望改善情况，但他们首先要做的却是寻求保护自己。是的，目前的政府功能失灵，但是这让我们更有理由把修复它当成国家的优先要务。企图跨越失灵的民主只会让民主问题更恶化。我们必须自问，为什么自己会如此轻易就对造成今日现状的进步引擎失去信心——这部进步引擎曾促成废除奴隶制、废除童工、限制工作日、提高药物安全、保护集体谈判、设立公共学校、对抗大萧条（Great Depression）、农村电气化、以道路连接全国各地、追求消除贫穷的大社会（Great Society）、扩大妇女和非裔美国人及其他少数族群的民权与参政权，并赋予全民在老年时仍能享有健康、安全和尊严的权利。

本书将描述一系列这种由精英主导、对市场友善、让赢家安全无虞的社会变革。在各章节中，你将认识一些衷心相信这种变革形式的人，以及开始质疑它的人。你将遇见一位新创公司的员工，她相信自己服务的营利公司真的对解决穷人的困境有一套解决办法，以及她公司里的一位亿万富翁投资人相信，只有积极的公共行动才能阻止遏制公众愤怒的浪潮。你将遇见一位思考者努力应对挑战，因为她想知道能在多大程度上对抗有权势者，还能继续获得他们的邀请与眷顾。你将遇见一位经济平等的倡议者，他的前雇主包括高盛和麦肯锡（McKinsey），在思考自己是否共谋参与被他称为"尝试以造成问题的工具解决问题本身"。你将遇见一位慈善界颇具影响力的人物，他因为拒绝遵守不谈富人如何赚钱的禁忌，而让欣赏他的富人大惊失色。你将遇见一位美国前总统，在他涉入政坛之初怀抱着通过政治行动改变世界的信念，在卸任后却开始与财阀巨富往来，并倾向支持私人变革法，能让他们受益，而非吓跑他们。你将遇见一位备受爱戴的"社会改革者"，他对自己改变世界的商业方法是否像宣传的那么有效而暗自存疑。你将遇见一位意大利哲学家，提醒我们当金钱接管变革后，有哪些事情将被迫靠边站。

这些各式各样的人物有一个共同点，就是他们正在与某些强而有力的迷思搏斗——塑造极端权力集中时代的迷思；这些迷思容许精英私人式、偏袒与自保的行动被当成真正的改变；让许多本意良善的赢家说服自己和大部分人，他们"凭借行善成功"的计划是为了应对这个社会排斥普遍发生的时代；它们为保护个人特权罩上无私的光环，并且对更有意义的变革投以惊异、激进和暧昧的眼光。

我写作本书是希望揭露这些迷思真正的面貌，在我们的时代里，有许多看似改变的改革实际上是为了保卫不改变。当我们看穿助长这种误解的迷思时，通往真正改变的路途就会清楚呈现，我们就可能再度改善世界，而不需要征求有权者的同意。

第一章
这个世界是如何改变的

学生受到商业世界教条的影响,这些教条通过广告与所谓思想领袖的 TED 谈话和书籍来散播,以"大规模"方式做一切事情,这正是"去改变百万人的生活"这些话语的由来。此外,这个时代不断告诉年轻人,他们可以"凭借行善成功"。

希拉里・柯恩（Hilary Cohen）的学院派思想里充满亚里士多德（Aristotle）和高盛的教导，她知道自己想改变世界，却对一个困惑周遭许多人的问题陷入深思：世界应该如何改变？

当时是二〇一四年，柯恩还是乔治城大学（Georgetown University）四年级学生。她必须决定接下来的路该怎么走，要担任管理顾问吗？该成为犹太拉比吗？她该到一家非营利组织工作，直接服务人群，还是应该先接受企业工具的训练？如同美国精英大学的学生几乎无可避免的，她已经吸收成功者的信息，认为这些工具是服务他人的必要条件，要促成有意义改革的最佳方法，就是在既有的体制中实习。

柯恩对改变世界的兴趣虽然在她的世代中很寻常，但是以她的背景论却并非一定如此。她在休斯敦一个慈爱、关系密切的家庭中成长，是富裕的《华尔街日报》（*Wall Street Journal*）订户，母亲是积极参与精神健康团体和犹太社群的志愿者，父亲则在金融界（市政债券、房地产）工作。除了较传统的父女活动，如担任她的运动球队教练外，父亲还训练她投资分析。小时候，父亲会叫她到商场四处闲逛，注意哪些商店的人潮最多，有时候会根据她的观察买股票，当股票上涨时就会称赞她。父亲的职业能支付柯恩从幼儿园到十二年级都就读休斯敦的金凯德学校（Kinkaid School），这是一所以教育"全能小孩"和"平衡成长——智识、体能、社会与道德"哲学建立的准备学校。父亲早上送柯恩上学时，总会提醒她"学一点新东西"。和许多这类学校的学生一样，柯恩可能沉浸在各种激励的思想、履行被要求的社区服务，并像父亲一样找到薪水丰厚的白领工作。

但是柯恩从有记忆以来，也对政治和公共服务感兴趣，她表示"从三年级开始担任过你能想到的每种学生自治会职务"。她的童年梦想是"二〇三二年选希拉里·柯恩",而这个梦想获得一个虚拟的脸书（Facebook）社团和几件实体T恤支持。高中时,她服务于休斯敦市长的青年议会,参加哈佛大学的"国会:政策、政党和体制"暑期课程,并在国会山庄实习。最后,她进入位于华盛顿的乔治城大学就读,似乎偏离父亲的轨道,转向不同的星系。

柯恩渐渐培养出对商业的兴趣,和她原本就对政治抱持的热情,以及隐约对数学、科学和其他严肃学问的喜好。但是她很快就发现自己的改变,她并不是第一个在古老石造建筑和绿色方形庭园被理想主义感召的大学生,她上过一堂大一的教育课,阅读亚里士多德的《尼各马可伦理学》(*Nicomachean Ethics*)。她说,那本书"影响我最深,可能改变了我在大学和以后人生的方向"。

柯恩认为这本书挑战了许多人生意义的假设,特别是一个在休斯敦的富裕社区长大、从小接受金融家的耳提面命,并进入预备学校和乔治城精英大学的人可能深信不疑的假设。"赚钱的生活是被迫做出的选择,"亚里士多德说,"而且财富显然不是我们追求的善;因为它只是有用处,而非目的本身。"她始终没有忘记这些,而且这些学习感召她寻找一个超越物质的目的。"它超越所有你可能误以为是人生目的的东西。"柯恩说,好比光荣、金钱、荣誉、名声,"他列出各种理由,证明那些东西终究永远无法满足你。"唯一真正终极的善是"人的自我实现"。

那堂课促使柯恩转而主修哲学。她也修习心理学、神学和认知科学等课程,因为她想了解人们怎么破解如何过得好的古老困境。随着即将完成学业,她决定实现帮助他人达成自我实现的理想。和许多同学一样,她想成为好的变革代理人。如果这种渴望在她的同辈间很普遍,也许是因为他们经常被提醒自己是社会里幸运的一群,而且这是一个对不幸者越来越缺乏怜悯的社会。

柯恩于二〇一〇年开始的乔治城岁月里,对不平等和美国梦似乎遥不可及的愤怒尚未达到顶点,但是这股浪潮已无法避免。经济大衰退后的美国仍在休养生息,而在华盛顿乔治城大学的环境里也可以清楚看到,柯恩出生以来的中产阶级化已使附近Ward Two 社区的黑人人口比率减少一半,只占社区人口的一小部分——这个事实通过大学报纸《霍亚报》(*The Hoya*)的报道而让学生印象深刻。柯恩入学后两个月,茶党用完全有别以往的方式在二〇一〇年期中国会选举获得大胜。"他们似乎已经不再关心一般上班族。"学者凡妮莎·威廉森(Vanessa Williamson)和西达·斯柯克波(Theda Skocpol)在柯恩大一春季时刊登的报道中,引述一个名叫比佛利(Beverly)的茶党党员分析这个运动的话语,而这两位学者后来都在乔治城大学任教。

占领运动(Occupy Movement)在柯恩大二的前几周启动。一部分受到该运动鼓动的美国人用谷歌搜寻"不平等"的次数在柯恩大学期间增至两倍多,搜寻"百分之一"的次数则增至三倍以上。在她大三的春季,新教宗被选出,对方是一位像乔治城大学领导者的耶稣会士。教宗方济各(Pope Francis)很快就呼吁:"通过拒绝市场的完全自治和金融投机,并且借由打击不平等的结构性原因来彻底解决"贫穷问题。《霍亚报》评论,这些从罗马传出的信息正在校园里引发回响。耶稣会教士暨政治学教授马修·卡尼斯（柯恩不久后和他在一个慈善计划共事）告诉《霍亚报》，校园里长期批评不平等的人感受到教宗的"背书"。在柯恩大四前的夏季，"珍视黑人生命"（Black Lives Matter）运动诞生，吸引许多同班同学加入这个美国现代史上对不平等较尖锐的批判之一。随着柯恩即将毕业，鲜为人知的法国经济学家托马斯·皮凯蒂（Thomas Piketty）出版出乎意料的畅销书《二十一世纪资本论》（*Capital in the Twenty-First Century*），这是一本一千一百克重、七百零四页的批判不平等的著作。

皮凯蒂和一些同事后来又发表一篇论文，写到二〇一四年的一项惊人事实，那年也是柯恩毕业并开始赚钱独立生活的一年。论文的研究显示，像柯恩这样的大学毕业生可以合理地假设最后将会是顶层10%的所得者，他们的税前所得将是一九八〇年类似条件者的两倍以上。如果柯恩攀升到顶层1%所得者，收入将会是父母那一辈顶层1%收入的三倍多，这个精英阶层今天平均一年所得为一百三十万美元，相较于一九八〇年时为四十二万八千美元（经过通货膨胀调整后）。如果她很幸运地进入顶层0.001%，收入将达到一亿二千二百万美元，是一九八〇年时的七倍以上。这项研究的另一个惊人之处是，在同一期间，底层半数美国人的平均税前所得从一万六千美元增加至一万六千二百美元；换句话说，一亿一千七百万人"从一九七〇年代以来完全被排除在经济成长之外"，皮凯蒂、伊曼纽尔·谢兹（Emmanuel Saez）和嘉布里埃尔·祖克曼（Gabriel Zucman）写道。一代人改变世界的创新，只为一半美国人带来微薄的进步。

分歧的美国是柯恩正要决定未来时现实氛围的一部分。柯恩表示，最能反映她愿望的一句话是乔治城大学里许多厅堂看得到的一句话："去改变百万人的生活。"它激发许多人渴望探究那个时代呈现的种种社会问题，而且暗示这种渴望受体制和市场资本主义的道德观所扭曲。

柯恩解释，当她和朋友思考要为他人而改变世界时，这也深受时代的影响。那是一个资本主义没有同等分量与影响力的意识形态对手的时代，因此很难摆脱市场的语汇、价值及假设，甚至在思考像是社会改革这种主题时亦然。在美国校园里，社会主义社团已经让位给社会企业社团，学生也受到商业世界教条的影响，这些教条通过广告与所谓思想领袖的 TED 演讲和书籍来散播，以"大规模"方式做一切事情，这正是"去改变百万人的生活"类似话语的由来。此外，这个时代不断告诉年轻人，他们可以"借由行善成功"。因此当柯恩和朋友寻求改变世界时，她表示，他们的方法是创立事业多过推翻或挑战现状，大多相信建立行善的事业比挑战坏事物更具力量。

一个世代前，他们的父母辈谈到"改变世界"时，有许多人倾向于遵循推翻"体制""当权派""高层"这类语言表达的思想。在二十世纪六十和七十年代，乔治城大学是较保守的校园之一，部分原因是它的宗教基础。但是其中仍有不少热情的改变世界者，他们抗议越战，并质疑体制，加入如激进联合会（Radical Union）一类的组织，这些组织曾在当时发表公开信，呼吁支持者阅读毛泽东语录。"校园里只有四分之一的人觉醒——他们穿着破烂衣服，"一九七一年出版的《选择大学的地下指南》(*The Underground Guide to the College of Your Choice*) 一书作者苏珊·博曼（Susan Berman）写道，"不过情况已有进步，因为三年前有一些酷哥还穿运动外套、打领带来上课。"

比尔·克林顿也是这些酷哥之一，他在一九六四年进入乔治城大学就读，并在大二返校时欣慰地发现穿衬衫、打领带的规定已经取消了。这位未来的总统不认为自己激进，虽然当时他告诉采访人莫里斯·摩尔（Maurice Moore），他有很多朋友"是我应该归类为嬉皮或叛逆世代的分子"。克林顿刻意远离他描述为"相当不健康的消极主义"的嬉皮运动，但是他个人选择的路显示当时想改变世界的年轻人如何考虑他们的选项。他告诉摩尔，考虑就读法学院取得博士学位，然后"参与国内政治——竞选或这类事务"。他受到林登·约翰逊（Lyndon Johnson）总统大刀阔斧的民权和向贫穷宣战的鼓舞，也认为当时相信"如果你诚心改变世界，就要从体制着手，解决社会问题根本"并不奇怪。

不过，从那个年代以后，乔治城大学和美国及整个世界逐渐被一种改变世界最好方法是成功的意识形态所主宰。这种意识形态往往被称为"新自由主义"（neoliberalism），以人类学家大卫·哈维（David Harvey）的说法则是"一套政治经济运作的理论，提倡提升人类福祉的最佳方法是通过以强大的私人财产权、市场和自由贸易为特性的体制，解放个人的创业自由与技术"。他认为，这套理论背后往往伴随着"去除监管、私有化和国家退出社会供给的许多领域"。哈维写道："虽然个人可以确保在市场的自由，但是每个人必须为自己的行为与福祉负责，这个原则延伸到福利、教育、健保甚至退休年金的领域。"政治哲学家亚恰·蒙克（Yascha Mounk）解释这种意识形态的文化后果是，带来新的"责任的时代"，在这个时代里，"责任在过去意谓协助支持他人的道德责任，转变成照顾自己的需求"。

这场革命的发起者是右派政治人物，如借由践踏政府角色取得权力的罗纳德·里根（Ronald Reagan）和玛格丽特·撒切尔（Margaret Thatcher）。里根宣称："政府不是我们问题的解决办法；政府就是问题。"两百年前，美国的立国者建立立宪政府，以"建立更完善的联盟，树立正义，保障国内安宁，提供共同防务，促进公共福利，并让我们自己和后代享有自由的幸福"。现在他们创造一个协助美国成为史上最成功社会的工具，却被宣告是这些目的的敌人。在大西洋对岸，撒切尔呼应里根说："没有社会这种东西。只有个别的男人、女人和家庭，除非通过人民，否则没有政府可以做任何事，而人民必须先照顾自己。"在实务上，他们的革命在美国和其他国家演变成降税、削弱监管，以及大幅降低学校、在职训练、公园与整体公共事务的支出。

不过，右派政治势力无法独力发起革命，这时候需要的就是忠诚的反对势力加入。因此，新自由主义者扶植美国政治光谱左翼里一个可以合作的派别。这个新自由派将保留左翼改善世界与照顾弱势群体的传统目标，但是将越来越以对市场有利的方式追求目标。克林顿将成为这个派别的家长，主张他所谓的左派与右派之间的第三条路，他在一九九六年说的话被视为具有历史里程碑意义："大政府的时代已经结束了。"

克林顿从六十年代拥抱约翰逊的大政府行动主义，到九十年代宣称大政府终结的转变，凸显出一种文化转向，而柯恩在二十一世纪最初十年的乔治城大学里可以明显看到它的影响。当她和同侪受到改变世界的渴望驱动时，他们的想法与可得的资源,往往引导自己走向市场——认为那是最能解决问题的地方,而非政府。昔日那种重新想象世界的年轻人冲动,现在已被支配时代的观念形塑和指导:如果你真的想改变世界,就必须仰赖资本主义的技术、资源及人才。例如,在二〇一一年,乔治城大学发现有一百五十万美元可供学生活动的经费,学校行政当局不想继续管理这笔钱,便允许学生投票决定如何使用这笔款项。他们从几个提案中挑选一个用来成立"学生管理的捐赠基金,把款项投在学生与校友在世界行善的创新构想"。柯恩加入这个社会创新和公共服务基金,成为创始信托董事会的两名学生董事之一,其他董事则包括一名私募股权基金主管和一些企业家,以及乔治城大学的教授。这绝对是值得称许与立意良善的创举,而且反映在被市场共识支配的时代里,有多少年轻人被教导要如何思考变革:把它视为可通过投资委员会来追求的事,就像通过社会行动和政治行动一样。

拥护企业的人近几十年来在深入校园生活方面表现得可圈可点,并已设置专为劝诱学生追随他们的计划。例如,在七十年代初,乔治城大学接受已故乔治·贝克(George F. Baker)家族的一项赠礼;贝克就是后来的花旗银行创办人与哈佛商学院主要创始捐款人。哈佛商学院接受协助它创立的捐款人,设置贝克学者计划以鼓励最优秀的学生,这或许是很自然的事,但是在乔治城大学设置贝克学者计划还有更巧妙的目的,该计划专注在培育人文教育学生,提供他们"学习商业世界"的"独特机会"。

柯恩申请这项计划,主因并不是想要成为企业家,而是开始被商业世界可以提供有效的多元训练的说法说服。她争取到面试的机会,回忆说,结果是由四名受托管理人面试她,"他们大多正任职或曾任职于金融/顾问业"。当柯恩被要求说明对商业的兴趣时,她提到曾为父亲做过商场研究。她表示,面试的问题反映出乔治城大学耶稣会传统的改变世界观和市场派成功价值观之间的冲突。"我记得被要求当天就要评估出如果获利与道德标准冲突时该如何取舍、我们如何实践'服务他人'的耶稣会理念,以及如何用两个句子清楚说明我的'个人品牌'。"她说。

柯恩的回答获选成为贝克学者计划的一员,进而得到一次罕见的参观企业界内部运作的机会,那并不是像对法律援助有兴趣的学生所能获得的机会。这个计划会定期在校园举行会议,并派遣她到其他城市,访问 Kiva[1]、DoSomething、Kind 和美国职业赛车联盟(NASCAR)等公司团体,以及咨询业、金融服务业和媒体与科技业公司。

虽然这个计划向文科学生推销企业,它的受托管理人之一却默默传达一个相反的信息。这位名叫凯文·奥布赖恩(Kevin O'Brien)的耶稣会神父在二十世纪八十年代曾是贝克学者,并通过这个计划的协助开启企业律师生涯。后来他为了神职而离开商业界。他负责举办与柯恩同批的九名贝克学者的晚餐会。"他经历过并离开了我们大部分人即将进入的商业界,所以经常委婉地提出一些实际上比其他较保守的受托管理人更刺激的问题,"她说,"他提醒我们要更常思考自己的天职,还有如何'赚灵魂钱'。"

奥布赖恩神父的劝诫,与从招募实习生开始的企业招募者之间,产生强大的势力冲突。在职业至上文化已经接管许多主要大

---

[1] 由 Matt Flannery 创立于 2005 年 10 月,是提供在线小额贷款服务的非营利组织。

学的情况下，一个能接近潜在职业的充实夏季是许多心怀大志的学生不可错过的机会。柯恩全心投入。二〇一〇年，柯恩开始在国会山庄实习，这是她身边许多人认为学习如何推动变革的老派方法。公司和较具社会意识的企业，如汤姆斯布鞋（Toms Shoes），或是影响力投资基金，在她的圈子里是较受推崇的。虽然柯恩并不认同这种看法，但是也并未真正反对。国会山庄之后，她进入一家教育科技公司实习。当时是大四前的夏季，珍视黑人生命运动正渐渐兴起，她追随许多其他渴望行善的人进入高盛，从事分析师工作。

对一个渴望帮助他人的人来说，这似乎是不太可能的选择。但是在她的圈子里，这么做一点也不奇怪。柯恩绝对不是第一个被像高盛这类公司持有的观点所吸引的人，这个处处听得到的观点，就是他们教的技能对任何改变都是极重要的准备。管理咨询公司和华尔街金融业者近几年来已说服许多年轻人，表示他们可以提供比人文教育更优越的教育：为你未来想从事的任何事业做准备的高度可携式训练。据柯恩表示，这类公司也说："想要成为这个世界的领袖，你就需要这套技能。"

柯恩并没有立刻全面接受这些观念，她曾考虑在校园或网络上刊登广告的非营利组织里工作，不过她觉得比较冒险。当然，她希望马上投身改变世界，但是为什么不接受私人公司提供的磨练技能和自我修炼的机会？她看到的一些非政府组织似乎没有给年轻人需要的职业规划，也没有承诺教人承担更大责任与影响力的前景。许多这类组织每年只雇用一两名毕业生，并期待他们在没有指引下自寻出路，相比之下，大公司招募整群人担任初阶分析师职务，以"班级"称呼他们，微妙地呼应了对学生宿舍时代的怀旧之情。

柯恩仍然相信亚里士多德；她相信金钱本身不是像许多人认为的目的，而是一种手段，而且已经接受的信念告诉她，人必须学习如何运用金钱，才能让世界变成更好的所在。

大公司不但竭尽所能地描绘自己是未来推动变革者的跳板，还是今日推动变革者的实验室。例如，高盛设立一项称为"一万女力"（10000 Women）的行动计划，做法是投资女性企业主并且加以指导。高盛的推广资料上表示，这项计划是"减少不平等与分享更多经济成长最重要的手段之一"，这是一个高盛向来不重视的目标。柯恩在那里担任暑期分析师时，高盛也参与一项投资一千万美元于纽约监狱计划的实验（最后不了了之）。根据这项称为"社会影响力债券"的金融工具，如果高盛投资的监狱教育计划能大幅降低再犯率，将能从中获利。

尽管用这类努力来赢得像柯恩这些人的好感，但在高盛实习一个夏天的经历似乎不适合她。对她来说，这种"行善"有点太偏向"借由行善成功"了，更踏实的选择是麦肯锡，她喜欢参加一个解决大规模问题的训练营，如校园招募描述的那样。麦肯锡绝大多数的客户是企业，但是招募者了解像她这种年轻人的思维，因此特别强调社会和公共部门的计划。柯恩半开玩笑地说，听完简报会的人可能以为，如果被雇用，将来会花费大部分工作时间在协助海地的震灾重建与向梵蒂冈提意见上。

即使柯恩逐渐喜欢这个想法，却仍担心在她说过要协助改变他人生活这类大话后，到一家顾问公司工作将会是"最没有想象力、最令人沮丧的决定"。但是麦肯锡和高盛一样，告诉她一个很有说服力的故事。麦肯锡一样不只是一个跳板，还是一个你现在就能改变世界的地方。一份二〇一四年针对渴望成为商业分析师的毕业生为目标的招募手册，似乎说中了所有重点：

> 改变世界
> 改善生活
> 发明新事物
> 解决复杂的问题
> 扩增你的才能
> 建立长远的关系

前三个承诺听起来似乎遥不可及，麦肯锡试着补强。例如，公司设立一个社会实践部门，通过提出像"凭借移动电话提供金融服务，可以促进包容性成长，以造福数十亿人"等构想。敌对的咨询公司也这么做，波士顿咨询集团承诺，"为社会部门和我们的商业客户而改变世界"；贝恩公司（Bain & Company）宣称："我们以改造整个社会部门为目标。"

这些公司事实上在传达一个已散播各地的教条：市场是改变世界的地方，而市场人士是理想的改变世界者。因此，像柯恩这类毕业生遭受的轰炸，不只是经济危机和不平等的故事，还有如何克服这些苦难的武断信息。他们可能已看过摩根士丹利（Morgan Stanley）的"资本创造改变"的广告宣称，"资本的价值不只是创造财富，也创造攸关世界的事物"，而为摩根士丹利工作等于是"带给数百万人更好生活的机会"。这家公司像复活的私人企业版约翰·肯尼迪（John F. Kennedy），呐喊着："让我们募集资本，用来建立改变世界的事物。"他们可能读过一些有影响力的书，例如，大卫·伯恩斯坦（David Bornstein）的著作《如何改变世界：社会企业家与新思想的威力》(*How to Change the World: Social Entrepreneurs and the Power of New Ideas*)，或在《福布斯》杂志上读到像《五家为更好的世界努力的知名公司》，以及《财富》(*Fortune*)杂志上刊登《二十七家改变世界的公司》的文章。他们可能同意爱彼迎（Airbnb）在一篇研究报告中的结论，表示像它一样的企业不是为了赚钱，而是爱，正如《快公司》(*Fast Company*)总结该研究说："会分享的人大多数是因为他们想让世界变得更美好。"他们可能看到像《双重获利》(*The Double Bottom Line*)这类纪录片，诉说两家公司 D. Light Design 与生命泉源医院（LifeSpring Hospital）和今日的许多企业一样，合并"改变世界"与"获利"两个目标。他们可能听到一些公司变成 B 型企业，签署新"独立宣言"，承诺利用"商务行善的力量"和促进"我们追求的改变"。

而且他们可能听到景仰的思想家说，这些新市场导向的改变世界方法不只是旧方法的辅助，而且实际上比旧方法还来得好。例如，纽约大学商学院心理学教授，也是颇受欢迎的 TED 演讲人乔纳森·海德特（Jonathan Haidt），他曾是八十年代初耶鲁大学的左派学生，后来却背弃当年他相信的粉碎权力这一改变世界的方式。他在接受广播主持人克丽丝塔·蒂皮特（Krista Tippett）访问时明确表达他的新信念：

> 我们这个年龄的人成长于相信公民参与的重点是采取行动，因此能促使政府修正民权或其他的事——我们必须让政府做事；而年轻人成长于从未看过政府做任何事的环境——

除了偶尔熄灯以外，所以他们的行动主义不是要让政府做事，而是要发明一些应用程序，采用各自解决问题的方法，这样就能让世界变得更好。

像海德特这样的学者把发明一套应用程序拿来与民权运动相提并论，为柯恩这样摇摆不定的毕业生制造出思想界的氛围。毕竟，或许投入企业不是那么令人沮丧的决定。这种想法可能因为柯恩的同辈随便把什么东西都加上"社会"两个字而被强化——社会创新、社会事业、社会企业、社会投资。的确，柯恩在乔治城大学的最后一学期，校方在校园成立毕克社会影响力和创新中心，目的就是推广越来越具影响力的私营部门改变世界的方法，而这正是她思考的方法，因此也凸显它的诱惑与错综复杂。

这个中心的建立要感谢阿尔贝托·毕克（Alberto Beeck）和奥尔嘉·玛丽亚·毕克（Olga Maria Beeck）的一千万美元捐款，他们从南美洲矿业赚到的大部分钱。世界改变的方式往往攸关这类富有捐款人的财务利益，例如，税务、重分配、劳工法及矿业法规，而乔治城大学和其他大学一样都乐于配合。新中心的总监是索纳尔·沙阿（Sonal Shah），她先后任职于谷歌、高盛及白宫而拥有完美的资历，在白宫时曾为巴拉克·奥巴马（Barack Obama）总统建立社会创新和公民参与办公室（Office of Social Innovation and Civic Participation，OSICP）。该办公室的网站显示，"宗旨是一个简单的想法：我们借由在华盛顿建立从上而下的新计划来推动持久的改变"。对自由派政府来说，这是惊人的宣示，但是在市场思维支配的时代并非不寻常，它反映出有钱有权者可能拥抱的进步理论。

沙阿后来在一篇文章中把这个概念发扬光大，而文章的思想和赞助来源则反映以私人方法解决公共问题的势力崛起。文章的共同作者为吉廷德·柯力（Jitinder Kohli），他掌管德勤（Monitor Deloitte）的公共部门业务，而文章的呈现似乎是德勤、斯科尔基金会（Skoll Foundation）和《福布斯》赞助的系列评论之一。文章表示，由这些人与实体领导的新私人改变世界方法，比老派的公共和民主方法优越：

> 在那个逝去的年代，政府独力负责解决国家最重要的问题，从兴建州际公路系统到新政（New Deal）社会计划等。不过，今日的挑战比以前更复杂，而且交互关联，无法凭单一行为者或解决方案来解决。因此，这是政府让影响力经济（Impact Economy）的众多行为者参与的机会，包括非营利事业和企业。

美国政府可能是人类史上最有权力的机构，却被贬抑为众多行为者中的"单一行为者"，而且无法解决现代问题，这实在是很奇怪的事。根据这个观点，兴建跨大陆公路网与推动新政在当时很容易，但是今日的问题却困难到政府无法解决，因此必须通过富裕捐款人、非政府组织和公共部门合伙来解决。文章中没有提到，这个方法借把出资者提高到领导解决公共问题的地位，进而赋予他们权力以阻止会威胁他们的解决方案。如果你偏好解决大问题的方法需要我的钱，而且给我计划董事的席位，我可能不会鼓励涉及遗产税的解决方案，或是拆解我赖以赚钱和捐钱企业的方案。

私人部门推动改变世界,还可以通过较隐晦的形式取得影响力。例如,毕克社会影响力和创新中心发送的推广资料显示,企业语言如何征服社会变革的领域,排挤较旧式的有关权力、正义及权利的语言。该中心的目的是"促进创新并提供一套独特的技能",并"联合全球领袖大规模推动社会改变",提供工具以"善用资本、资料、科技和政策的力量,用来改善生活"。同时在新闻稿中承诺,"通过新成立的中心,学生将学习如何设计、组织与为发挥社会影响力的职业募集资金,且被引荐给愿意协助培育他们的小企业或非营利事业创意的全球领导者"。通过公共行动解决公共问题的解决方法——改变法律、上法庭、组织公民、向政府申诉民间疾苦都未被提及,反而是大学承诺以"创业精神"这个新焦点,作为"一些世界最急迫问题"的解决方法。

因此,当柯恩在那一年收到麦肯锡的聘书时,可能真的觉得那是一个无趣又讽刺的选择,而且可能真的觉得那是一个以新方法帮助他人的邀请。另一个她参加的综合课程(Capstone Project)举办的一场会议,证明她绝非唯一有这种感觉的人。该计划聚集大四学生编成小组,在一位教授协助下,讨论对最后一年的焦虑与未来的计划。柯恩的小组在三月底参加第九次会议前,主持人通过电子邮件散发关于讨论主题的读物,其中一篇来自学生主办的新闻杂志《乔治城之声》(*The Georgetown Voice*);该杂志是由《霍亚报》前编辑于一九六九年创立,因《霍亚报》不愿报道越南战争。这篇文章提出一个柯恩当时询问自己的问题:"为什么会有这么多的乔治城大学毕业生在银行和咨询业工作？"

文章报道了一个惊人的事实，有超过40%的二〇一二年乔治城大学毕业生，在咨询或金融服务业找到全职工作，并从事该行业。作者发现，这个趋势"似乎与一所以追求耶稣会价值自诩的大学相抵触"，并归因于贪求高薪、许多学生背负高额债务，以及"尊崇金融服务和咨询工作的文化"。该杂志访问的一名学生也说："朋友感兴趣的许多领域，很少不会要求具备几年商业经验的初阶职务。"其他行业的工作似乎也在内化咨询与金融公司自称是必经入口的说法。柯恩和朋友当天讨论那篇文章，恰好反映出她不知如何回应麦肯锡的烦恼。她表示，一共要求延缓接受聘任的期限五次后，才终于决定加入。

她说，她对自己进入麦肯锡后的发现感到"既着迷又惊吓"。她对四周的人才济济印象深刻："我记得我坐在新人说明会上，看到这么多打扮光鲜、表达流利、有条不紊的人，你真的会问自己：'我属于这里吗？我真的是其中的一分子吗？'类似这些事，我着迷于同侪与同事的地位和外表。"不久后，她也开始为过多的工作与大部分专案是企业琐事而非拯救世界而烦恼。她曾听到并且相信的是："你即将有机会接触一般人数十年也不会碰到的问题，而你将让客户的人生变得更好。"但大多数她碰到的计划只是寻常的企业咨询工作，如何降低成本，或是拟订一套进入市场的策略等，她说："有许多只是执行一些较一般性的任务。"

如果说这个工作比招募者承诺的更无趣，柯恩同事对工作的狂热实在难以用无趣来解释，他们工作认真得好像是在解决招募者描述的等待解决的急迫问题，但实际上却不是。他们一边吃晚餐,一边设计Excel表格,让柯恩大感惊讶,因为在她成长的家庭里,吃饭时接听电话"会受到严厉斥责与惩罚"。在从旅馆到客户办公室的五分钟车程里,他们一定会忙着打电话,以便尽可能利用这一点零碎时间的生产力。柯恩说:"这真是一种疯狂的文化。"又说:"慢慢地,可以想见的是你也会这么做。"

柯恩开始怀疑自己的决定,发现自己开始思考是不是该做长辈经常劝她做的事——学习成为犹太拉比。不过,商业是服务途径的逻辑如此强大,所以她告诉自己,这甚至是担任灵性工作的有用准备,以及万一"当拉比这条路走不通"时,在麦肯锡的资历将是一个"备胎"。她补充道,曾任职麦肯锡的拉比可能会听起来更有说服力,"我想,我们常常根据极为有限的资讯来认识事物,而选择、品牌或象征当然代表某些东西"。

接受麦肯锡的工作,让柯恩加入市场世界(Market World)。市场世界代表势头强劲的精英阶层,他们追求成功和行善,在改变世界的同时,也从现状获利。该阶层由开明的企业人士与他们在慈善界、学界、媒体、政府和智库的合作者组成。有自己的思想家,称为思想领袖(thought leaders),自己的语言,甚至是自己的领土,包括一个经常变动地点的会议群岛,它的价值观在那里被强化与散播,并转译成行动。市场世界是一个网络和社群,但也是一种文化与心态。

这些精英相信并提倡社会改变的追求,主要应该通过自由市场和自愿行动,而非通过公共生活、法律及改革人们共享的体制;他们相信并提倡社会变革应由资本主义的赢家及其盟友监督,并且不能与他们的需求为敌;现状的最大受益者应该在现状的改革中扮演领导角色。

在进入麦肯锡的第一周,柯恩还没有见识到市场世界的全貌,尽管她不喜欢这个工作,却可以告诉自己类似今日许多聪明的年轻人说服自己投入青春岁月的话语:他们进入金钱的世界,以便学习帮助弱势人群所不可或缺的工具。柯恩说她安慰自己道:"如果我能学会组织、拆解并解决企业问题,就可以在自己选择的任何问题或挑战上应用这些技巧。"

然后柯恩开始看穿这种想法,她曾深信在商业世界受过训练的人可以获得深奥知识来帮助他人,不过一旦进入其中,却发现学到的东西可以协助一家轮胎公司降低成本,或一家太阳能面板制造商选择有潜力的全球扩张市场,但是称不上是适用于各领域的疗方。会计、医药、教育、情报及航海等行业有自己的工具和分析模型,然而这些方法并未被推广为几乎所有问题的解决方法。

柯恩开始担心这种以企业训练作为改变世界跳板的说法只是招募者的花招,借由美化市场世界看似高贵的意图以便促销。她已签约想要学习的解决问题方法有什么价值?她一面执行客户的专案,一面进行自己的思考练习,这个练习不采用麦肯锡的工具,只问自己认为正确的解答是什么。她说:"正确解答非常少,几乎没有,完全是直线步骤式的'我们要进行这种研究'的操作程序——这种做法实际上很少能找到正确答案。"麦肯锡以这种操作程序闻名,但她表示这些程序"主要用于解答的沟通,但是无法带来解答"。解答来自智慧和常识,但柯恩说,团队会让它们看起来像麦肯锡的招牌解答:"我们会把它们纳入样板。"

虽然柯恩觉得当时学习的方法有误，但她对商业界外的人对这些方法的饥渴感到惊奇。在我们的年代里，许多对自己的方法学缺乏信心的领域，通常渴望将商业思考注入工作中。以商业作为进步、帮助人群和改变世界之万能钥匙的信念如此成功，甚至白宫——无论共和党还是民主党当家，在挑选国家人才与管理国家的决策上，都越来越依赖顾问和金融家。二〇〇九年，《经济学人》（*Economist*）宣称，"轮到麦肯锡试着整顿山姆大叔了"，表示"奥巴马可能偏好麦肯锡人，就好像他的前任对雇用高盛人上瘾一样"。

我们可以说，被延聘进入政府以提供改善公共福祉事务建议的那些人，本身就涉入许多最急迫的公共问题。管理顾问和金融家这些少数精英，在夺取一代人创造的创新价值战利品的过程中扮演关键角色。金融业从美国经济榨取越来越多的金钱，牺牲的不只是消费者与劳工，就连金融业本身也深受其害。越来越多美国的金融资源流入华尔街，未能转换成企业的新投资或劳工的加薪。在此同时，顾问为企业带来生产力革命，他们教导企业如何把一切最佳化，让供应链更扎实，让损益表更稳定。当然，这种最佳化让企业对劳工更苛刻，他们得面对裁员、委外生产、动态调度及自动化等企业进步的阴暗面。这是员工的薪资停滞，而公司获利和生产力提升的部分原因。柯恩说，她的同事通常对这些事实无动于衷。"就好像说：'好吧！我们引发这些问题，但是也知道如何解决问题。'"她谈到一般人的态度，"所以这只不过是我们要解决的新问题——一个由我们造成的问题"。

不过，柯恩对这些解决方法的效力正逐渐失去信心，开始感觉自己并没有真正被教导如何改变世界。她开始思考下一步该怎么做。

与此同时，离开校园后第一份工作是在芝加哥担任社群组织者的奥巴马总统那里，他的任期即将届满。按照现代的惯例，接下来他将成立一个基金会和一所图书馆。他已决定振兴公民生活将是其优先考虑的。之前他常提到企业与富人对美国人的生活影响力太大，而一般人的权力太小。尽管如此，当奥巴马思考如何提振民主时，决定寻求麦肯锡的建议，因为现在有那么多的社会改革者来自麦肯锡。

柯恩被邀请加入这个团队，所以开始研究总统应该如何振兴公民生活的问题。她说，奥巴马寻求麦肯锡的顾问分析问题，"消除了我的疑惑，同时又引发许多疑惑"。如果她深感敬重的一位总统认为应该让麦肯锡的顾问思考这些问题，也许他们应该这么做。另一方面，她怀疑总统也受到误导她的迷思的影响。"为什么他不找一些社群组织者来做这项工作？"她想道。这个计划给她的"犹豫多过希望"，因为似乎对商业世界日增的影响力贡献大过于对社会改变。柯恩陷入天人交战，麦肯锡给的工作让她不安，同时那是她能想到的最令人兴奋的工作。

我们可能把尝试重新思考民主的柯恩和她的顾问同事，视为一群追求进步的资本主义者，想解决一个与自身利益无关的社会挑战。但是我们也可能询问，企业精英是否正在贡献或在接管改变世界的工作？如果是后者，也许让有钱人负责振兴民主的努力，能得到比让其他人负责更好的结果。这有可能，但可能性却很小。因为治病者会重新塑造疾病，以他们的诊断、处方及预后。负责解决问题就是把它当成自己的问题，拥有权力可以决定它需要或不需要如何解决。例如，人类欲望的问题在不同时代有不同的解决方法,从由封建君主全权决定,到赋予代表权给拥有财产者的共和国,再到所有成年人有投票权的民主体制。

让企业顾问公司负责决定社会问题解决方法的最大风险是,可能搁置若干有关权力的根本问题。市场世界的问题解决者不会倾向追究作恶者,而且对探究罪责不感兴趣。柯恩表示,她和顾问同事也可能忽视或小看民主体制受害者的心声,不是出于恶意或必然,而是因为他们的心态。如果你把世界视为一个工程问题,一个有刻度的仪表板或是可切换的开关,能让你调整到最佳状态,你就永远不会注意这个由人与体制构成、保护他们拥有的事物,并排除其他人的世界,有着不同看法者的心声。

最后,柯恩将离开麦肯锡,并加入奥巴马基金会（Obama Foundation）担任全职工作。但是在她还支领麦肯锡薪资的那段期间,她和同事仍然受到企业式的社会改变巧妙做法影响,他们应该为一般民众而重振民主的活力,并让民主更有效率,但是最好不过度挑战同侪赢家;他们应该促进公众对体制的信任,但是不要深入追究为什么领导那些体制的人不被人们信任。

仍然吸引柯恩想成为拉比的部分原因是,提供一条必须在追求成功与行善之间妥协的逃避道路。"我百分之一百万会说宁可活在这种市场逻辑和世界之外。"但是如果说她不喜欢那种名声与生活方式,就是在说谎,而且她还抱持着大规模改变世界的梦想。在她继续向往学习宗教之际,似乎是在期待一种信仰解救自己摆脱另一种不是很愿意接受的市场信仰。

这种信仰控制今日许多诚实、会思考的人,他们之中有许多人受困于无法看清的情况。有许多人相信，他们正在改变世界，但实际上可能正在或同时正在保护一种正好是他们想解决问题根源的体制。他们之中有许多人默默想着是否还有别的方法，思考如果采用其他方法会让自己身处何种境地。

第二章
双　赢

想改变世界？先创立一家企业。

——乔纳森·克拉克（Jonathan Clark），创业家

当时是晚餐时间，斯黛西·阿舍（Stacey Asher）坐在窗边的六人餐桌旁，谈论她如何帮助穷人运用梦幻足球（Fantasy Sports）的力量。她住在达拉斯的高地公园（Highland Park），距离前总统小布什（George W. Bush）的宅邸不远。斯黛西管理一个称为目的投资组合（Portfolios with Purpose）的慈善基金。这个基金自称是"结合健康的竞争和给予的有力平台"，这是一个同时传达科技乌托邦主义、资本主义与慈善心声的短句。虽然她看起来才三十多岁，但表示曾在纽约的"六或七家"避险基金工作，然后才搬到得州，新婚不久的丈夫也在这里从事金融业。

和许多出身商业世界、后来奉献于协助他人的人一样，斯黛西有一个在非洲受到感召的故事。在一次攀登乞力马扎罗山的旅程中，来到坦桑尼亚的一间孤儿院，她在那里看到背着婴孩的儿童，走好几英里路只为吃到一天唯一的一餐饭。她得知有时孤儿院的厨房因为资金用完而关闭，虽然每个月的运作成本只有二百五十美元。"我的人生就在那一刻永远改变了。"她后来写道。

斯黛西开始思考如何才能帮上忙，和许多市场世界的行善者一样，她对采用新方法的兴趣大于检讨自己和四周的人，以及他们所属的体制——那可能会改变他们的生活状态。她问自己能做什么，而没有问在她的世界里的人已经做了什么（例如，毋庸置疑，如果避险基金的人没有那么擅长避税，用于援助外国的收入可能就会更多）。

当时，世界上最大的银行之一渣打银行正准备在坦桑尼亚打官司，因为该银行明知故犯地向一家能源投资公司购买受到贪腐污染的"肮脏债"，并向该国政府要求把涉及贪腐的计划国家化，并以坦桑尼亚人的公帑偿付积欠银行的债务。这种做法很常见，而且至少在理论上会伤害政府照顾斯黛西所关心的那些孤儿的能力。非洲开发银行集团已表示，所谓的秃鹰基金（也就是渣打银行被指控成立的那类基金）经常以极低的折扣价格收购坏账，然后控告非洲政府必须以纳税人的钱全额偿付，而如果政府打官司将危及外国资产。非洲开发银行说，"这些秃鹰基金破坏最脆弱国家的开发"，并列举这种做法的受害国家，除了坦桑尼亚外，还包括安哥拉、布基纳法索、喀麦隆、刚果、科特迪瓦、埃塞俄比亚、利比亚、马达加斯加、莫桑比克、尼日尔、圣多美和普林西比、塞拉利昂以及乌干达。

像斯黛西这样抱持善意的人，而且对复杂的金融有深入了解和人脉关系，正是解决这类问题的适当人选。根据非洲开发银行集团指出，秃鹰基金公司已从债务国家榨取近十亿美元，因此若能击退这种可疑的做法，并留下更多钱供社会支出，更可能帮助孤儿。但这正好是市场世界的赢家解决问题时倾向忽视的任务。这种任务将充满冲突；点名指出违规的金融机构；将挑战将来可能对你有用处的人。像斯黛西这类人经常被劝说并且渐渐相信有比体制改革更不具敌意的解决问题方法。

她知道有数百万人喜欢梦幻足球游戏，而且人人喜欢在股市赚钱，还有谁不喜欢帮别人一下？斯黛西想到她可以效法梦幻足球游戏模式，但是以股票取代游戏玩家，并把收入导入赢家最爱的慈善团体（目的投资组合的游戏玩家有90%自称在金融界工作，至少有一个人似乎是渣打银行的分析师）。正如市场世界常见的情况，其中充满讽刺：参与游戏的人可能也同时进行快闪商品交易，进而导致他们声称要帮助的社会发生价格不稳定，或是继续让他们的公司或客户收购有问题的非洲债券，或是通过掠夺教师和消防员的退休基金，压迫市政当局偿付富有的债券持有人。它充分反映市场世界的价值观：你可以不必改变任何事就能改变世界。

斯黛西被双赢的社会变革那诱人承诺所吸引，这种方法在市场至上的年代被奉为圭臬，它的吸引力反映在史蒂芬·柯维（Stephen Covey）写的《高效能人士的七个习惯》(*7 Habits of Highly Effective People*)，书中第四个习惯是"双赢思维"：

> 双赢把人生看成一个合作而非竞争的场所。双赢是一种心智的架构，它不断在所有人类的互动中寻求共同利益。双赢意谓互相受益、满意的协议或解决方案。双方都能分食大饼，而且尝起来十分美味！

这个概念鼓舞市场世界的改变法，并促成社会企业、社会创投、影响力投资、共益企业（benefit corporation）、双重获利和三重获利、企业的开明自利"共享价值"理论、"卖一捐一"产品，以及各种被假想为对赢家与所有人都有利的其他形式。《纽约时报杂志》一篇《给予是成功的秘诀吗？》的文章中，论及亚当·格兰特（Adam Grant）这位自称"思想领袖"的组织心理学家做的研究。在理想的这类方法中，赢家可以享受结合赚钱、行善、感觉道德高尚、解决艰难又有启发性的问题、影响力增强、减轻他人痛苦、散播正义、为履历增添异国经验、旅游世界以及增加动听的鸡尾酒宴会故事等诸多好处。

对双赢的信心如此普遍，是柯恩进入麦肯锡的原因之一，可以让每个买一双帆布鞋的人感到安慰，因为他知道另一双鞋很快会穿在另一个穷人的脚上。这种信心可以从校园里的一张海报看出："研究显示，给予让你更快乐。自私点，多给予。"与之类似，还有当红的观念：由已故管理学者普拉哈拉德（C. K. Prahalad）提倡的"金字塔底层的财富"，他许诺大企业"双赢的情况：不仅企业可获得活络的市场，而且能借由把穷人当成顾客，而非轻蔑对待他们，他们会变成更有权力的顾客"。对世界银行的难民问题顾问来说，这可能使过去纯粹基于人道理由提倡的理念变成重要卖点："让叙利亚人回去工作——对东道国和难民是双赢。"为了在一个被市场思维征服的世界里获得尊敬，一场自第二次世界大战以来最大的人道悲剧也必须以对援助者有利的理由来行销。

贯穿这些理念的是一个无痛的承诺，对我好的，也会对你好。不难理解的是，斯黛西曾被这种思维吸引。你可以帮助他人，而让自己保持原有的生活，同时消除一些罪恶感。

斯黛西的例子显示，有许多真正的双赢等待被发现。但是一定程度的怀疑也无法避免，当像她这样的赢家介入解决他们眼中的问题、使用他们惯用的工具时，往往会忽视问题的根源和他们涉入其中的程度。

贾斯汀·罗森斯坦（Justin Rosenstein）似乎远比斯黛西烦恼，苦思如何才是帮助他人的最好方法。虽然他在更广的世界鲜为人知，在硅谷却是一颗明星，对发明几种重大技术贡献良多。身为程序设计和产品设计专家的他，协助创立谷歌云端硬盘，也是Gmail聊天软件的共同发明人，后来跳槽到脸书，协助建立粉丝专页和"点赞"按钮。超过十亿人经常使用罗森斯坦设计的工具，他得到的股票红利据说价值数千万美元，而其年龄还不到三十岁。

罗森斯坦现在面对少年得志的创业者常常碰到的困境：该如何利用他的钱和往后数十年的人生。他过着非常简朴的生活，拥有一个已经用了好几年的苹果手机，开一辆本田思域汽车，在旧金山与数十个人同住合作住宅，同住者中有许多人在艺术、倡议组织及法律等领域工作，而他们都无法想象罗森斯坦拥有的资源。当罗森斯坦有机会从经济舱升到商务舱时，都会想到用这些钱购买疟疾蚊帐可以拯救多少性命，他希望把大部分钱捐作慈善用途。

罗森斯坦认为自己十分注意灵性生活，这促使他决定帮助他人。"我想，从很深的层次来看，我们都是一体的，"在旧金山的一个午后他这么说，"在我们的心灵深处，实际上共有一个灵魂，我们基本上只是——我通常避免使用神这个字，而会用像意识这种词——因为我们基本上是同一个意识，从许多不同的人往外看。"罗森斯坦不像其他人那么相信一个抽象、外在的神："我觉得就像自己越深入存在的本质，就越进入一个我们所有人连结的地方。"

在市场世界的双赢价值观引导下，罗森斯坦决定借由创立名为Asana的公司来改善世界，这家公司销售协作软件给优步、爱彼迎及多宝箱这类公司。和斯黛西一样，罗森斯坦渴望助人，但是要跨越他的假设与工具的范围很困难，他认为Asana的软件可能是改进人类生存境遇的最有力方式。"当你思考人类进步的本质时，"他说，"你思考像是改进医疗、改善政府、创作艺术、研究生物科技或从事传统慈善这类活动，不管是什么，所有能让人类或世界进步的，都涉及众人的合作。举例来说，如果我们真的可以设计一套世界软件，让世界上每个人做事都快5%，很好吧？我想也会让恐怖分子快 5%，但整体来说，我认为那样真的可以大幅提升生产力。"

罗森斯坦借由让每个人更有生产力来改善人们生活的渴望很崇高，不过美国面对的核心经济挑战之一是，尽管生产力呈现显著成长，半数美国人的薪资却明显停滞。正如华盛顿智库经济政策研究所在一篇论文中的描述："从一九七三年以来，绝大多数美国劳工的时薪提高的速度，赶不上整体经济生产力成长的速度。事实上，时薪几乎完全停止增加。"据经济政策研究所的研究，一般美国劳工的生产力从一九七三至二○一四年提高 72%，但中位数劳工薪资在这段时间只增加约 9%。换句话说，美国不是生产力停滞的问题，而是来自生产力的获益被精英夺取的问题。越来越会压榨的金融业要负部分责任，监管这个产业的方式可以改变，包括更严格的交易规范；对金融业者课征较重的税；更严格的劳工保护，以保护遭裁员的员工，和免于被私募基金业者掠夺退休金；以及鼓励支持创造就业的投资与排除纯粹的投机。这类措施将有助于解决根本问题，避免精英夺取生产力成长带来的获利。若是没有这类措施，像罗森斯坦的计划将无法带来承诺的改变，只会进一步增加精英蓄积过多的东西（生产力），而不是千万人需要更多但不足的东西（薪资）。

对双赢近乎宗教式的信心，有助于解释像罗森斯坦做出的选择。"科技业最神奇的是——有些其他产业也这样，但我想这在科技业特别常见——有许多鱼与熊掌兼得的机会，对不对？"他说，"刻板的观念是，你必须从行善和赚钱选择其一。我想对许多人来说，那是重大的选择，他们不具备刚好在两者交会点的技术，对科技业而言，却有很多这样的机会——搜索工具谷歌是最典型的例子——可以让我们同时做既有利可图又真正对世界好的事。事实上，我认为有许多时候，你可以处于行善和赚钱完全一致的情况，让行善的范围越广，你赚的钱就越多。"这是一种社会正义与权力集中刚好可以并驾齐驱、无限延续的愿景。

"这是一个会让你天人交战的绝佳例子，你必须审慎地思考，而且它很复杂、很纠缠，非常容易让人觉得它是合理的，"罗森斯坦继续说，"我相信自己有时候也会找辙，例如'噢，好吧！这可以让世界更美好'，但实际上只是能赚更多钱而已。不过在另一方面，营利事业——有许多事情不适合营利事业来做，这时候你需要非营利事业，你需要政府部门——有一个好处就是可以自给自足，因此你不需要不断募款。"

这个概念对许多市场世界人士很重要：企业的解决方案不管看起来如何，都可以比其他方案更慈善，因为经费来自赢家的获利可以确保慈善持续。罗森斯坦表示，理想的企业可以获得收益（"它夺取的价值"）与有利的外部性（"它在世界中创造但不夺取的价值"）。谷歌的广告销售是收益，让任何地方的每个人可以轻易搜寻任何东西是有利的外部性。"如果你可以创造一种可获得两者的系统，"他说，"你赚的每一块钱也带来有利的外部性，最美妙的是，你就可以继续投资在这种引擎上，可以越做越大、可以再投资，也可以雇用更多人。"

商业是一种自给自足的行善方式，特别在罗森斯坦对同业的评估中更是如此。"事实上，我对这方面做了很多研究：很少有人愿意为了行善而牺牲重大的金钱利益，"他说，"看千禧年世代，他们大多数想做有意义的工作，却不愿意牺牲好的收入。我不怪他们，我可能会有相同的感觉，而我们很容易会有那种感觉。不过,我想有比人们想象中更多的机会,让我们不必做困难的选择,而可以在世界上赚钱与行善。"

罗森斯坦对这种进步的信心,让他忽略意料之外的后果。当你打造出满意的那种工具后,并不知道人们会如何使用。罗森斯坦也承认这一点,他看到青少年为在脸书上的张贴吸引多少点赞数而着迷与焦虑,让他为世人如何评价他的贡献而忧心。他也可能忽视曾供职的谷歌和脸书在追求成功与行善的同时,也在累积庞大的权力——在自由社会中掌控资讯和新闻,握有人们的私人资料与行踪,以及人们所有的谈话内容——这种危险和准垄断的情况需要监督,甚至有必要分拆这些公司。

如果你忽视这类隐忧,就能让 Asana 较容易以硅谷的方式,凭借行善成功追求成功:

> 借由协助人们更容易地一起工作,我们让群体更轻松地协调他们的集体行动,以利于达成他们的目标,实现驱动他们的使命。在未来几年,我们将达成让数百万人以群体方式工作,改善我们共有的世界。通过这些群体,我们将改善地球上每个人的生活。

这是一个激励人心的愿景,特别是它的用途是"集体行动"——这个单词在过去通常是指工会与运动,以及其他形式的公民在公共领域追求共有目标。这个愿景反映一个痛苦的事实:当人们进行已经在做、喜欢做并且知道如何做的事,而且承诺能带来重大文明利益的外溢效应时,这种解决方案通常是导向解决者的需求多过于世界的需求——双赢者声称是为了他人,实际上是为了自己。

那天晚上，罗森斯坦从 Asana 开车到居住的合作住宅 Agape。那是一栋富丽堂皇的别墅，墙壁上装饰着精细的木雕，人们正纷纷进入餐厅，那里有两张并在一起的餐桌，围绕着各式椅子和一张旧教堂长凳。大家见面时，通常会互相拥抱，有许多是年轻人，多半是漂泊的创意型人士，可能连负担低廉的房租都很吃力，这是一个罗森斯坦共同创立且珍惜的社群。大伙坐下后会牵手，有人念了一段非宗教的祷词，然后每个人开始吃起柬埔寨餐点外卖。

在斯黛西的目的投资组合、罗森斯坦的 Asana，以及其他无数类似的理念行动计划背后，有一套激进的理论。这是自利带来有利副作用的旧酒换新瓶，这个存在已久的概念在几个世纪前欧洲都市新兴的商业社会里生根，最著名的宣言是亚当·斯密（Adam Smith）提出人类自利带来的社会利益：

> 屠夫、酿酒者和面包师傅并不是好心满足我们晚餐想吃喝什么，而是出于自己的利益。我们不诉求人们的人性，而要诉求他们的自爱，而且绝对不要和他们谈论我们的需要，而要谈论他们的好处。

自爱渗漏到他人的概念是双赢主义的始祖，斯密在著作《道德情操论》(The Theory of Moral Sentiments) 中，以他著名的"看不见的手"譬喻来说明这个概念。他写道：

尽管富人生性自私和贪婪，尽管他们只关心自己的需求，尽管他们雇用成千上万劳工唯一的目的是满足自己无止境的欲望，他们却与穷人分享所有自己带来的改善。他们被一只看不见的手引导而制造的生活必需品分配，几乎与假如地球被划分成相同等分给所有居民所制造的分配完全相同，因此在无意与未察觉的情况下，他们增进社会的利益。

斯密宣称，自私地追求富裕能照顾到每个人，和实际上尝试照顾每个人没有两样。从这个笼统概念衍生出许多熟悉的理论。下渗经济学（trickle-down economics）、水涨船高理论、创业家把饼做大，等等。斯密告诉富人专注于经营企业所根据的假设是，有利的社会结果会自动发生，是自私的美好副产品。通过"自由市场"——从第一套规范市场的法规开始实施起这就成了一个矛盾的称呼——的魔法，富人在不知不觉中为公益做了安排。

这种以目的投资组合和Asana——以及保证结合高报酬率与消除贫穷的新型影响力投资基金、社会企业和金字塔底层零售法等——为代表的双赢，借由翻转这套旧理论而赋予新生命。新双赢主义建立在赢家和输家、富人与穷人的利益和谐一致的假设上，但拒绝社会公益是副产品或外溢效应的概念。商业的赢家不再被劝说要忽视社会公益、只要间接和不刻意地捐献，他们应该专注于直接而主动地改善社会。罗森斯坦不应该只是创立一家软件公司，而是创立一家他认为最可能改善人类生活的软件公司。

在从斯密的理论到双赢理论的演变中，企业家从偶然的公益促进者转变为有特殊能力照顾公益的独特角色；企业从一种有助于社会利益的部门，变成提升人类的主要载具。"企业扮演企业,而非扮演慈善捐款者,是解决我们面对的急迫问题最强大的力量。"哈佛商学院教授迈克尔·波特（Michael Porter）在提出这个概念时表示。全食超市执行官约翰·麦基（John Mackey）在与拉贾·西索迪亚（Raj Sisodia）合著的已成为双赢信仰《圣经》的《品格致胜：以自觉资本主义创造企业的永续及获利》（*Conscious Capitalism: Liberating the Heroic Spirit of Business*）中说:"企业是终极的正和（positive-sum）游戏,企业可以为所有利害关系人创造皆赢。"

新双赢主义可以说是一种远比"看不见的手"激进的理论。旧理论只是暗示资本主义者不应该被过度监管,否则他们贪婪逐利的副产品无法让穷人受益。新理论更进一步,暗示资本主义者比政府更有能力解决弱势人群的问题。

这种新教义的一项极有影响力的宣告可在《慈善资本主义：富人如何拯救世界》（*Philanthrocapitalism: How the Rich Can Save the World*）书中找到。这本书于二〇〇八年秋季出版,正值无数人眼看着周遭的经济崩溃,并可能怪罪富人就是毁掉世界的元凶,而书中则宣称富人是拯救者。作者马修·毕晓普（Matthew Bishop）和迈克尔·格林（Michael Green）强调,这种拯救不是来自旧式的美好副产品,而是直接来自赢家取得社会改革的领导权:

> 今日的慈善资本主义者看到一个问题重重的世界,而他们且可能他们才有能力和必须纠正这些问题。当然,他们表示,我们可以拯救贫穷国家每年因贫穷或疾病而死的数百万儿童,那在富裕国家已经绝迹。而在美国或欧洲,我们必须

找到方法让教育体系能帮助每个儿童。

斯密的理论是根据对市场如何运作的分析，而这个新理念则是根据有钱人自己的观点。毕晓普和格林写道，在"过去三十年的创业钱潮中白手起家"而致富的人，有别于昔日的赢家，不止是因为他们愿意捐献刚刚赚来的财富去帮助他人，"这些企业家也是天生的问题解决者，喜欢面对艰难问题的挑战"。他们描述"慈善资本主义者"是：

"超级行动者"比任何人都有能力把一些必要的事做得更好，他们不像政治人物每隔几年就要面对选举，也不像大多数上市公司的执行官受制于股东压迫，要求不断提高每季获利，也不像大多数非政府组织领袖必须付出大量时间和资源去筹募资金。他们得以进行长期思考，违抗主流想法，采用对政府来说太冒险的构想，在情况需要时迅速部署大量资源。

根据这种新理论，创业精神可以变成人道主义的同义词——一种为创业精神之轮润滑的人道主义。纽约创投公司协作基金（Collaborative Fund）创办人克雷格·夏皮罗（Craig Shapiro）写道："在过去十年，'行善'变成创立成功且有影响力企业的驱动力。追求社会使命一度被视为必须牺牲成长和报酬率，如今却在吸引顾客与员工上扮演重要角色。"夏皮罗用文氏图来说明他的公司为这种趋势观创造的投资主题。这个文氏图的一个圆圈被标示为"对我较好（自利）"，另一个圆圈则标示为"对世界较好（广大的利益）"。两个圆圈交叠处被标示为"无穷的机会"。这个观点较好听的解释是，世界可以从企业的繁荣兴盛里受益；较恶意的解释则是，企业应该从任何改善世界的尝试受益。

这种创业精神等同于人道主义的概念扎根最深的地方莫过于硅谷，那里的公司创办人经常谈到自己是人类的解放者，还有他们的科技在本质上是最完美的。毕竟，连像罗森斯坦的 Asana 这样的工作场所软件公司都可以宣称"我们将改善地球上每个人的生活"。罗森斯坦的友人格雷·佛伦斯坦（Greg Ferenstein）在多年前开始记录这些伟大的宣言，并解释这种从硅谷散播出来的新心态。他是湾区的记者，为多家媒体撰写文章，其中最著名的是支持硅谷的新闻通讯 TechCrunch。他对接受采访者散播的宏大思想很感兴趣——双赢主义为世界想象了什么，以及有时候它又模糊了什么。

佛伦斯坦访问许多科技创办人，并把他们的想法浓缩成一种工作哲学，他称这种哲学为乐观主义，虽然似乎只是略显科技风格版的标准新自由主义。他表示，这种意识形态的核心主张是，相信双赢与人类利益保持和谐的可能性。"人们通常把政府和市场的运作想成彼此对立——监管是政府用来限制市场的工具，"佛伦斯坦说，"这种新意识形态认为政府是资本主义的投资者，政府的运作不是资本主义的阻碍，而是为了资本主义好——为了让资本主义成功，为了确保让它成功的条件具足。"有良好的教育制度造就必要数量的劳工，拟订贸易协定以便公司和遥远的地方做买卖，建设基础设施让卡车在农产品腐烂前运送到超市，让空气干净到人们可以长寿和（更重要的是）制造更多的人口。

"旧政府的基础是不同的层级——各经济阶层、公民与政府间、美国与其他国家之间的零和关系观念，"佛伦斯坦说，"如果你假设这种与生俱来的冲突，就会担心贫富的差距，你希望工会保护劳工免于受到公司压迫，你希望政府变小，不来阻碍企业。如果你不做这种假设，相信每个机构都必须运作良好，相互合作，就不需要工会、法规、主权或其他东西来保护人们免于彼此压迫。"

"大多数政治与大多数体制是建立在群体中一些人之间的零和关系上，"佛伦斯坦继续说，"但这种意识形态是独一无二的，而我称为乐观主义的理由是，因为相信每个人都能各自过得很好，或是更具体地说，每个人都有重叠的偏好。"

这种观点寻求摆脱现代民主版的社会，就是公民在法律前平等、被承认有多样的利益，而且这些利益通过代表各种不同需求的国家组织来竞逐资源和权力。乐观主义重提支配中世纪的和谐即进步的愿景，体现在十二世纪玛丽·德·法兰西（Marie de France）写的有关人体各部分只管自己，直到发现彼此休戚与共的诗作《一个男人、他的肚子和他的四肢的寓言》(*The Fable of a Man, His Belly, and His Limbs*)。一开始，手、脚和头（代表劳工）对肚子（代表君主）很生气，因为"它吃了它们辛苦赚的东西"。它们停止工作，不让肚子有东西吃——直到肚子没有东西消化，停止把营养传回给它们，造成它们萎靡不振。这首诗的结论是：

    从此例可见，
    凡自由人应知：
    使君主蒙羞者，
    无法荣耀自己。
    君主若欲使人民蒙羞，
    亦无法遂其所愿。

若上下交相贼，

恶事将降临彼此。

这则寓言承认，手、脚和头必须健康强壮，但它坚称，如果肚子无法健康强壮，它们也无法健康强壮。这个观点并不是要你抛弃顺服，而是说想要成功，绝对不要对抗有权力的强者。

这种市场世界理论的厚颜无耻不言而喻，它拒绝有不同利益的不同社会阶级必须为他们的需要和权利抗争的观念，反而主张我们通过市场的安排得到应得的部分——不管这种安排是帮助非洲孤儿的梦幻足球游戏，或是让每个人更有生产力的办公室软件，或是以增进股东价值的方式销售牙膏给穷人，这种双赢主义比斯密的理论更强烈地主张赢家特别有资格照顾输家。然而，由于在西方大部分国家双赢的时代都是历史上不平等差距最大的时代，他们有什么东西可以证明自己的努力？

在一个正丧失中产阶级的国家，在一个忧虑全球化、科技和人员被取代的更广大世界里，双赢理论对这些问题带来的痛苦有何对策？"这不是这种意识形态的重点。"佛伦斯坦说。痛苦可以借创新来消除。让创新者放手进行创举，痛苦就能减轻，每家创新事业可以对付一种不同的社会问题。"以爱彼迎为例，你减轻住房压力的方式就是让人们分享住宅。"佛伦斯坦说。爱彼迎的一则广告也宣传这套说辞，描绘一些年老的黑人妇女现在因为创业家帮助她们出租房间和多赚钱而过着更好的生活。当然，许多穷人并未拥有房屋，或是有多余的空间可以出租，而且许多非裔美国人发现很难在这个平台上出租房屋，因为旅馆已不能随意有种族歧视，想租闲置房间的人却经常这么做。不过，比这些盲点更惊人的是，佛伦斯坦的理论所暗示的观点，就是赢家应该从社会变革中得到好处。

的确，在爱彼迎和其他自称的双赢例子中，宣称利益和谐只是掩耳盗铃。赢家与输家、有权势者与无权势者还是存在，而宣称每个人都是整体的一分子，只是掩饰其他人较不幸的事实。"这种意识形态激进地高估了谁将从改变中获益。"佛伦斯坦坦承。当双赢式改变的信仰者以一次一家创新公司的速度逐渐蓄积愈来愈多的权力时——不止是经济权力，还有引导改进社会的努力的权力，又会变得如何？"其他人将被抛到后面，"佛伦斯坦说，"未受教育者、穷人、困顿者、无望者将被抛在后面；不喜欢改变的人将被抛在后面；不喜欢市郊小镇的人将被抛到后面；不想一天工作二十四小时的人将被抛在后面；不能发明和创造的人将被抛到后面。"这串清单似乎与乐观主义的整个前提——我们全都在投资彼此的成功、又将一起繁荣富贵相矛盾。事实上，佛伦斯坦现在似乎改口说，乐观主义者做得越好，就会有更多人被抛在后面。这种说法和今日世界上实际发生的情况一致，进步的利益主要流向幸运儿，抛弃那些站错边的人。

赢家把自己的成功与他人的成功视为息息相关并不是问题，但永远有一些情况是人的偏好和需求没有相互重叠，甚至实际上彼此冲突。输家会是什么情况？谁来保护他们的利益？举例来说，如果精英只要多捐一点钱，让每个美国人都能就读还不错的公立学校，又会是什么情况？

在搬到湾区以掌管硅谷社群基金之前不久，埃米特·卡森（Emmett Carson）听说他应该停止使用令人反感的社会公正那套输赢用语。由于社会公正是他一生的追求,这可能是一大问题。但是卡森了解决定创业家阶层捐献给改革的潜规则之一是:当你以让赢家舒服的方式呈现问题时,对于把事情办好会较有帮助。

卡森在芝加哥南区长大,是一名市政工人之子,也是在一个统计上对黑人男孩不友善的街区成长起来的黑人男孩。不过在八岁时,卡森家外面的一场枪战,促使举家迁移到南区以南约三十个街口,一个叫恰森村(Chatham Village)的较好社区。卡森的生活从此走上不同的轨道。他努力进入莫尔豪斯学院(Morehouse College),而后就读普林斯顿大学(Princeton University)研究所,又为福特基金会(Ford Foundation)和明尼阿波利斯基金会(Minneapolis Foundation)工作。接着他前往硅谷,成为想让世界变得更好的科技创业者的知名顾问。

那就是卡森被劝说停止使用"社会公正"这个词的时候,在他任职于福特和明尼阿波利斯基金会时没有任何问题,在硅谷这个词却让人听了不舒服。"我花二十五年致力于社会公正工作,"有一天他告诉我,"前二十年,我认为使用这个词很重要。"但是在硅谷,"人们的反应不一样",往往认为那是输赢思维。"有人说,社会公正是拿富人的东西给穷人,"卡森说,"还有人说是施舍没有努力赚钱的人。"所以卡森开始使用"公平"这个词。

硅谷的赢家偏好这个用语,公平听起来较像人受到抽象制度的对待,而较不可能是受到赢家的共犯结构对待。"如果我正要达成一项解决方案,"卡森说,"要是使用'公平',可以让我们说有什么东西错了、需要改变,对我来说就是较好的词。我试着淡化差异和分歧,并制造让不同的人可以说'我能接受这一点'的框架。"

卡森开始了解到，如果创业家的财富和个人现状不受人质疑，他们就愿意帮忙。他们喜欢感觉自己是慈善的、有用的；他们喜欢在帮助穷人的问题上自主，不喜欢通过民主和集体行动组织去帮助。"如果这个观点是我向你拿取它，而非你给予它，整个对话的形势就改变了。"卡森说。也许他们觉得"我成为目标，因为我很成功，我辛苦工作才能成功；而因为我成功了，所以现在我成为目标，而你认为你应该分享一点你没有努力赚到的我的成功"。卡森澄清，他不相信他们的受害感是有道理的，但是为了让他的工作更顺利，他决定尊重这种感觉。

卡森把人生投入解决贫穷、机会及不平等的问题，但是现在因为与崛起的慈善资本主义者阶层一起生活和工作，他决定跟随这些人的游戏规则。这些赢家想要的是世界以他们接受的方式改变——想想他们可能偏好私立特许学校胜过资助更平等的公立学校，或是他们喜欢消灭贫穷的科技公司胜过监督科技公司的反托拉斯法规。创业家愿意参与，让世界变得更美好，只要你免除他们的罪责，并以赞颂和依赖他们的方式追求这个目标，达到双赢。

回头思考创投资本家夏皮罗的文氏图，他告诉我们，有一个广大领域的事物可以让自己的世界变得更好，还有另一个广大领域的事物可以让别人的世界变得更好，两者交会的地方提供无限的机会。此外，"追求社会使命如今在吸引顾客和员工上都扮演重要角色"。但是，这对穷人和整体世界有什么益处？

明显的好处是取得富人世界的资源、脑力及工具，富人的能力突然可以用来解决你的问题。但是在夏皮罗的文氏图中，值得注意的是，圆圈的绝大部分仍不是双赢的重叠区，也就是数学家所称的相对补集。那些与赢家利益不一致的其他人利益又该如何？

当珍·莱布洛克（Jane Leibrock）在湾区的尼米兹高速公路上，驾驶着一辆喀喀作响的黄色福特 Bronco 车时，这个问题盘踞在她的脑海里，而这辆车是她刚加入的新创公司的公务车。

莱布洛克刚离开脸书，加入名为 Even 的新公司。她在脸书研究人们如何与隐私设定搏斗这类工作，直到被 Even 尝试解决一个庞大的社会问题所吸引：成千上万美国员工的所得波动幅度日益增大，主因是雇用临时工、兼职工作、零工做法日渐普及，还有新的随选经济（on-demand economy），导致许多人永远在追逐工作，而无法建立稳定的生计。

当薪资不定时，你很难支付账单、做规划与创造未来。Even 对这个问题提供硅谷式的解决方案，当然是以手机应用程序的形式。这套方案采取收费方式，可以让起伏不定的收入变得稳定。初始方案是贩售一项一年二百六十美元的服务，在他们赚得比平常多时会提存一部分赚来的钱，然后在赚得少时贴补一些已经被提存的钱。假设你一周平均赚五百美元，但是每周的金额起伏很大，在你赚到六百五十美元的一周时，五百美元将存入你平常的银行账户，而一百五十美元将存入虚拟 Even 账户。在你只赚到四百一十美元的一周，五百美元仍会存入你的银行账户，因为你之前赚的钱还有剩余。Even 怀抱着典型的硅谷式雄心壮志，将致力于消除过去一个世纪因为政策的选择和科技及世界情况的改变对美国劳工阶级的影响，包括委外生产、薪资停滞、工时减少、工会力量式微、去工业化、债务激增、克扣病假、教育品质低落、掠夺式贷款与动态调度，却未对那些根本问题采取任何作为。和罗森斯坦及其他双赢的信仰者一样，Even 创办人怀有帮忙的热情，但认为帮忙的最好方法是也为自己制造一些机会。

莱布洛克是Even创办人最早雇用的员工之一，她开车行驶在尼米兹高速公路那天正忙着到处奔波，访问贫困劳工，以便Even用最有效的方式把这些人当成顾客服务。她毕业于耶鲁大学，之前就读得州奥斯丁的私立学校，说话没有一丝口音。莱布洛克是大量流入加州的外来人才之一，这股人潮把湾区变成美国物价最高昂、最不平等及关系最紧张的地区，愤怒的本地人曾因向载送员工往返于南湾（South Bay）的谷歌员工巴士丢石头而闻名。莱布洛克和Even的同事充满高尚情操，但我们仍然可以合理地询问，Even的营利式安全网是否为创办人所发现问题的合宜对策？它能否被解读为有利可图的赌注，押注新经济将无可避免地困住永久的下层阶级，他们的收入只能被平抑而非提高，而且不是通过限制某些企业做法的法律来平抑（输赢），而是通过向劳工收费以获得安全（双赢）？"如果你想要这辈子第一次感觉有一张安全网，Even就是解答。"该公司的网站这么表示。但是这种新类型的市场世界"安全网"，完全不寻求公共和政府的协助。

这时候莱布洛克正在一家星巴克和一名单亲妈妈谈论试着平衡她的工作、教育，以及仰赖双亲供应免费尿布的困境。下一刻，又和一名耐克的员工聊天，谈到雇主压低工时以免于支付福利，同时要求在大部分时间要随传随到，让她难以兼职。然后莱布洛克来到路边商城，询问一个名叫乌苏拉的杂货店补货员关于钱赚太少、工作时间不固定，让她无法规划未来的烦恼。尽管每周在这家超市平均工作三十六小时，她却负担不起接送孙子就读一所旧金山学校的油钱。乌苏拉谈到折磨她的抑郁、父亲的帕金森症与母亲的失智症。

这份工作让她接触到在硅谷很少看到的美国面向，一次又一次的访谈让她对美国的这部分开始有一些了解。有一次她通过 Skype 访问一名叫海瑟·雅各布斯（Heather Jacobs）的女人，谈到对方的生活与财务。谈话一开始不太顺畅，因为雅各布斯误会方案内容，丈夫告诉她 Even 提供无条件信用贷款，但实际上并没有。

当莱布洛克问到雅各布斯的工作时，知道必须审慎选择措辞："告诉我，你的收入来源是什么？你做什么工作，或是哪些工作？"

雅各布斯回答，她在一家连锁按摩店工作，并接一些自由工作赚取额外的钱。"所以我这辈子几乎每天都在工作。"她说。她解释，通常每周有二十六到三十二小时的正职工作。此外，她也到顾客家中或健身会馆提供私人服务，健身会馆不会付钱，但是她可以留下顾客给的小费。

每个月钱用完了、账单过期了，而她已经精疲力竭时，就会陷入恐慌。她觉得"自己快要发疯了，想要拔光头发，那时候我会绝望地到处找想要按摩的人"。她又说："通常是在每月二十七日左右，因为那是我的信用卡缴款期限，最低缴款额大概是九十美元，所以我会陷入恐慌。"

雅各布斯解释如何拿到所得的细节，表示和许多美国劳工一样，她承担过去被普遍认为公司应该承担的风险。如果公司能招揽许多人来按摩，她每小时大约可赚十八美元。如果公司没有招揽到许多生意，她的薪资就会降到最低工资，每小时的薪资可能减少，就像现在许多美国受雇劳工那样。有时在两周的期间，她可以赚到七百美元，但有时只赚九十美元。

近来倒霉事都加在一起——四十四英里远的通勤；她为丈夫葛雷格分期支付的旧债，丈夫是 Red's BBQ 兼职送货司机，在海峡群岛（Channel Islands）的加州州立大学（California State University）就读；她的信用分数很糟，因为还积欠三千七百美元的按摩学校学费卡债；她还养了一只狗。她描述这些一起涌上的压力，让自己感觉"快要窒息"。她说："真的会让人一点一点地崩溃。"说完后，陷入若有所思的静默中。

"我实在不擅长应付压力，"过了一会儿，雅各布斯说，"因为我有双相型焦虑，所以会马上完全陷入紧张，然后恐慌症发作。"

雅各布斯想到钱时——什么时候该缴什么钱，和什么时候才会有钱，就会发作。当发作时，身体就会紧缩，"好像你马上会被汽车撞到"。她说，就好像你排斥的人要给你一个熊抱。（Even 创办人之一创立这家公司的原因，正好是读到《科学》期刊上的一篇文章《贫穷阻碍认知功能》，谈到穷人会因为担心钱而遭受心理创伤。这项研究发现，在购物商场接近穷人，并问他们一个关于钱的假设性问题，例如是否会花费一笔高昂的钱修理一辆想象的汽车，会让他们在随后智商测验中的分数，比从事类似工作但不提到钱的人低十三分，这种下降的幅度远大于酗酒或前一晚失眠造成的影响。）

雅各布斯继续说："所以我必须试着学习，但是学静坐一个月要花费六十美元。"

莱布洛克询问雅各布斯，她认为更健康、更满意的生活应该是什么样子？

"我想有较稳定的收入会是更令人满足的生活，只是出去走走、看场电影，而不必花费一个小时争辩这么做值不值得，"她说，"我们应不应该只买一个冰激凌、回家看 Netflix 就好？或是我们应该真的出去吃一次浪漫晚餐？我是说，我们大概有一年半没有吃过浪漫晚餐了，真的。我们总是在家里，从来不曾和朋友外出，因为负担不起。"

雅各布斯和丈夫过去常到沃尔玛购物，但是经济困顿让他们现在只能去一元商店买东西。他们都因为改变饮食造成体重增加，购买的便宜调理食物含有高盐和高糖成分，已经对他们产生负面影响。雅各布斯相信，饮食是她现在早上起床经常感觉头痛的原因。

硅谷发迹和致富的这些年来，在雅各布斯出身的另一个美国里，一般人的生活已经愈来愈没有安全感——对这一亿一千七百万人来说，三十年令人眼花缭乱的创新几乎完全没有让他们的平均所得增加。美国不断创立一些历来最有雄心和令人赞叹的公司，连接世界各地数十亿人到它们的网络，但在它们成长阴影下的却是对一般人愈来愈严苛的国家。"社会告诉我，我必须上学、找一份好工作，然后我能赚到一份薪水，因为我在美国，"雅各布斯在另一个场合说，"我真的照做，但是我现在负债累累，快要窒息了。"

雅各布斯的故事暴露出美国进步机器的多重故障，涉及美国的健保制度和药价昂贵的问题；公共运输系统；薪资和劳工法律；粮食系统和食物沙漠问题；学生债务危机；所谓的风险大转移，即过去三十年来美国公司为了稳定损益表，而把不确定性转移给劳工；以及股东经营公司的方法愈来愈只为自利，而危害其他利害关系人。

亿万富豪创投资本家维诺德·柯斯拉（Vinod Khosla）的公司带头提供 Even 的初期投资资金，他提出警告，除非政府干预，像雅各布斯过的生活即将成为大多数美国人的现实。他已看透硅谷圈的必胜主义。有一天早上，柯斯拉坐在二楼会议室内，休养尚未完全康复的感冒，他表示预测对劳工阶层带来劫难的破坏，将随着自动化扩散到经济各层面而持续加剧，预期世界将继续充斥新发明，但仍缺少进步——如果进步意谓人类的繁荣富足的话。他相信，十个人中有七或八个在不久的将来可能找不到稳定的工作。对柯斯拉来说，这个即将到来的未来是一个娱乐问题（我们要如何占据这些人的心里），也是一个政治问题（我们如何避免他们叛乱？）。

有趣的是，柯斯拉似乎并不认为他投资在 Even 上的应用程序是解决问题的正确对策。他说，能阻止社会动乱的是"如果——很大的如果——我们做到足够的重分配，如果我们照顾每个人的最低基本生活，让每个想工作的人在想工作的地方工作，而不是他们必须工作"。他知道，这种重分配可能让像他这样的人以重税的形式付出高昂代价，但他认为这是值得的投资。"粗略地说，就是让所有人过够好的生活，"他说，"否则他们将努力改变体制。"

Even 的这个提议以相当不同的方法，要求赢家负责给予雅各布斯这样的人金钱，协助她照顾自己并帮助稳定她的生活，同时赢家又能从中赚到钱。不难理解，而且可以解释很多事情的是，一个已赚到远远超过一生所需金钱的赢家会毫不考虑地指出这种方法行不通，是以一种他投资的、尚未赚到钱的年轻人无法做到的方式指出。这位亿万富豪投资人描述的是一种大规模的集体社会义务，而他投资的创业家正尝试把它变成双赢的个人理财应用程序。

这种改造对雅各布·海克（Jacob Hacker）是一种隐忧。海克是耶鲁大学政治学家，他创造出"大风险转移"这个词，源自他撰写的一本相关的书,并协助激励了 Even 创办人。"Even 是对一个公共问题的个人解决方案。"他这么告诉我。海克是最早提出收入不稳定是全国性问题的人之一,他表示对 Even 的创新感到"着迷"。他认为这个创意"极度吸引人并具有启发性",虽然它的商业模式"有许多仍待解决的问题,但值得大加赞许"。不过,他关切"但它的出现是否减轻集体行动的压力,包括像工会的民间集体行动,或是像社会运动的公共集体行动"。他问道:"如果一个大创可贴就免除不安全的社会大众迫切需要的大手术——扩大失业保险、有薪家庭假、工会和新的工会替代选项等,将是一个悲哀的讽刺。"海克指的是过去分散的弱势公民团体可能团结起来,集结众人之力对抗强大的利益者——简单来说,这个概念就是政治行动。这个概念现在正与一个更诱人的方法对抗:赢家的世界决定多慷慨的施舍和施舍多少,或是文氏图上弱势者的解决方法与符合他们利益的部分有多少重叠——以及做多少这些事才足以安抚那种极具爆炸性的冲动集结在一起。

如果你询问:"什么方法最能协助雅各布斯?"诚实的答案可能不是每年向她收费二百六十美元来平抑收入。如果你是受过良好教育、有地位、拥有资源、像 Even 里的每个人那样的人,可能得到的结论会是,应该做一些事修补让雅各布斯贫困而无法翻身的体系。但是如果这些问题都解决了,你就不会有多少双赢的生意可以发展。如果雇用雅各布斯这种人的方式被规定是违法的,或是如果柯斯拉的大规模重分配想法实现了,Even 可能会变成多余的。

第三章
戴着恼人贝雷帽的反叛王

在这些精英想象的世界里，规则退让，由创业家通过市场来统治，这种想象希望倒退回私人领地——允许脸书伯爵和谷歌领主在民主之外做出有关我们共同命运的主要决定。

不久前的十一月，斯黛西、佛伦斯坦及数千名市场世界公民，登上一艘十四万五千六百五十五吨的挪威游轮前往巴哈马群岛。借由为别人行善来让自己成功的概念是一种福音，被世界各地无数帐篷复兴（tent revival）信徒赞颂和传扬。市场世界的公民借由一次又一次的会议强化这种传教：达沃斯（Davos）、TED、太阳谷（Sun Valley）、阿斯彭、彼尔德伯格俱乐部（Bilderberg）、Dialog、西南偏南大会（South by Southwest, SXSW）、火人祭（Burning Man）、TechCrunch Disrupt大会、消费电子展（Consumer Electronics Show），以及现在在一艘载满期盼改变世界的创业家游轮上举行的海上峰会。

这是为期四天的海上狂欢会，以表彰通过商业改变世界——或许也借由"改变世界"来从商业致富——的信条。聚集大批创业家与投资他们的金融家、一些让会场变得有趣和健康的表演者与瑜伽教师，以及各式各样在这个圈子经营、自传上常使用"影响家""思想领袖""策展人""召集人""联络人"和"社群经理人"等头衔的人。由于这是市场世界中较热闹的高峰会之一，所以游轮上挤满来自尊贵机构的创办人或代表人，如美国在线（AOL）、苹果公司、比特币基金会（Bitcoin Foundation）、Change.org、多宝箱、谷歌、现代主义烹调（Modernist Cuisine）、MTV、PayPal、灵魂飞轮（Soul Cycle）、汤姆斯布鞋、优步、Vine、维珍银河（Virgin Galactic）、瓦比派克（Warby Parker）及Zappos。有一些亿万富豪和许多百万富翁在船上，还有许多人支付相当于一般美国人月薪的门票来参加盛会。

纽约公关人员赛琳娜·素（Selena Soo）也代表许多这类创业家上了这艘船，完美地反映流行的观点。"我合作的客户都以改善他人的生活为个人使命,"她在自己的网站上写道,"当他们的企业成长时,世界也变成更美好的地方。"也在船上的布莱尔·米勒(Blair Miller)长期投入她视为企业与社会公益交汇的领域,曾在某服饰杂志的访问中如此表达:

> 我的问题从来不是自己是否应在影响社会上献出精力,而是我要如何带来最大的影响?商业是支配今日世界的一股力量,而我相信如果能影响商业运作的方式,就能改变全世界数百万人的生活。

一旦你相信商业是今日改变世界的方法,一场创业家会议将提供无限的可能性。的确,许多船上的与会者最近接到会议筹办人发来的一则激励性信息,以创造世界历史的口气为高峰会的使命定调:

> 大风正从东方卷起,而在短短六天后,某种可能改变历史的转变即将从天空和月球降临。我们现在可能还看不到全部的效应……但任何文化上的伟大转变都是如此,任何地球板块的巨大变动亦然。

激励演说家暨思想领袖西恩·斯蒂文森(Sean Stephenson)在欢迎出席者的演讲中,提出一个略微直白却一样志气恢宏的峰会使命说明,他以三个重点来强调应如何把握这个机会。第一,"在这个房间里,你可以接触能协助自己对人类产生神圣影响力的人物"。第二,"你会结识即将影响自己钱包的人"。第三,"登上这艘船并不是为了喝酒狂欢,好吧!那只是一部分目的,但也是为了社会正义"。

然而,不平等加剧时代的不争事实让使用影响钱包的方法来达成社会正义,以及通过商业释放并催生改变世界潜力的愿景蒙上阴影。这些创业家越美化改变世界,这些事实越阻碍他们的路,嘲讽他们冠冕堂皇与只顾自利的说辞。这对出席海上峰会的与会者更是真切:这些来自硅谷和科技世界的啦啦队员,秉持着就连用市场世界的标准看也是厚颜无耻的信条,宣称对商业好的东西也必定会对人类好。

这批科技新贵是我们时代的洛克菲勒和卡内基,他们蓄积庞大的财富、兴建新时代的基础设施,并且经常宣称他们的做法促进文明的利益。"科技令人惊奇的是,"罗森斯坦根据在谷歌、脸书及自己的新创公司改变世界的经验说,"有这么多的机会可以让你鱼与熊掌兼得,对不对?"但不可否认的事实是,在他们蚕食鲸吞的同时,这些科技主义者也是让不平等扩大成鸿沟的帮凶。(不令人意外的是,他们认养的城市旧金山可能已变成最不平等的美国城市,越来越不留空间与机会给想在那里谋生的普通人。)这些人高声呐喊,要拆解专为保护平等而设计的体制和其他规范,例如,工会、土地分区使用法规,或确保就业安全和劳工福利的法律。

为什么在造成不平等扩大的证据如此普遍的情况下,对双赢的信心仍然屹立不倒?这些新贵宣称改善人群生活,却发现他们自己也许是唯一生活变得更好的人时,如何减轻认知不一致?海上峰会期间,有一天在游轮七楼的畅悦演绎廊里,科技世界的高阶布道师暨创投资本家薛文·皮舍瓦(Shervin Pishevar)正展示一种他认为奏效的方法。

皮舍瓦是硅谷的重量级创投资本家，他以初期投资于爱彼迎和优步巩固在业界的地位。他投资赚得的报酬足以让投资人的孙儿辈当全职的慈善家。皮舍瓦是伊朗出生的移民，曾获美国国土安全部颁发的美国杰出移民奖。他是硅谷的点石成金者，据《纽约时报》报道，优步创办人特拉维斯·卡拉尼克（Travis Kalanick）视他为逛洛杉矶夜店的老师，甚至由皮舍瓦提供"夜店衣服"。而海上峰会的创业家都知道，像皮舍瓦这类创投资本家（他的公司叫夏尔巴创投〔Sherpa Ventures〕）只要看上你，就有本事带你攻顶。

这便有助于解释大家为何争相来听皮舍瓦做名为"抢搭超级回路列车：创投资本家皮舍瓦以超音速讲故事"的演讲。听众蜷缩在扶手椅或沙发上，有人坐着，有人躺在地上，还有人从上面八楼的露台围着好几圈往下看。听众都全神贯注地虔诚静听。

他们听到的是一个极有权力的人急切地想解释其实他并没有那么大的影响力，并描绘自己一心追求的是比钱更高贵的东西。"分享就是关爱。"皮舍瓦说。他承认这有点老掉牙，却表示他真的这么认为。"到头来最重要的不是钱，"他继续说，"而是爱和真性情展现的时刻。"峰会的听众用力拍手欢呼，以示认同。你会以为，他们也相信对他们来说最重要的不是钱。

皮舍瓦把话题转向延长寿命的科技，这是他现在专注的领域，他绝不是唯一正在为可能花得起钱的人寻找长生术的人。"在未来二十、三十年，我最好的建议是继续活着，"皮舍瓦说，"别冒真正愚蠢的风险。"而这与他提倡尽可能冒更多风险的商业信条抵触。"我说的是身体的风险。要做好准备，因为基因研究这方面在未来会延长我们的寿命和健康的生活，这将挑战我们文明的根本：对未来拥有渊博知识与活得更久、更健康的人来说，今日世界的情况已无关紧要。七十岁就退休的想法，就好像未来有人会告诉你三十岁退休。"

皮舍瓦是在宣扬一种愿景，却把它假扮成预言，这在科技新贵之间很常见，也是他们掩饰自己的权力正因为无权力者的焦虑日增而动摇的方法之一。创投家和创业家在今日被许多人视为思想家，他们的商业用语被当成创意，而这些理念往往是未来式的：有关下一个世界的宣告，借由堆砌他们投资组合公司的理论打造而成，或从他们的新创公司使命宣言做成的推论。听他们创意的人给予他们漂洗自利欲念的机会，让它听起来像较无私的世界预测。例如，一个想克扣员工福利的新贵可能会以它为借口，说未来每个人都是个体创业家；一个社交媒体亿万富豪急着想从发布视频获得比发布文章更高的广告收入，并重写他拥有的强大运算法，以达成该目的，可能会把逐利之意伪装成一种预测，表示"我想几年后我们将生活在一个绝大多数人在线消费的内容将会是视频的世界"。(《纽约》杂志在马克·扎克伯格〔Mark Zuckerberg〕于巴塞罗那举行的世界移动通信大会发表这项预测后，刊登了标题为《可以片面做决定的人说：绝大多数网络内容将是视频》的文章加以讥讽。)

在硅谷，预测已成为争抢一种特定未来的流行方法，但往往只是描绘尚未发生的事。预测散发一种无私的感觉，预测者不是被自身的偏好和利益左右，他们似乎不是刻意选择未来世界会变成什么样子，就好像他们无法选择眼睛的颜色。然而，在许多可能的情况中选择一种情况，并说服每个人那种情况必然发生，以及社会对未来做的集体选择终将徒劳无功，是塑造未来的巧妙方法。

当皮舍瓦预测寿命延长和其他"未来即将发生的事"时，实际上是在促成这些事在未来发生。他属于在新创公司投资上极聪明与极幸运的精英之一，而他们现在必须面对影响人类寿命的科技可能会引发的巨大社会后果。他们的权力伴随着巨大的责任，并让他们可能遭到憎恨，除非说服人们相信他们努力创造的未来会自动发生，这将是自然力量的结果，而非他们的选择，是天意而非权力造成的。因此，皮舍瓦聪明地以被动方式塑造他的目的："对未来拥有渊博知识和活得更久、更健康的人来说，今日世界的情况已无关紧要。"对富人来说，较长的寿命只是未来一定会发生的事，与改善全民的医疗健保制度无关。

"能实现改变世界的人具备哪些特质？"听众中有人在问答时间提出这个问题。

这个问题正好让皮舍瓦有机会推销自己和同伙精英是对抗当权者的叛军，而非本身就是当权者。皮舍瓦表示，改变世界者有共通的特质，就是愿意为真理而抗争。这与他们生来就比你幸运、免受种族和性别歧视，以及可从家人与朋友取得更多种子资本都无关，而是因为他们比你更勇敢、更大胆——有人可能说更无情，愿意不计代价挑战有权势者。皮舍瓦引述优步的卡拉尼克和特斯拉的埃隆·马斯克的话，说："他们在最不舒适的地方感觉最舒适；换句话说，他们在令人不舒适的谈话中觉得最舒适，而大多数人只想要天下太平，一切都好。我很快乐，你很快乐，我们很好，是永远的好朋友——那就像'才怪！去他的，让我们挑战彼此，到底发生了什么？事实真相是什么？'当情况让人不舒适时，这是因为真假之间有冲突。唯一的方法是弄清楚、了解它，然后戳破它。那些有伟大创意的人不会逃避那些冲突，实际上会拥抱它们。"

创新者以这种方式追求单一的真理，这种想法是皮舍瓦反叛的自我概念的一部分。一个国王管辖许多真理，但反叛者不必为整体承担责任，可以自由追求他的单一真理。当反叛者就是如此，他的职责不包括操心其他人的需求可能和他不同。根据皮舍瓦的说法，当像优步这类公司挑战监管机构与工会时，其中没有敌对利益的冲突，只有单一真理的抗争和反叛者起而对抗腐败的既有掌权者。这一点从他回答下述问题时展露无遗："你如何在道德、野心及必须竞争之间找到平衡点？"

由于皮舍瓦不认为自己是当权者，由于他拒绝把自己投资的公司视为当权者，所以似乎不明白这一点。一个人必须承认自己拥有权力，才会知道自己面对道德选择。如果你从镜子里看到的是被当权者压迫的弱势者，为生存抗争，可能会像皮舍瓦现在这样产生误解。他的解释是，他身为一个有道德的人，代表一家有道德的公司——他再度以优步为例，挺身对抗不道德的力量。

"我最反对的是既有结构和垄断——例子之一是出租车同业联盟，这是很真实的情况，"他说，"我曾在开会时受到来自那个世界的那种人的威胁，我看到他们在意大利殴打司机。你们看到法国的暴动，还有推翻汽车和丢掷石块。我带女儿去迪士尼乐园，我们被夹在中间，必须驾驶我们的优步离开好像交战区的现场。"

"所以从道德的观点来看，任何对抗道德腐败已根深蒂固、在城市里由市议会和市长等势力经过数十年不法操纵形成的体制——所有这些真实与具体的东西都在经受新技术和创新的威胁，像优步及这个领域的其他公司。所以从这个观点来看，放马过来吧！这是我们应该抗争的事。而从道德的观点来看，我们有责任对抗这类钳制者。而且他们存在于各个阶层——从城市到各州，甚至是国家和全球。"

皮舍瓦不仅把创投资本家与亿万富豪公司创办人描绘成对抗既有体制的反叛者，对抗代表一般人的当权者，也在诋毁为照顾普通人和促进平等的体制。他把工会说成是"垄断组织"，把已鲜明体现劳工运动的抗议行动描绘成"交战区"。他以贪腐、类似黑手党的语言形容出租车司机及其代表："来自那个世界的那种人。"皮舍瓦是优步公司的主要投资人，而优步追求撕碎民主程序制订的法规，逃避一直以来真正为弱势者抗争而不只是嘴巴说说的工会，他却骄傲地描绘自己是真正为众人而挺身对抗贪腐权力结构的人。皮舍瓦曾写道："在政治权力贪腐、社会和群众的力量扫除贪腐时，我们必须用力捅蜂窝，以培养对贪腐螫刺的免疫力。"

谈到他不喜欢的监管法规和工会，皮舍瓦说："寻找能颠覆它们的公司，等于是持有某种道德哲学说：'我们要运用自己的能力和知识除去这种控制，进而改善世界'。"简而言之，科技破坏是创投资本家为每个人的福祉而让世界变得更美好的方法。

全场响起掌声和欢呼声。

皮舍瓦像叛乱分子一样进行演说，对于接受他崛起的人没有任何慈悲感或义务感，举止也完全没有表现出他知道自己偏爱的优步和爱彼迎，正面对剥削与违法对待真正弱势者的严重指控。在他看来，他和这些公司才是弱势者。他谈到在巴黎搭乘优步车，遭到抗议的出租车司机制造的"交战区"，威胁到他和小孩。

他试着借由违抗市政当局的法规来扫除贪腐。他就像马丁·路德（Martin Luther）化身为创投资本家，把他的论纲钉在纽约市出租车与轿车管理委员会（New York City Taxi and Limousine Commission）的大门上。创投资本家是今日世界上最有权力的人之一，皮舍瓦却觉得自己是小人物。当你的领导者仍戴着叛军时期戴的贝雷帽，你应该感到害怕。

在问答时间结束后，皮舍瓦赞扬峰会是"一场价值创造的运动"，他使用的是完美地融合电影《逐梦大道》（Selma）和哈佛商学院的语言。

为了让"价值创造"这个可能让人联想到他是超级富豪的词听起来较顺耳，皮舍瓦再度运用多愁善感的语言。他说，价值创造是由价值创造者带进人的生活中，这个价值创造者带你"进入一个爱、信心、支持的环境"。皮舍瓦在这里盗用运动和爱、团结与无私的语言，甚至分享就是关爱的疗愈话语，粉饰他的寡头统治愿景的赤裸真相；他有资格登上一艘昂贵、排他、仅限邀请参加、满载创业家的游轮会议，却宣称出租车司机组成不公正的垄断组织；他可以容许并支持一家公司做任何事来打击劳工运动的理念，同时若无其事地以运动的语言在会议中发表演说。身为硅谷创投资本家的皮舍瓦，称得上正是一群让美国愈来愈不平等、又宣称代表普通人抗争的精英缩影。

皮舍瓦拒绝承认拥有权力并非单一特例，这种谦逊是新权力集中的硅谷之特征。"他们如叛军般抗争，同时又像是国王般操控一切。"科技学者达娜·博伊德（Danah Boyd）写道。她深入接触过黑客和反叛者，后来对他们不愿接受胜利而感到挫折。博伊德认为，现在他们拥有现代权力的工具，但是这个群体受到其反文化根源的影响而以"局外人"自居，导致"无法了解自身作为精英与有权力者一部分的行动和作为"。而有权力者如果"在一个不稳定和不平等猖獗的世界里，把自己视为弱势者，就无法体认到他们有道德责任"。在现实中，两家让皮舍瓦变成传奇人物的公司，就是因为持这种否认态度而陷于缠讼。

爱彼迎的麻烦在海上峰会举行前几个月就开始了，当时名叫奎提娜·克林腾登（Quirtina Crittenden）的非裔美国女性，在推特上抱怨订房时遭到种族歧视。她发布截图诉说在预订爱彼迎上的供出租房间时遭房东拒绝，并加上"爱彼迎不欢迎黑人"的主题标签。一段时间后，其他人开始在克林腾登的标签下增添新见证，尤其是次年她接受国家公共广播电台（NPR）采访后。许多故事开始在推特上流传："我有学士学位、硕士学位，再加一个博士学位，但还是不能租你的房子。"然后一名叫格雷戈里·席尔登（Gregory Seldon）的黑人用户分享了一则故事，说他如何"制造假身份资料，假扮是白人，马上就被接受了"。席尔登的推文爆红，一场社交媒体风暴就此爆发。

由于这涉及爱彼迎和其他硅谷平台运作的方式，该公司面对如何回应的选择。爱彼迎可以宣称平台本身没有多大的权力，所以无法对上述事件负责，却出乎许多人意料地在几个月后贴出一份报告，承诺将进行"强力的系统化改革，以大幅减少房东和客人采取有意或无意的歧视行为"。这些措施令人激赏，并且是自发的。

不过，"爱彼迎不欢迎黑人"爆红后两个月，当该公司接到加州公平就业与住房部的纠正，宣称它"可能没避免对非裔美国顾客的歧视"及本身"可能从事歧视行为"时,爱彼迎从原先的立场退缩了。"虽然爱彼迎只是经营一个平台,不会直接干预房东做出关于订房的决定,"该公司在一份法律回应中表示,"但是根据可得资料,知悉一些第三方房东在网站上可能违反爱彼迎反对种族歧视的规定,而且爱彼迎的规定和程序截至目前还未能充分解决这个问题。"尽管哈佛商学院的一项研究支持使用者对歧视的指控,但该公司表明只是从事"租屋信息的刊登",是一个可以让它"免除"法律责任的小角色。爱彼迎宣称,"不能为第三方使用者承担法律责任"。该公司说,法律"并未规定有防止他人歧视的责任"。

与此同时,皮舍瓦投资的另一家公司优步正卷入另一场官司,而且说不清该公司是否像自称的那么无足轻重与毫无权力。一群司机向联邦法院控告优步及其竞争对手 Lyft,要求按照加州的劳动法被视同员工。问题在于他们签订了承包人合同,并不适用于劳动法。已接受规定司机是创业家的条款和条件——是选择工作时间的自由行为者,不需要其他人仰赖的法规架构。他们已相信市场世界统治下的幻想之一:每个人都有自己的小公司。然后一些司机发现,他们事实上只是单纯的劳工,像许多人一样需要受到保护,借此避免有权势者的压迫、剥削及多变的环境。

司机签订的合同,已阻碍他们变成员工的路。但是根据法律,如果他们能证明公司有全面且持续的权力来影响他们的工作,他们仍可能符合员工的资格。因此,对放弃若干保护和福利以获得独立地位的合约商来说,这种独立必须是真实的。这个理由鼓励两个案件的法官爱德华·陈(Edward Chen)和文斯·查伯利亚(Vince Chhabria)深入思考权力如何在新网络时代运作的问题。

优步和 Lyft 采取反对的立场并不令人惊讶。与爱彼迎一样，优步和 Lyft 宣称不是有权势者。优步辩称只是一家让乘客和司机建立联系的科技公司，而不是一家汽车服务公司。签下契约的司机是自己命运的掌控者。陈法官驳斥这种说法，写道："优步不只是一家科技公司，正如 Yellow Cab 是一家'科技公司'，因为它利用无线电派遣出租车，又如约翰迪尔（John Deere）是一家'科技公司'，因为它利用电脑和机器人制造除草机，或 Domino Sugar 也是一家'科技公司'，因为它利用现代灌溉技术种植甘蔗。"查伯利雅法官同样反驳 Lyft 宣称自己是"未涉入利益的旁观者，只提供容许司机和乘客进行联系的平台"的说法，写道：

> Lyft 涉及的不仅是连接随机的平台使用者，它对顾客行销提供随传随到的乘车服务，并积极争取这些顾客，给予司机详细的行为指示。最明显的是，Lyft 的司机守则和问答集里表明司机是"为 Lyft 开车"。因此，Lyft 自称只是一个平台和司机不代表 Lyft 提供服务的说法，并非事实。

法官相信优步和 Lyft 的权力大过自称的说法，但他们也承认，两家公司拥有的权力不像旧经济的雇主，如沃尔玛对员工拥有的权力。"本案的陪审团将拿到一根方形木桩，并被要求选择放进两个圆洞之一。"查伯利亚法官写道。另一方面，陈法官怀疑优步尽管宣称无法影响网络的运作，却对仰赖分配乘客的司机施加看不见的权力。为了定义这种新权力，陈法官决定援引很少法官能想到的智者：已故法国哲学家米歇尔·福柯（Michel

Foucault）。

陈法官在一段精彩的文字中，引用福柯在《规训与惩罚》（*Discipline and Punish*）里著名的分析，把优步的权力比喻为圆形监狱中心的狱卒。圆形监狱是一种圆形的监狱建筑设计，由十八世纪哲学家杰瑞米·边沁（Jeremy Bentham）所发明，它的构想是让建筑中心的一名狱卒得以监视大批囚犯，不是因为他真的随时都能看到囚犯，而是因为这种设计让所有囚犯无法知道任何时候是否有人在看他。福柯分析圆形监狱里权力的性质与运作，而法官发现这可以用来类比优步的权力。他引述"感觉和永远可能会被看到的状态，确保权力的自动运作"这段文字。

法官的意思是，优步对司机的服务所做的监视、追踪、控制，等同是"权力的运作"，即使熟悉的权力表征——资产的所有权、对员工时间的掌控并不具备。虽然司机不像受雇并聚集在厂房的工厂劳工，但也不是可以任意行事的独立合约商，他们可能因为微小的违规而被解约，这就是权力。

在我们这个时代最有影响力的新兴权力中心有否认握有权力的习惯，并提倡一种以无意义的变革图利自己的改变观，这是很令人感到不安的。不过，它的姿态并非全然愤世嫉俗。科技界长期以来坚称创造的工具绝对公平，将缩短权力的鸿沟，而非加以扩大。在二十世纪九十年代中期，互联网开始进入人们的生活，比尔·盖茨预测科技将有利于让根深蒂固的不平等世界变得平等：

在虚拟世界里，人人生而平等，我们可以利用这种平等协助解决一些在实体世界尚未解决的社会问题。网络无法铲除偏见或不平等的障碍,但它将是为此努力的一股强大力量。

这个信念在市场世界变得如此具有影响力不容低估,特别是在硅谷:这个世界可能很残酷和不公平,但是如果你撒下科技的种子,将会冒出平等的芽。如果阿富汗的每个女孩都有一部智能手机⋯⋯如果每间教室都连上网络⋯⋯如果每个警察都穿戴身体相机⋯⋯扎克伯格和普莉希拉·陈发誓把一切连接在一起是他们慈善工作的一部分,因为互联网是"当你不住在好学校附近时,提供教育;当你附近没有医生时,提供避免生病和如何抚养健康儿童的信息;当你不住在银行附近时,提供金融服务;当你附近的经济情况不好时,提供就业信息"。硅谷的一些人对科技的公平性已达到完全的口是心非。"拜爱彼迎所赐,"创投资本家马克·安德森(Marc Andreessen)说,"现在任何有房子或公寓的人都能出租房间,收入不平等因而缩小了。"按照这个说法,像安德森这类投资人和参加占领运动的普通人没有差别,只是他有较大的房子且较成功。

网络是大部分这些新权贵的基础——可以同时把权力推向四方和吸入核心网络。这个概念来自网络权威乔舒亚·库珀·雷默(Joshua Cooper Ramo),他从一名新闻记者转变为亨利·基辛格(Henry Kissinger)的门徒,几年前开始对新类型权力如何推翻旧策略与地缘政治法则感兴趣。他集结对网络的研究与网络业主的访问后,写作《第七感》(*The Seventh Sense*)这本书,并在书中表示:

这种新权力同时具备彻底集中和大规模分散的特性,它无法以简单的"两者之一"叙述来理解。权力和影响力可能变得比封建时代更集中，同时比最活跃的民主社会还要分散。

雷默是说，这个世界上众多的优步、爱彼迎、脸书及谷歌，既是很极端的民主，也是很危险的寡头统治。脸书解放阿尔及利亚地下室里的人，让他们自由地表达所思所想，让全世界看到；爱彼迎让每个人出租他们的家；优步容许每个生活困顿的人下载手机应用，轻松地开始赚钱，这些平台把过去由媒体公司、旅馆连锁和出租车工会控制的权力推向四方。但是网络也倾向极端集中，如果你有一半的高中朋友都在另一个社群网站，那就不好玩了，所以脸书变成事实上的垄断企业。网络理论的核心原则是，网络越大，从每个新连接就能挤出更多的好处，于是网络变成越来越强壮、凶悍、迅速、庞大的稀有怪兽。

这种权力同时集中和分散对社会权力的分配带来实质影响。"科技人喜欢描绘他们的产业是翻腾的破坏之海，在其中的每个赢家都可能遭遇一些新奇的、无法想象的敌人突击。"《纽约时报》科技专栏作家法哈德·曼约奥（Farhad Manjoo）写道。他指出，事实上，科技业比大多数产业更集中，例如亚马逊、苹果、脸书、谷歌和微软控制各自领域的大部分。从几乎每个标准来看，曼约奥所称的"五恶人"（Frightful Five）正"越变越大，愈发盘踞在各自的领域，在新领域的力量越来越强大，新创公司能与之竞争的机会越发小"。如果科技让这些巨人越来越强大，原因就是雷默描述的网络集中的力量：这些巨人已建立某些基础网络，通常称为"平台"，而新创公司选择有限，只能建立在这些越来越大的网络上。曼约奥写道："这些平台变得无法逃避，你可能选择不加入一两个平台，但是它们一起形成一张大网，网住整个经济。"

尽管脸书自称为"社群"，它却凭一己之力为大部分人重新定义了"朋友"这个词，根据的是对它本身企业模式最有利的方式；另一家公司谷歌则知道所有你搜寻和购买的东西、键入的每一则黄色笑话，通过它的厨房帮手听到你在家中说的每句话，还有在它的家庭安全监视器前做的每个动作；爱彼迎则吹嘘新年前夕当天就有一百三十万人住在它的签约租屋里。随着这类科技公司扩展到全世界，一群相当少数的人已拥有越来越多人进行谈话、行动、购买、销售、阅读、写作、教导、学习、疗愈及交易的基础设施——即使是他们之中有许多人仍公开呼吁要对抗既有的体制。

大卫·海涅迈尔·汉森（David Heinemeier Hansson）是科罗拉多州软件公司基地营（Basecamp）共同创办人，该公司是一家成功但低调的企业，一直保持较小的规模，并避开硅谷的吸引和吞噬全世界的野心。汉森写道："问题部分在于，今日已经没有人满足于只对宇宙产生影响。不，他们非拥有宇宙不可，光是立足于市场还不够，他们必须支配它；光是服务顾客还不够，他们必须俘获他们。"

新创公司 Pinboard 创办人马切伊·切格洛夫斯基（Maciej Ceglowski）的一席话在硅谷与更广大地区掀起波澜，因为他在一次谈话中，先把创投资本家比喻成英国封建时期的土地主，然后形容他们像一度掌管他祖国波兰的中央计划者：

　　加州资本主义有种腥臭的味道。
　　投资已变成我们上流阶级的优雅职业，就好像过去在英国拥有一座乡下的庄园,这是一种阶级表征,也是被社会接受的富裕科技人士的消遣方式。绅士投资人决定哪些创意值得追求,向他们兜售的人则顺应他们的要求。

待价而沽的公司不再追求获利甚至营收,成功的衡量标准反而是估值——要说服人们相信它们值多少钱。

整个企业带着幻想的元素,而且这种幻想甚至让科技精英也开始感到不安。

在波兰也有这种人,但是我们不叫他们创投资本家,而是中央计划者,他们也掌管分配不属于自己的巨额资金。

他们也真的相信自己在改变世界,并提供某种借口来解释为什么你的日常生活与应该近在咫尺的美丽世界无关。

过去三十年来,美国发生接二连三可以归咎于导致政治和许多人生计崩坏的问题,美国的社会契约已破损,劳工的生活越来越不安定,流动性减缓,有许多艰困又重要的问题。这个时代的新赢家可能参与草拟新时代的新社会契约,为全球化与数字化世界里的普通人擘画经济安全的新愿景。但是一如我们已经看到的,他们实际上是借寻求毁坏工会和所有其他仍然残存的劳工保护,以及让社会变成随时运作的劳动市场、劳工不断低价竞标无数琐碎零工,使情况更加恶化。硅谷创投资本家保罗·葛拉汉(Paul Graham)曾在推文上说:"任何还有工会的产业都有新创公司可以解放的能量。"

随着美国的不平等到了越来越难以控制的程度,这些市场世界赢家原本可能帮得上忙,他们只要看看自己社群内部就能发现需要知道的事。想尽办法降低他们的税负,即使合法,也与他们主张的凭借行善成功相抵触。转移公众对境外银行等议题的注意力，而使大问题更加恶化，即使市场世界人士不断宣传他们的小善行亦然。

随着美国许多族群的预期寿命下降，自认已经成功的赢家可能会出钱参与解决问题。发达国家这种不寻常的退步现象，或开发中国家可以轻易避免的死亡仍持续不断，均可能吸引他们关注医疗保健制度的细节。他们可能完全没想到自己因为拥有的优势让其寿命可能很长。"在我们还有疟疾与肺结核的情况下，富人资助让他们能活更久的计划听起来如此自我中心。"盖茨曾说。

也许海上峰会上最让人跌破眼镜的主题演讲人是爱德华·斯诺登（Edward Snowden），他是让美国国家安全局头痛万分的美国吹哨人，在俄罗斯通过视频设备与游轮连线，访问他的是极为成功的创投资本家克里斯·萨卡（投资了 Instagram、Kickstarter、推特、优步）。峰会的筹办人之一走上讲台说："我们需要像萨卡这种说真话的人和思想领袖。"对听众来说，一场演讲里有两个说真话的人真划算。

萨卡走上讲台，赞美峰会已成为他形容的"追求正义的创业精神平台"，他说这句话好像创业精神就是正义。然后萨卡访问斯诺登，斯诺登发表吹哨人式的招牌演说。在莫斯科受访的他开始说出可能让硅谷的追名逐利者心跳加快的话。这位全世界最有名的泄密者谈到必须打造新通信工具，加密到能完全无法追踪，以便连两个人交谈的发生都无从得知。他谈论"身份代码化"，让人们有办法在这个时代参与线上社群，而免于各个平台留下痕迹，或是不让人们知道曾读过的每本书、曾参与的每项运动、曾结交的每个朋友。

"当我们想到民权运动时,"斯诺登说,"我们想到历史上发生的每一次社会进步,一直回溯到文艺复兴,回溯到人们思考异端思想,像是'也许世界不是平的',甚至进行这类辩论、挑战传统观念时,或是在挑战法律架构本身仍然违法的任何时代挑战法律架构,以及在有人提出异端思想,马上就被视为犯法,即使那只是微不足道的规定,如果这种事立刻就会被察觉、禁止,然后以某种惩罚或制裁来矫正,我们将永远看不到像优步这样的新创公司茁壮成长,我们将使人类的社会进步冻结。由于你将不再有机会挑战正统思想,而不被立刻逮捕、关进监牢,我们将不可能也没有能力建立足够数量的人来促成变革。"

也许是为了向创业家听众表示善意,斯诺登在极其恢宏的异端愿景中勉强提到新创公司,却因此毁了传达想法被听到的机会。斯诺登已向萨卡、可能还有其他人保证,现在将只听到他谈论投资的革命性言论与思想。

"投资企业的创办人是我的生计,"萨卡看着巨大屏幕说,"而我要告诉你,我一听你说话,就闻到创办人的气味。你谈到这些必须建立的事物。你准备建立其中一项吧?因为或许有投资人正在等着你。"

斯诺登似乎觉得很意外,他正在谈论异端思想、真理和自由,现在却被问到创立新企业。他慌张地试着委婉拒绝萨卡:"我确实有几个积极进行中的计划,但是我的观点和许多需要创投资金、想找投资者的人略有不同,我不喜欢推销,不喜欢说自己正在研究某个特定系统,以解决某个特定问题。我宁可只是去做它,花费最少的资源,然后以结果来评断。如果它有效,如果它扩大,就很好;但是对我来说,无意考虑将来在商业界工作,所以宁可说'以后再说'。"

这是对市场世界生活方式委婉的谴责,出现在屏幕上的是一个不喜欢推销自己、不渴求金钱、实际上与体制抗争,并且愿意为了赢得更大的善而输掉个人所有的人。

斯诺登在峰会上呼吁找"一个地点,在世界上任何地方都行,让我们可以做实验,可以安全无虞"。对他来说,这是一个严肃的愿景,也许攸关生死。创业家好像有意模仿真正的叛徒,往往也有相同的想法,但是对他们而言与挑战权力无关,更多涉及聚积和保护权力。创业家暨投资人彼得·提尔(Peter Thiel)呼吁建立"海上家园"社群,远离法律的管辖。根据报道,谷歌的联合创办人拉里·佩奇(Larry Page)曾说:"身为技术人,我们应该有一些安全的地方可以实验新东西,并思考对社会的影响。"科技投资人巴拉吉·斯里尼瓦桑(Balaji Srinivasan)则呼吁,数字革命的赢家从不知感恩的卢德分子(Luddites)和抱怨者的世界分离出来——他称为"硅谷的终极出走",运用如斯诺登想象中的工具,"建立一个选择加入(opt-in)式社会,最好设在美国以外的地方,由科技来管理"。

连接这些概念的是一个没有政府管辖生活的幻想,用作家凯文·鲁塞(Kevin Roose)的话说,这些有钱和有权的人在"带领无政府主义者啦啦队",以配合他们小心塑造的对抗当局的反叛者形象。呼吁依照他们的方法建立一块没有规则的领土,高呼无政府主义口号,可能听起来好像你代表人类追求一个自由的新世界。然而,无数的思想家已经告诉我们,有权势者往往是创造一个全新又没有规则世界时的最大赢家。女性主义作家乔·弗里曼

（Jo Freeman）在一九七二年撰写的文章《无架构的暴政》中，以一段著名的文字阐述这个发现，她表示当群体在模糊或无政府的情况下运作时，无架构会"变成强者或幸运者建立凌驾他人而不受质疑的支配权的烟幕"。

弗里曼的概念可以追溯到启蒙运动和托马斯·霍布斯（Thomas Hobbes），霍布斯也相信无架构完全不像所描绘的那样美好，尤其是对弱者来说。他鼓吹的强大利维坦往往被视为君主政体或独裁主义，但实际上霍布斯表达的是，选择不在于权威和自由之间，而是在于一种权威与另一种权威之间。总是有人统治：问题是谁。在一个没有大海怪的世界，也就是说没有一个有能力制订和执行普世统治的国家，人们将由数千只较靠近家的小海怪统治——由拥有他们耕作的土地且无力与其对抗的封建领主统治；由强大、反复无常又不负责任的贵族统治。

霍布斯描述的是一个理想中人人都有法定权力的权威，一个属于我们共同拥有且权力凌驾地方权威的权威，他相信在这种权威下会比没有这种权威更自由。"在没有权力可以震慑所有人的地方，群聚的人们感受不到快乐，反而十分痛苦。"他写道，在没有规则的地方，"没有不公义可言，因为对与错、公义和不公义的观念并不存在。在没有共同权力的地方，就没有法律；没有法律的地方，就没有公义"。这种世界的基本道德是"武力与欺诈"。

自诩叛军的创业家实际上是想推翻启蒙运动的一项重大计划——平等地对待所有人的普世原则，把人们从村落、教会和领地的特殊主义中解放出来。在这些精英想象的世界里，要淡化规则，由创业家通过市场来统治，这种想象希望倒退回私人领地——允许脸书伯爵和谷歌领主在民主之外做出有关我们共同命运的主要决定。在那个世界里，他们将借由盗用社群与爱、运动和双赢的语言来否认他们的权力凌驾四周无力抵抗的弱者。但是在这个世界底层的许多人将有充分理由感觉到，昔日世界的惨淡并未改变。

我们时代的进步不一定要通过权力集中在少数人、有权势者是为小人物抗争的斗士这类故事的宣传，这个世界仍然有许多人真正为他们着想，以较诚实的方法让世界变得更好，并且自由地思考，而不接受市场世界要求的进步必须考虑赢家和服从他们的原则。但是，要与市场世界竞争资源和对抗他们塑造自己形象的品牌力量并不容易。

海上峰会结束几个月后，在纽约的歌德学院（Goethe Institut）发生一件事，为数字时代提供了大不相同的视角，那是一场萌芽的运动——"平台合作主义"（platform cooperativism）举办的会议。会议中讨论到，避免用"有权势者应从改变中获利才值得改变的双赢戒律"的方法来让世界变得更好。平台合作主义是一项运动，寻求实现硅谷宣称已在发生的事，提倡"新类型的线上经济"，并在数字宣传手册中说明：

> 尽管互联网为我们带来许多神奇的事，它却备受垄断、压抑和监视的经济法则支配。一般使用者几乎无法掌控个人资料，而数字职场正悄悄渗入工薪阶层的每个角落。线上平台往往利用和加剧社会既有的不平等，同时却自诩为伟大的平等赋予者。互联网的掌控和治理方法可能改变吗？

以上表达是在刺激思考实际改变世界的方法，而非理论上的空谈。我们难得在市场世界见到这种想法，但是这些话背后的假设很明显：有时候科技的建立者只追求自己的利益；有时候人道主义和创业精神是截然不同的两回事。平台合作主义被普遍视为具有颠覆性的宗旨，其实不应被视为那么有颠覆性：不止是市场世界的赢家，普通人在科技如何发展上应该也有一些决定权；科技的发展可以不只有一个方向；对于把创新转变成大多数人的进步上，有些方向会比其他方向来得好。

在会议上可以听到演讲者说出向来被市场世界封锁的想法：权力和特权确实是存在的；在每个时代都有一些人拥有权力和特权，而有些人则没有；我们必须对这种权力和特权保持戒慎之心；进步并非无可避免的事，而且历史不是一条线，而是一个轮子；有时候惊人的新工具被用在让世界更糟糕的用途；即使有新亮光照耀，黑暗的地方仍然黑暗；长期以来，人类就有剥削彼此的习惯，不管他们和他们的想法看起来多无私；有权力者和你都是平起平坐的公民，而不是你的代表。

出席会议者的谈话不局限于双赢，他们谈到剥削、滥用及团结一致。他们谈论问题，不受优雅的市场世界共识束缚。听众的气氛是怀疑多过于理想主义，充满批判而非高呼口号，他们知道太阳底下没有新鲜事。另一方面，演讲者完全没有市场世界惯有的狡猾，说话不是那么流畅，没有宝石缀饰的麦克风可拿，也没有人在舞台上走路像是大草原上的雄狮。谈话中几乎没有人说笑话，只是谈论着他们希望解决的问题。这场会议体现的民主与海上峰会和其他市场世界的论坛形成令人振奋的对比。

特莱伯·舒尔茨（Trebor Scholz）上台解释了几年前曾撰写

一篇短文谈论称为平台合作主义构想的原因。当他调查发现硅谷正在重新塑造世界,特别是过去所说的分享经济时,他开始看穿那些虚幻的语言。少数几家公司在想搭车者和愿意开车者之间、想要组装宜家家居家具与愿意组装的人之间、想要借由租房间降低成本和需要住宿者之间,扮演中间人而生意兴隆。舒尔茨相信,这些服务在这个历史时刻起飞并非偶然。世界金融体系大崩溃,导致数百万人失去房屋、工作和医疗保险,随着崩溃效应的扩散,许多人沦落到加入美国的新仆役阶级。底层的不安定在崩溃几年后仍未出现改善迹象,并已变成提供富裕阶级源源不绝的服务,以及舒尔茨所说"输送财富到越来越少人的手中"的原因。曾几何时,被硅谷称许为公平游戏场和能解放人类的科技,已在美国社会生活画出一条以数字界定的楼上、楼下的线。

舒尔茨说,这并非注定发生的事。科技并非天生就是封建,也并非天生民主。正如雷默所写的,它兼具这两种倾向。哪一种倾向将胜出,取决于时代的价值观和人选择努力争取什么。以历史标准来看,我们生活的时代很容易建立像优步或爱彼迎的平台,但是尽管如此容易,大平台往往是由少数投资财阀,如皮舍瓦和萨卡等人拥有,为了他们的利益而经营,并极尽所能地以极低价格从劳工身上榨取价值。如果在这个时代这么容易建立平台,舒尔茨不明白,为什么劳动者和顾客不能创造自己的平台?

舒尔茨已经展开一项全球性计划,找寻并研究这么做的各种尝试。这个构想已开始在许多小胚胎存活,如 Fairmondo、Loconomics、Members Media 及其他多家公司。但是不仅限于这些公司,舒尔茨说:"我真正谈论的不只是应用,也不只是科技本身,而是心态的改变,从今日这种以压抑性经济为本的心态,迈向真正以互利共生与合作主义为本的心态。"其中有一个罕见的,就是不附带条件地改变世界。

每次舒尔茨在会议上演讲时,就会不断被问到民主式拥有的工具如何与强大的大企业平台竞争。"我们如何达成规模?"人们会问,"我们要如何触及广大的群众?"

"我们就是广大的群众。"舒尔茨提醒他们说。

舒尔茨把讲台让给其他为平台合作主义各面向努力的人。布兰登·马丁(Brendan Martin)是 Working World 创办人,这是一家在阿根廷、尼加拉瓜和美国都很活跃的合作金融机构。他想建立自己所称的"非压榨式金融"。他告诉听众,平台合作主义代表的挑战是一个很古老的人类故事:

> 争夺平台,不管是合作式或由少数人拥有的平台——你可以研究并把历史浓缩成基本上就是出于这种争夺。阶级战争真的就是为了谁拥有它,少数几个人或我们所有人。牵涉的就是公众的利益被少数人掌控,而且他们开始任意压榨使用平台的人——或者是为集体利益而被共享。如果科技有什么新的地方,就是一个进行这种争夺的新空间。

谁拥有其他人没有选择、只能使用的东西?这是一个古老问题变成新时代的核心问题。马丁看到这些新平台与昔日平台的关联性——粮食、黄金、土地的平台。历来的每一次革命都要求赦免债务和土地重分配。"我们现在可以改成说是赦免债务和重分配平台。"马丁说。

接着是爱玛·耀拉(Emma Yorra)上台,她在布鲁克林区的家庭生活中心（Center for Family Life）担任合作发展计划（Cooperative Development Program）共同总监。她管理的这项社会服务计划与科技没有明显的关系，该中心几年前开始组织劳工合作社，以协助贫穷移民在居家清洁、儿童照顾、宠物照顾等服务业寻找工作，并尽可能维持工资水准，而非扮演居中赚钱的中介。

有一天耀拉搭乘地铁时，看到一则让她气愤的广告，广告上刊登一家提供极简易居家清洁服务的新数字平台。她回想说：

那则广告的卖点该公司的科技很容易使用。我想那就好像是说："点击一下就能让你的公寓干干净净。"然后就是一只戴着黄色手套的手，那只手好像脱离肉体，拿着一块海绵，而这个你看不见的人就会把你的公寓打扫干净，一个有一只黄色手的神奇精灵。那不是一个真正的人，对不对？一切都归功于科技。

这就是让耀拉感到不安的事，科技让服务更容易取得，但也改变了互动的性质。只要点击一下的应用程序，模糊背后有劳动者这个麻烦的现实，而这些劳动者的议价能力也变得越来越小。

耀拉开始构思以合作社经营一键式清洁服务。由于市场世界在你想拒绝时也很难摆脱，她为了打造这项服务只好接受由华尔街巨人出资创设的罗宾汉基金会（Robin Hood Foundation）资助。截至她来歌德学院参加会议那天晚上，这个计划仍在进行中（后来耀拉的组织推出一款称为 Up & Go 的应用，让顾客预订清洁服务，并把 95% 的收费直接拨给清洁工）。但是那天晚上，距

WINNERS TAKE ALL 077

离应用上线还有一年多，耀拉在对抗一项让她忧惧的统计数字上显然还有漫长的路要走：根据慈善机构乐施会（Oxfam）发布的新闻指出，六十二位亿万富豪拥有的财富等于所有人类底层一半人口（三十六亿人）的财富，相较于数年前要三百位亿万富豪才拥有这么多的财富。事实上，乐施会在获得更完整的资料后，更正为九位亿万富豪，而不是六十二位。隔了一年后，合计占有世界半数财富的亿万富豪人数再从九位降至八位。

八位中有六位从应该是公平游戏场的科技业致富：盖茨、扎克伯格、亚马逊的杰夫·贝索斯（Jeff Bezos）、甲骨文（Oracle）的拉里·埃里森（Larry Ellison）、墨西哥电信（Telmex）和其他墨西哥企业集团的卡洛斯·施林（Carlos Slim）、电脑资讯系统供应商迈克尔·彭博（Michael Bloomberg），还有建立零售商 Zara 的阿曼西奥·奥尔特加（Amancio Ortega），以提供先进科技给制造商和他的自动化工厂闻名，而最后一位亿万富豪沃伦·巴菲特（Warren Buffett）则是苹果和 IBM 的大股东。

第四章
批评家和思想领袖

如果一个人的薪水收入全仰赖他不了解的一件事,要让这个人了解这件事就很难。

——厄普顿·辛克莱（Upton Sinclair）

二〇一一年十月，艾米·柯蒂（Amy Cuddy）准备在缅因州的宁静小镇康登（Camden）首度发表非学术演讲。柯蒂是哈佛商学院的社会心理学家，过去十几年曾发表许多研究偏见、歧视及体制权力的论文。她曾写到女性面对的性别歧视是一种奇怪的混合物，包含男人对职业妇女的羡慕与对没有工作的女性的可怜。她也写过"社会化的服从"和"从众"（conformity）用来分析"9·11"恐怖袭击劫机者的心理，以及在伊拉克阿布格莱布（Abu Ghraib）监狱里的美军虐囚行为。她曾写过，接受明显带有偏见电脑测验的白人在被告知测试目的是衡量种族歧视时，反而会变得更有偏见；也曾写过在卡特里娜飓风灾后重建，人们变得更容易在同种族的人中间感觉"痛苦、悲伤、自责"和其他"独特的人类"情绪；更写过许多亚裔美国人遭受的"模范少数族裔"刻板印象。

那年秋天，柯蒂正与一个团队继续合作一项长期计划，研究"男性支配"这个全球最常见的现象，如何顺应地方条件而在各地扎根。她和同事写道，在美国，独立自主向来是主要的"文化理想"，社会往往把男性想象成具有独立自主的个性。在韩国，相互依赖和他人导向较受到肯定，社会倾向把男人想象成相互依赖和他人导向。正如一篇论文所述："男性通常被认为较具有文化重视的特质。"和柯蒂大部分的研究一样，该论文并未提出解决方案。这是一种高贵的探究问题的知识传统，或许也是她的研究截至当时从未引起学术墙外讨论的原因。

柯蒂受邀在一场流行科技年会（PopTech）上演讲。和海上峰会一样，这是市场世界圈的重要会议之一，是由一群希望把重大思想带进缅因州的人筹办，包括以太网络（Ethernet）发明者和一位百事可乐（Pepsi）与苹果前执行官。在流行科技年会上，思想在龙虾堡与俯瞰西佩诺布斯科特湾（West Penobscot Bay）的黄昏宴会，以及康登港客栈（Camden Harbour Inn）纳塔莉酒吧的消夜包围中被狼吞虎咽。和许多市场世界会议一样，流行科技年会收取可观的出席费，并且仰赖企业赞助。当市场世界筹办这类活动时，人们的品位与观点很难不受到它呈现思想的方式影响。但是这些市场世界人士会对柯蒂有什么影响还不清楚，因为她通常只谈论问题，并不提供简单的解决方案，她也挑战权力和体系，对温吞的双赢式变革似乎不感兴趣。

幸好柯蒂有一位带她进入这个新世界的向导，即流行科技年会的策划人安德鲁·佐里（Andrew Zolli）。佐里像是市场世界的制作人，站在一个有利可图的交会点，居间撮合渴望与大思想扯上关系的企业、寻找下一场会议的网络业者，以及想接触更广大听众或吸引业界有影响力精英的作家和思想家。佐里称他的会议是"一部改变世界的机器"，他是通用电气、普华永道、耐克、脸书，以及许多非政府组织、新创公司与公民社会团体的顾问和策略师；他在几个市场世界组织担任董事，而且是收费演讲圈里受欢迎的演讲者，经常谈论恢复力等话题，他著书称许智慧电网和海洋论坛等事物是双赢的做法。

换句话说，佐里是市场世界文化和观点的专家与宣扬者。他了解哪些思想对市场世界人士有用，能协助他们预测未来，并让他们赚大钱，也了解哪些思想让赢家觉得自己有社会意识与全球自觉，但不会感到有罪恶感或被谴责。

佐里写了一篇文章来宣传他有关恢复力的著作，文中主张世界不应该太急于根除最重大的问题，包括贫穷和气候变化，而更应着重于和这些问题共存，这个信息有助于安抚那些对现状完全满足与偏好实质上保持现状的改变方法。佐里认为想解决根本问题的渴望是"一个吸引人和道德的愿景"，但终究是错误的。他说，问题可能无法解决，更重要的是教导人们顺应。

佐里提倡许多项捐献资源，以协助人们度过恶劣情况，而不是改善情况的计划。例如，他赞扬埃默里大学（Emory University）的研究证明，"冥想练习"可以"增强寄养儿童的心理与生理恢复力"，会比解决寄养问题容易许多；他谈到充气式桥梁和微电网，可以协助社会应对海平面持续上升等重大变化。他承认这类补救方法都不是"永久性解决方案，也无法从根本解决问题"，知道有人批评他："如果我们顺应不喜欢的改变，就等于认同该负责的人把我们搞惨了，我们也会失去要求他们停止的道德权威。"但这通常是不以企业顾问和市场世界思想家为业的人才会说的话，佐里当然不买账，他很清楚地表示，并不是说"这个世界上没有坏人或坏事发生，也不是说我们不应该设法降低风险，但是也必须承认，对抗妖魔的圣战还没有获胜，短期内也赢不了。我们需要更务实并在政治上更包容的方法来取代——随海浪浮沉，而非尝试阻止大海"。你可以讨论我们共同的问题，但不要涉及政治，不要专注在根本原因，别追逐妖魔，别尝试改变根本的情况，抱着希望，随海浪浮沉，这就是市场世界的方法。

柯蒂对演讲感到紧张，因为这是第一次对着数百名不是她专业领域的陌生人演说，他们不是选修她课程的热情学生，对社会心理学的基本概念完全不了解。虽然她对个人主义和集体主义社会的男性形象有深入研究，但是在流行科技年会上可能不是讨喜的话题。她在《心理科学》（Psychological Science）发表的另一篇论文《短暂非口语展示能影响神经内分泌和风险容忍水平》，将是演讲的基本内容。

舞台灯光从暗处照来，柯蒂双手叉腰，站在舞台中央，两脚打开与肩同宽，穿着一双棕色牛仔靴，更凸显后来她被形容的招牌"权力姿势"。她身后的大屏幕显示神奇女侠（Wonder Woman）的形象，手、脚摆出同样的权力姿势，展现同样的占据空间意志。她和同事发现，像这样以坚定的姿势站立会扰动人们的信心——也许会消除一些她长期研究的性别歧视效应。柯蒂这样站在那里的二十秒钟，就像永恒一样久，她坚定地看着台下，不发一语，伴奏的只有《神奇女侠》的主题曲。柯蒂把重心轮流放在两脚，始终保持这样的姿势，然后停止表演，露出笑容。

"今天我要告诉你们关于身体语言。"柯蒂开始说。她的演讲题目呈现在第二张幻灯片上：《权力姿势：以身体语言获得权力》。柯蒂开始解释，她和同事的研究显示，在不改变大范围的权力、性别歧视及偏见的结构下，个人可以利用姿势帮助取得信心。在未必有意的情况下，她正教导市场世界的思想家所渴望的东西：一种呈现问题的方法，可以赋予力量给缺少力量者，但是不会夺走拥有力量者的力量。以柯蒂后来的比喻来解释，她给人们一把跨越禁忌之墙的梯子，而非建议拆掉那面墙；或如同佐里可能会做出的描述，她给人们"随海浪浮沉，而非尝试阻止大海"的方法。

"这对思想领袖是最好的时代，这对公共知识分子是最坏的时代。"外交政策学者丹尼尔·德雷兹纳（Daniel Drezner）在他最近出版的书《思想业》（*The Ideas Industry*）中表示，这是一本半学术、半第一手记述的书,谈论这个充斥着不平等和其他现象的时代已经扭曲了思想的运作。

德雷兹纳先从定义两种截然不同的思想家着手,他们同样都想发展重要的思想,并传达给广大的听众。其中一种越发少见的思想家是公共知识分子,德雷兹纳描述他们是各式各样的"批评家",是权力的死敌;他们可能"超越市场、社会或国家",并骄傲地承担"指出国王什么时候没穿衣服"的责任。另一种占优势的思想家是思想领袖,他们与赞助今日许多思想生产的富豪阶层意气相投。德雷兹纳表示,思想领袖倾向于"知道一件大事,并相信他们的重要想法将改变世界";他们毫不怀疑,而是"忠实信徒";他们是乐观主义者,诉说振奋人心的故事:从自己的经验里归纳出他们的理论,多过从权威去推理;他们很宽待有权力者。苏珊·桑塔格(Susan Sontag)、小威廉·巴克利(William F. Buckley Jr.)和戈尔·维达尔(Gore Vidal)是公共知识分子;托马斯·弗里德曼(Thomas L. Friedman)、尼尔·弗格森(Niall Ferguson)与帕拉格·科纳(Parag Khanna)是思想领袖。公共知识分子在著作和杂志刊登的文章中相互辩论;思想领袖发表不容批评或反驳的 TED 演讲,并强调有希望的解决方案胜过体制变革。公共知识分子对赢家带来真正的威胁;思想领袖促销赢家的价值观,高谈"破坏、自我赋权及开创能力"。

根据德雷兹纳的说法,有三个因素可以解释公共知识分子的没落与思想领袖的崛起。第一是政治极化(political polarization):随着美国政治变得越来越部落化,民众对听到肯定他们的观点越来越感兴趣,不管是谁发表看法,胜过被提出曲折概念的思想家挑战。另一个因素则是集体对权威失去信心。近几十年来，美国人对国家的每个机构都已丧失信心，部分原因是长期艰困的经济现实和失能的公共部门。新闻记者被信任的程度还不如按摩技师。这导致对公共知识分子的信赖大不如前，为较不可信的思想制造者吸引注意提供了机会。但是从德雷兹纳的观点看来，不平等加剧才是改变思想界的最大原因。它制造出一种矛盾的效应，一方面极端的不平等创造出"渴望能诊断和治疗似乎已蔓延美国的问题的思想"；另一方面，则孕育出"一个赞助这个世代与倡导新思想的新阶级"。因此美国对不平等和社会撕裂的问题比以往更感兴趣，也比以往更依赖与亿万富豪投合的解释者。

德雷兹纳从自己的调查和其他学者的研究中，说明这些解释者如何被吸入市场世界的轨道，像他和柯蒂这种思想家如何被劝诱放弃身为政治评论家的角色，而变成赢家的旅伴。"随着美国精英越来越富裕，他们支付得了做任何事的价码，"他写道，"令人讶异的是，他们之中有相当多人想要重回校园，或者说想让学校找到他们。"思想家被邀请成为精英在"大思想汇聚圈"——TED、西南偏南大会、阿斯彭思想节（Aspen Ideas Festival）、密尔肯研究院全球会议（Milken Institute Global Conference）、《大西洋月刊》(The Atlantic)赞助的所有会议的老师。这些思想家往往发现随着"难以拒绝的机会逐渐增加"，自己不知不觉间变成了思想领袖。

德雷兹纳的分析还可以再添一笔，就是在富豪阶级提供这些难以抗拒的诱因时，较不腐败的思想赞助来源却逐渐枯竭。近几十年来，在美国的校园里，终身制学者比率已经减少将近一半。另一个赞助思想活动的来源新闻编辑室，从一九九〇年以来编制萎缩也超过40%。出版业因为书店消失和平面印刷品减少而苦苦支撑。我们生活在一个数字传播思想的黄金年代,但是对许多实际以传播思想为生计的人而言,却是一个黑暗时代。许多思想家感叹创造思想是一种辛苦、待遇微薄又不被世人重视的行业。但是对于被金钱或排名或个人影响力吸引的人来说,公共导向来源的支持已经被个人导向的支持超越,而新赞助人则各有不同的品位和禁忌。

我们可以说,市场世界和更广泛的思想领袖界曾带来许多良性影响,让思想更易于散播,并普及更多人。它们创造新形式的视频谈话节目,取代许多人早已不再阅读的厚重书册,这些人早就已经停止看书,老实说现在也不准备再看。它们扩展接触广大听众的机会,进入长期以来被旧出版业和报业守门人排拒在外的阶层。

但是思想领袖界很容易被江湖术士占据,正如德雷兹纳所说的,他们擅长"断言而不提出任何建设性批评",强调诉说动听的故事,回避难缠的争议,以协助好思想变得更好,并避免不好的思想吸引太多拥护者,这也让思想家与他们应该保持诚实和节制的事物——权力——维持妥协关系。

德雷兹纳详细描述的现象重要性远远超过思想界,因为如果这些成功的思想领袖在一个接一个的议题上,对体制和结构保持肯定、不觉得受到威胁、沉默以对,对富人亲善,支持以私人手段解决问题,倡导双赢,这些声音就会胜过其他的声音,而且不只是在会议上。他们被要求撰写评论专栏、签约出书、在电视上发表评论,并担任总统和总理的顾问,而他们的成功可以说是以批评家的失败为代价。每出现一个建议你如何在冷酷的新经济打造生涯的思想领袖,就会出现许多个较不为人知的批评家呼吁不要让经济变得如此无情。

世界上的柯恩、罗森斯坦、佛伦斯坦、卡森、莱布洛克、皮舍瓦、萨卡和卡拉尼克们，都需要思想家构思变革的愿景，来充门面——并说服大众，他们这些精英是变革的行动者，是问题的解决方案，因此并非问题本身。在不平等的时代里，这些赢家渴望感觉拥有像皮舍瓦说的"某种道德哲学"，他们需要语言来对自己和其他人证明自己的正当性，需要重新定义改变的思想，以强调"随着海浪浮沉，而非尝试阻止大海"，思想领袖则给予赢家需要的东西。

柯蒂在流行科技年会上选择的主题效果不错，她没有谈论男性的权力结构，只谈个人可以应用什么姿势来感觉更有力量，而听众很喜欢听。吸引人又容易理解的研究，还有她的神奇女侠造型一炮而红，很快就受邀在 TED 发表一场重量级演说。

柯蒂说她不想在演讲中粉饰现实，不过决定谈谈许多女性感受到的无力感，先不去深入探讨造成这种感觉的原因。在几年后的一次访问中，柯蒂坦率地谈论她的"权力姿势"研究背后的动机。她说，这来自观察课堂上不说话的女学生："看她们的身体语言，观察她们封闭自己和蜷缩起来，真的让我有所感触。观察她们，与我自己和感觉畏惧的男性互动时的反应如出一辙。"柯蒂在访问中并没有为这种行为创造新词汇，它源于"女性歧视"。但是她在演讲中把这些思想的棱角磨平了，描述她讲课的教室里，有些学生走进来"好像自己是老大"，身体和说话都往外扩张，其他人"在走进来后好像都缩小了"。然后柯蒂不经意地提起性别因素，虽然那是研究中最根本的观察。她说，缩小的行为"似乎与性别有关。因此女性比男性更可能做这种动作。女性长期感觉比男性缺乏力量，所以这并不令人意外"。

柯蒂是研究女性长期感觉比男性无力、男性如何造成女性无力感原因的权威，但那不是这一次演讲的主题，她反而引导听众关注自己和同事研究"权力姿势"的发现。

我们已经知道有权力和感觉有权力，会让人站得更有气势与占据更大的空间，但是如果你能不必解决更大的权力失衡问题，而能让女性在课堂上勇于发言呢？如果你可以教导她们站得更有气势和占据更大的空间，让她们感觉，甚至真的变成更有力呢？柯蒂在TED的演讲中表示，她和同事想知道："你能不能假装到让它成真？换句话说，你能不能坚持一会儿，并真正体验让你似乎更有力量的行为结果？"他们的结论是肯定的。"当你假装有力量时，就很可能真的觉得有力量。""小小的修改，"她停顿一会儿后说道，"可以带来大改变。"在结论中，柯蒂要求听众一起摆出宽阔的姿势，因为她说："最能利用它的人，是那些没有资源、没有技术、没有地位和没有权力的人。"现在他们至少有了假装的新工具。

后来有超过四千万人观看柯蒂的TED演讲，让它成为历来第二受欢迎的演讲节目。自柯蒂二〇一二年演讲后，实验心理学的方法加以运用批评者指出，并报告姿势对内分泌的影响很难验证，对情绪状态的影响则较明显。柯蒂在TED网站上承认："姿势与内分泌的关系并不像我们认为的那么单纯。"虽然她进一步研究权力姿势对人们情绪状态的影响。学界的争论完全不影响人们在街上拦住柯蒂，含泪感谢她带给她们信心。她的电子邮件信箱开始爆满，接着很快签下出书合约。不久后，她因一个标签而变得知名，无论还做过什么事。柯蒂就这样并非完全出于选择地成为"权力姿势"女性。

柯蒂仍然是柯蒂，仍是一个坚定的女性主义者，仍是一个学者和不容轻视的性别歧视反对者。她还是比世界上大多数的人更有资格解释，女性并非天生感觉到无力，而是这种感觉被植入她们之中的原因。但是，她在演讲中留了一手，避开批评家式的语言，而是发表一场愉快、有建设性、可采取行动的思想领袖式演说，世界则以倾听来回报。

在柯蒂学习如何在这类新论坛和听众面前演讲时，周遭的许多例子帮了她的忙。只要你肯学，文化中充满教导，教你如何成为众人想要倾听的思想家——如何变成批评家／思想领袖连续体中靠近思想领袖的一端。你想到柯蒂的一些同辈也走上思想领袖的道路，就能明显看出这一点，我们可以称为思想领袖的三步走。

三步走的第一步是"专注于受害者，而非加害者"。这句话来自近几年来攀升至思想领袖最高位阶的组织心理学家亚当·格兰特，他的著作封面上宣称他是"他的世代中最引人注目、最有煽动力的思想领袖之一"。当面对问题时，人的本能往往是寻找作恶者，但这是一个输赢导向的解决问题法。格兰特提议用较舒适的方法来处理像性别歧视这类问题。"面对非正义时，思考作恶者会助长愤怒和侵略性，"他写道，"转移你的注意力到受害者身上，会让你更有同情心，有助于将愤怒疏导到建设性的方向。与其惩罚造成伤害的人，你更有可能帮助受到伤害的人。"

第二步是把政治个人化。如果想成为思想领袖，而不被贬抑成批评家，你要做的是协助大众把问题视为个人与个别的事件，而非集体和体制的问题。这是一个焦点放在哪里的问题。你可以在巴尔的摩街角观看，并把焦距拉近到低裆裤是一个问题；可能把焦距拉远到内城的警察执法过当和缺少机会的问题；也可能再把焦距拉远，观看一个数世纪以来对非裔美国人社会控制的最新发展。许多思想家的天性和接受的训练是把焦距拉远，从体制与结构来看待事情，但是如果他们想变成有人听到和再度邀请上台的思想领袖，学习把焦距拉近极为重要。

柯蒂的朋友布芮尼·布朗（Brené Brown）举了一个例子说明如何成功地拉近焦距，一个问题儿童心理学家做的分析可能不会超出父母和家庭环境太远，但是一个社会工作学者受的教育是要思考家庭以外集体影响我们的体系——犯罪充斥的邻区、失能的寄养计划、长期的贫穷、过时的医保系统、缺少营养的食品选项，并在《社会家庭》（Families in Society）等期刊发表文章。这使得社会工作者不是思想领袖的理想候选人，因为他们随时可能会说出一些批判性和评价输赢的言论。

身为休斯敦大学（University of Houston）的研究人员，布朗先研究人际关联，进而研究羞耻感，又研究脆弱感——"为了产生关联，我们必须让自己被别人看到，真正看到。"她研究这个主题六年，然后得出一个无可避免的结论："只有一个变数区隔出有强烈爱和归属感的人，与竭力寻找爱和归属感的人，而有强烈爱和归属感的人相信他们值得拥有爱和归属感，就是这样。"社会工作的学者通常不会这样说话，他们是复杂情况的专家，知道有种种情况让许多人无法完全实现自我——其中有些可以通过个人努力而跨越，但是有许多情况无法跨越，原因是结构性问题，或取决于我们无法控制的其他行为者的选择。

布朗没有强调让一些人感觉值得、和另一些人感觉不值得的所有原因、情况及力量——贫穷、家庭虐待、警察对待、成瘾问题。她成了一个有奥普拉·温弗瑞（Oprah Winfrey）支持的思想领袖；在TED发表了人气颇高的演讲。"我们生活在一个脆弱的世界。"她说，这个世界里的人生病、在婚姻中挣扎求生存、被裁员或必须开除别人。布朗说这些话时，正值美国深陷经济危机，数百万人失去工作与住宅，甚至雪上加霜地失去心爱的人。布朗警告道，麻木地忍受痛苦不是解决之道，虽然那是美国人"在美国历史上，成年人负债最重、最肥胖、用药最泛滥"时代做的事（她遵守专注于受害者，而非加害者的第一步，即不提造成人们负债、肥胖、成瘾与滥用情绪药物背后强大的利益团体）。对布朗来说，对这些灾难的解答是接受——她说："我很感恩，因为感觉这么脆弱意味着我活着。"在一个充满脆弱感的时代里，在一个赢家不愿意从根本做改变的时代，这种对脆弱感恩的口号正在逐渐流行。"今天有一千八百位脸书用户的生命将从此改变。"一名脸书主管在布朗演讲后说。赢家爱她，奥普拉爱她，然后每个人都爱她。现在每个人都可以分享到布朗的思想，因为她已变成最罕见的社会工作学者——被产品化的社会工作学者。布朗提供一系列电子课程，承诺训练人们成为大胆的领袖，可以在生活中"完全呈现"，投入"自我关怀"，勇敢而脆弱地过活。

从某个意义来看，第二步是和一代女性主义者教导我们做的事相反。那场运动留下的文化口号是"个人即政治"，出自卡罗尔·汉尼施（Carol Hanisch）："个人问题是政治问题，这时候没有个人解决方案，只有采取集体行动来寻求集体解决方案。"这在一九六九年二月是一个重大且成果丰硕的概念，帮助人们看到个人生活中默默发生的事，也在体制中大规模地一再发生，而发生的原因是那些个人无力单独对抗的各种势力——这些事必须从政治、宏观、整体，以及最关键的，权力所在之处的角度来看待并采取行动。一个男人殴打一个女人，不只是一个男人殴打一个女人；他是男性霸权体制的一部分，以及法律和冷眼旁观的文化导致受害女性无力解决的问题。堕胎让人感觉羞耻，不是有此感受者自己制造出来的感觉，而是通过公共政策的设计与建构，以及宗教权威的巧妙应用造成的。女性主义者帮助我们从这个角度看待问题。

在我们自己的时代，思想领袖往往被用来协助我们以正好相反的角度看待问题，他们正对抗原本可轻易被视为政治性和体制性的议题——非正义、裁员、不负责任的领导阶层、不平等、社群的式微、越来越多人生活困顿，相反，牵领我们拉近焦距和只看小事。女性主义者希望我们看到阴道，并拉大焦距看到国会；思想领袖希望我们看到一名被裁员的劳工，并拉近焦距，看到他感觉自己脆弱的美感，因为至少他还活着。他们希望我们聚焦在他的脆弱，而不在他的薪资。

第三步是提出建设性的行动。写作与谈论重大问题，而不提出解决方案是一件好事，但如果你想成为思想领袖则不行。一个引人注目的例子来自查尔斯·杜希格（Charles Duhigg），这位《纽约时报》记者暨编辑比大多数人更有办法脚跨批评家和思想领袖的两条船。拥有哈佛工商管理硕士学位的杜希格，曾花一个夏天设计关于扭转困顿企业的金融模型，后来才决定选择新闻记者这个行业。他因为调查苹果管理外国工厂、缴税和避税，以及占有专利等商业伎俩的报道，而赢得普利策奖（Pulitzer Prize）；也曾揭露企业总共违反污染法规超过五十万次，以及调查美国联邦贷款金融公司房利美（Fannie Mae）在大衰退之前做出跨入"抵押贷款市场更危险的角落"的决定，几乎导致公司灭顶。尽管拥有相关学位，但是他却变成不讨市场世界欢心的人：一个指出哪里出了差错而不列出可轻松了解的矫治办法清单的批评家。

几年后,杜希格开始写书。他可以持同样的态度写书,而且我们可以假设写出来的著作会很重要。但是它们会畅销吗?"《纽约时报》的系列调查报道写成的书籍从不畅销,因为如果《纽约时报》的调查报道写得好,基本上会详细地告诉你这个世界出了什么问题,或是某家公司或某个局势出了什么问题,"杜希格告诉我,"但是当你阅读一本书时,没有人真的想读一本只告诉你问题有多么糟糕的书,对不对?我是说,确实有这样的书,而且它们非常有价值。但是你知道,它们的读者通常很少。"人们想要有建设性、鼓舞性、带来希望的东西,特别是塑造品位与赞助思想领袖的人更是如此。"除了知道哪里出问题外,他们想知道要怎么做才对,"杜希格说,而且他们喜欢简单的步骤,"他们想知道他们能做什么,以及如何能让他们或这个世界变得更好。"

杜希格还在做调查报道时,不相信这种解决方案的兜售,却发现这在他身为思想领袖的新生活中很管用。"调查报道必须尝试避免臆测,"他说,"但在写书时,你的努力至少有一半是花在臆测解决方案上。"然而,如果杜希格对人们偏好解决方案的说法正确,将使过去对我们的社会很重要的那类思想家与批评家更没有生存空间,同时将让杜希格开始撰写的这类书籍的发言空间越来越大。

杜希格的著作让市场世界的人立刻爱上,因为能协助他们或教导其他人效法他们。第一本书谈论习惯如何养成与戒除,而这一点轻松地越过有建设性和可行动性的障碍。书里包括一则故事,谈到杜希格如何学到每天下午不再吃一片饼干。而在他赶第一本书时,就激发出写第二本书的想法。当时他很忙碌,觉得每件事都做了一些，却没有一件事做好。他希望更有生产力，因此开始撰写一本关于生产力的书，教导读者"变得更聪明、更快速、每件事做得更好"。对市场世界来说，杜希格的威胁性降低了，现在他想从过去他常批评的那种人身上学习，这本书最重要的章节之一是如何向谷歌最具生产力的团队学习，而谷歌在那本书出版时，正要取代杜希格过去批评的目标——苹果，成为全世界市值最高的公司。

杜希格变成各方争相邀约的思想领袖——畅销书排行榜的常胜将军和付费演讲圈的固定班底。"我很幸运，"他说，"我的运气是商务人士希望听我说的话和思想。"这让他特别愉快，因为一些哈佛商学院同班同学在他加入新闻事业时，似乎认为：（据他描述）"有人给了你中大奖的彩券，而你竟然决定把它当作卫生纸。"他说："我想他们认为我在经济上做了一个愚蠢的决定，因为我进入一个赚不到钱的行业——有很长一段时间这是事实，但实际上他们错了。"

不看好杜希格经济前景的预测，从正确变成错误的原因之一是演讲的邀约。杜希格坚信，他靠着演讲赚钱就像借贩卖有建设性和可行动性书籍赚钱一样，不会改变他的想法，也不会让他腐化或导致他自我审查。他举演讲圈的同行希拉里·克林顿（Hillary Clinton）在高盛演讲引发的争议表示，他的经验与希拉里的批评者说希拉里收费演讲代表她腐化完全相反，而是与希拉里为自己的辩护类似。"他们的确只是邀请我演讲，"杜希格说，"就像表演节目一样，不是吗？他们不是想要买通我。"

杜希格对以演讲为生计会不会造成思想领袖做自我审查的问题思考了一会儿。"你认为人会因为怕疏远潜在听众而开始偏离智识探索的初衷吗？"他问，"或是人会刻意倾斜自己的思想，以便取悦商业听众？"当然，他承认，一定有些人会这么做，但那不是一个大问题。不过，过了一会儿，他又说："问题是你想不想当一个有钱的作家，还是想当一个在智识上诚实、负责的作家？"

几年前，另一个重量级思想领袖麦尔科姆·格拉德威尔（Malcolm Gladwell）和杜希格一样（但是与许多思想领袖不同），有幸也持续受到社会的尊敬，在自己的网站上写下一篇很长的"告白"，谈论身为作家和演讲家"两种角色"的复杂之处。他表示：

> 发表演说并不表示我效忠于听众的利益。为什么？因为对一群人发表收费演讲一个小时，不足以制造出有利于那群人的偏好……当财务关系变成关系时，当它们以某种方式变成永久性时，当资源、影响力及资讯同等地双向移动时，财务关系就会有腐化的危险。

格拉德威尔可能说对了，每一场演讲本身是一回事，不足以腐化一个诚实的人，但是整个演讲生涯绝对不会形成具有某种程度的永久性和影响力，以及资讯双向流动的"关系"吗？许多演讲筹办人坚称只是打一通电话给演讲人，告知活动的内容与听众的"主要想法"，也许会提供一些建议，让演讲更切题。每场演讲当然是独立的，但是商业界的许多演讲确实塑造出一套前后一致的去政治化、具可行动性、避谈加害者的价值观和偏好。要建立一个讨好这些机构的职业生涯，又能像格拉德威尔那么确信这种讨好和想成功、不想失败的累积效应（cumulative effect）不会影响人，并不是一件容易的事。

《纽约时报》专栏作家托马斯·L.弗里德曼曾说："重点是我写什么，别批评我是对什么人说话。"他也同样坚持自己不会被腐化。但是即使我们相信弗里德曼和格拉德威尔对金钱不会影响他们个人的说法，也难以接受富豪统治阶层的赞助对整体思想市场没有影响的结论。

金钱可以让顶尖的思想领袖不再顾忌原本可能对他们施予某种思想制衡的机构和同僚，方便有时将他们的思想转变成广告，而非独立的见解。正如斯蒂芬·马奇（Stephen Marche）写到从历史学家变成思想领袖的尼阿尔·弗格森（Niall Ferguson），据说弗格森每场演讲的价码介于五万美元到七万五千美元：

> 非虚构类作家可以赚更多，也确实赚更多，而且更轻松，这是比较他们用其他方式所能赚到的钱，包括写畅销书或当哈佛教授……
>
> 这个数字意味弗格森不必取悦出版商、不必取悦编辑；他笃定自己不必取悦学者，而是必须取悦企业和高净值个人。

虽然像格拉德威尔这类个别的思想领袖可能抵挡为了一场银行业会议而改变所持观点的诱惑，但是富豪统治阶层已为他们想听的思想支付补贴。而补贴会引发后果，正如哈佛商学院教授高塔姆·穆孔达（Gautam Mukunda）在一篇文章中谈到，华尔街如何紧抱着权力不放，包括塑造思想，以便让我们相信"有权力者是善良、公正的人，而且正在做正确的事"：

> 有权力的集团有能力回报看法与它一致的人，并惩罚不

肯同流扭曲思想市场的人。这与腐化无关——信念自然地趋向和利益一致。正如辛克莱所说："如果一个人的薪水全仰赖他不了解的一件事，要让这个人了解这件事就很难。"结果可能是扭曲整个社会，以迎合权力最大群体的利益。

思想领袖不受赞助者影响的这种说法，也与演讲经纪公司的网站说辞不一致，这些网站在宣传富人和有权势者的会议时，往往把可能有威胁的思想描写得较不可怕。

艾娜特·阿迪玛特（Anat Admati）是斯坦福大学（Stanford University）经济学家和著名的金融业批评家。《纽约时报》报道，"银行家几乎一致认为"她是银行业挥之不去的"苍蝇……她的想法完全不切实际，对美国经济有害，不必太当真"。阿迪玛特的文章向来以"质疑现状"的能力受到赞誉，她"拆穿了银行家的吓唬伎俩"，并"揭露由华尔街主管和维护他们利益的被挟持政客所提议的金融改革，只是虚假与图利的托词"。阿迪玛特也是思想领袖，由演讲经纪公司李事务所（Leigh Bureau）代理，这家经纪公司在为她的演讲做广告时，磨平了主题中强硬、批判的棱角，表示："我们可以有更安全、更健康的银行体系，而完全不必牺牲它的利益。"

《华盛顿邮报》（*Washington Post*）专栏作家安妮·艾普邦姆（Anne Applebaum）经常在专栏中谈论高涨的国家主义以及其他暗潮汹涌的地缘政治，在演讲者简介页面上被描述为谈论"转变政治学——风险与机会"的演讲者。

雅各布·海克（Jacob Hacker）是耶鲁大学的政治学家。他是对 Even 应用感到忧虑的人，也是对美国过去三十年来所持经济方向做尖锐批评的人。他写过《美国健忘症：对政府宣战如何让我们忘记造就美国繁荣的原因》(American Amnesia: How the War on Government Led Us to Forget What Made America Prosper)，以及《风险大转移：新经济不安全与美国梦的式微》(The Great Risk Shift: The New Economic insecurity and the Decline of the American Dream)等书。海克立场分明，对美国经济提出颇有洞察力的思考。这对海克的经纪公司是一大挑战，但该公司还是想出办法：海克已卸除武装，变成"讨论恢复安全以重建美国梦的政策思想领袖"。

有人可能会抗议这些只是语言表面上的修饰，并未改变根本的信息。但即使有类似例子，却也不足以证明屈服于这种修饰无须付出代价。把思想转变成商品的压力极为沉重——转变成短小可利用的箴言、变成执行官周一早上的灵感、变成可赚钱的点子，却不管它原本的意旨有多么吸引人。屈服于这种压力，让你的思想更容易化为行动，并采纳商界的语言与假设，实际上就是投降。在弗拉基米尔·马雅可夫斯基（Vladimir Mayakovsky）的诗《与税吏谈诗》中，这位诗人知道自己没有胜算，因为他被迫说的语言属于另一个领域。商人的摊还已经计入他的税单，但是诗人的"心与灵魂的摊还"呢？商人积欠的债得到展延，但是诗人能为他积欠的"一切/有关/我尚未写出的东西"要求同样的优待吗？

思想领袖可能发现，自己变成像是以税吏的语言说话的诗人，说出他们可能不会说或不相信的话。其中的危险不只是他们用这种新语言说了什么，更是一段时期后，他们停止以自己方式思考的可能性。

在发表 TED 演讲五年后，柯蒂继续生活在它为她打造的美丽新世界中，现在她是同辈中有名的顶尖思想领袖。

尽管如此，成功及其得来的特定方式给柯蒂造成了困境。柯蒂研究偏见与性别歧视将近二十年，即使在她出名后，仍继续与学界同事研究这些。柯蒂过去总是以严厉、谴责作恶者的方式处理这些主题，但爆红的 TED 演讲已改变所有她说过的话，现在她安逸地等待一个个报酬丰厚的邀约，请她以同样安全的方式演讲。

她发现自己一再被要求发表附带企业期待、可用性的演讲或研讨会。"这是让我感到挫折的原因，"柯蒂告诉我，"每个人都要我参加，基本上他们希望我谈论偏见与多样性，并且解决问题。最重要的是，不能说出那些字眼，因为可能会吓到听众。而大家希望你在一个小时内办到这些，他们感觉你可以加入，然后在一小时的谈话中消除偏见，这很荒谬。我已经厌倦人们询问'我真的不知道如何让女性在董事会议上开口说话'这类问题。"柯蒂以为自己的演讲已经解决听众的许多疑惑，现在他们希望她变出万灵丹。

柯蒂自认职业生涯大半是在战壕里对抗性别歧视，但是现在她反复地被当作可提供应急包的自动售货机。即使她自认能为自己的曲目增添一段旋律，但是这个世界越来越认为她只能唱一首歌。当市场世界喜欢你时，就把你当成一项产品。

柯蒂试着反抗这种感觉，她受邀参加哈佛大学主办的高管教育研习会，来自世界各地的在职企业高管飞到波士顿，接受一些思想充电。主办方给柯蒂一小时，希望她在研习会上讨论偏见和多样性，并涵盖性别歧视、种族歧视及其他主题。柯蒂要求三个小时,而主办方只同意一个半小时;她坚持只专注在一个主题——性别歧视,并要求男性合作研究者彼得·格里克(Peter Glick)在场,她会负担额外开支,以协助她应对难缠的听众。那是一群高度全球化的听众,大部分是男性,而且不幸正值世界杯比赛期间,一些人不久后就表示他们宁可去看世界杯比赛。

身为身体语言专家的柯蒂走进房间后,发现面对的是那类典型的封闭自己的人。尽管如此,她仍尝试扮演批评家而非思想领袖的角色。事实上,她和格里克开始嘲弄思想领袖的第一个原则,没有专注于受害者,而是谈论性别歧视的加害者。"我们尝试先委婉地解释为什么人都很偏执。"柯蒂说。他们拒绝单独谈论女性感到的无力感,却不指出是谁带给她们那种感觉,不过他们试着用温和的言辞谈论。格里克是性别歧视心理学的权威,他尝试运用男性怕被称为性别歧视者的典型技巧:谈论自己的性别歧视。格里克说了一则故事,谈到曾买给妻子一个公主马克杯而误踩地雷。

这个方法不管用。"我在课上到一半时停下来,说:'我对这个教室里的人真的很有挫折感,我们能不能暂停一下,谈谈是怎么一回事?'"但是谈谈似乎也不管用。"我们在结束前有两张幻灯片,"柯蒂说,"一张是你可以做哪些事减少组织里的性别歧视,第二张是组织或结构的问题。我们甚至无法说服他们,因为光是有性别歧视问题这个概念都遭到强烈的抗拒。"

在越来越清楚市场世界的品位与界限后,柯蒂回顾时意识到她原本可以用另一种方式处理这个情况,虽然不确定那是不是光明磊落。"如果我当时走进去说:'嗨,让我们谈谈赋权和如何从我们的员工身上得到最多回报。'情况可能会完全不同。"她说。人们"会接受一定有一些事让女性难以畅所欲言,他们会接受是因为这关乎底线,跟让你的组织更好有关。但是如果你走进去说:'嗨,这是真实的情况,体制是以偏颇的方式建立的,它偏袒白人男性。抱歉,但它确实是。'我是说你不能说出这种话,就是这样,你被卡在那里。"

随着柯蒂越来越出名,也感觉越来越难说出这样的实话,她变成自己长期辛苦研究的性别歧视所攻击的目标,这是线上超级巨星几乎不可避免的命运。"我身为成功女性科学家遭遇的女性贬抑,真是令人反感、恶劣、可恶。"她说。那些攻击对她产生一种矛盾的影响,一方面它们更鲜活、更个人地向她展示了原本通过学术透镜研究的性别歧视。不强调体制的演讲已经让她的思想更容易散播,导致她更清楚体制有多么令人失望。但与此同时,不断的恶毒攻击让她对从研究作为体制的性别歧视变得不感兴趣。"我想曾有一度对自己说'我已厌倦打这场仗,我感到孤立无援',"柯蒂在访问中表示,"身为女性,我发现做起来更难,不管是应付不相信我的人"——这里指的是男性,"或对我真正很失望的人"——这里指的是女性,"她们告诉我:'是的,你说得对。你认为有偏见吗?有的,而且它正在伤害你。'"她不愿意承认,却没有"看到歧视消失"——她指的是性别歧视、种族歧视及其他偏见。"主要是因为我没有看到顶层的人真正愿意对抗、真正愿意解决它们"。她不再相信"人们将大刀阔斧地进行真正能改变这些事的变革"。

如果柯蒂的想法正确,她觉得自己的最佳策略是,协助女性找到她们不必改变任何事就能做到的小规模改变。"基本上,我可以给她们盔甲,让她们可以保护自己,即使在发生时也能渡过难关。"柯蒂将教导她们随着海浪浮沉，她将专注于受害者，而非加害者。

整件事带着黑暗的讽刺：缩小对体制的批评，让她得以在市场世界的精英间大受欢迎，并且更容易被广大的世界了解；她也因此名声大噪，并把性别歧视的体制带入生活，这是她未曾经历过的，反而强化了她的反抗意识；它残暴地说服她不要对抗体制，并做出它可能永远不会改变的结论；这种默许促使她从根除性别歧视，转向协助女性坚强地承受。柯蒂已经被收编加入一支日益扩大的军团，这是一支主张无须解决根本问题就能改变世界的理论家大军。

"我可能持一个稍微非正统的观点，就是我们实际上在记录问题和问题的根本机制上做得很好，"柯蒂说，"我们完全了解导致偏见的整个结构性、心理与神经性的机制，我们非常了解。"这种学者研究的观点也许更容易将对市场世界手软的批评合理化，但同时也成问题。毕竟，柯蒂在种族、性别和性等其他领域的学界同侪，正以缓慢、迂回与往往不被承认的方式努力着，为整个文化的思维方式创造明显的改变。有时候甚至最厌恶风险的政治人物，现在偶尔也会引用在大学校园形成的概念，如"微侵犯"（micro-aggression，切斯特·皮尔斯〔Chester Pierce〕，精神病学，哈佛大学，一九七〇年），"白人特权"（white privilege，佩姬·麦肯塔〔Peggy McIntosh〕，女性研究，卫斯理学院，一九八八年），"性别认同"（约翰霍普金斯医学院，"交织性"（intersectionality，坎贝尔·威廉斯·克伦索夫〔Kimberlé Williams Crenshaw〕，批判种族理论，加州大学洛杉矶分校，一九八九年）。

尽管如此，柯蒂相信在她的领域里，真正需要的是严谨的学者在充裕资金支持下，研究解决方法并实施已经学到的方法。"我真正相信我们必须现在开始深入研究有效的干预方法，而这将不是一件轻松的工作，"她说，她想到的干预涉及更深入和更永续的做法，而非一次性的涉及多样性的训练，"这将是一辈子的事。"

但是对于一些批评者说权力姿势，以及或许是其他类似导向的干预——只是轻量版的女权，柯蒂又怎么看待？她认为这类干预是"长期累积的改变，可以为你的人生带来可衡量的改变"。她补充说："这不是轻量版的东西，而是真正发生的事，而且效用将超越类似新年新决心这种尝试。"但这是一个真正可行的改变体制的计划，或只是接受以反馈回路粉饰的体制？

奇怪的是，让接受体制变得更容易的现象之一是，当你接受体制时，将发现会更常听到人们说你在改变事物。许多真正的变革推动者必须甘于从来不被人视为变革者，至少在他们有生之年。我们可以想象，前面提到的学者虽然发明那些唤醒全国人发现身份认同与权力真实情况的新词汇，但是他们很少在街上被人认出，并告诉他们改变了许多人的人生。而柯蒂在潜心研究性别歧视和偏见期间，必须相信自己是在改变世界，即使是社会大众并不认识她。但是当她限缩自己的主张，当她去政治化，当她只专注于可行动性，当她接受没有"看到歧视消失"，当她专注在女性个人如何忍受坏体制时，很讽刺的是，就在她放弃以严肃方法改变体制的那一刻，开始在所到之处被女性拦住，感谢她改变了她们的人生。即使柯蒂限缩自己的野心，仍然被更可行的改变所带来的个人感谢所吸引。

柯蒂成长于宾州的一个劳动阶级城镇，而拜权力姿势带来的名声所赐，她感觉正在帮助与自己一起长大的那个阶层，她说："我听到大多数说'你真的改变我的人生'的人并不是有权势者，她们是真正经历极度困顿，并想到利用这些方法度过艰辛的人。"

柯蒂表示，她仍决心把性别歧视视为权力体制而抗争，并且会沿着这个方向做研究。但是她说："我要很诚实地说，那样得到的个人感谢会较少。"虽然如此，她似乎也怀疑自己的选择："那不是在跨入这个领域时，我想自己会走的路。"

如果说柯蒂处于既无法自由地批评又不甘只做思想领袖的尴尬境地，西蒙·西奈克（Simon Sinek）则是自信又自在地悠游于思想领袖的世界。西奈克现在以企业和人应该"从为什么开始"——应该发现并创造一个激动人心的目的，并围绕此一目的过生活的理念而闻名。他表示，自己的"为什么"是"激励人们做激励他们的事"。

西奈克说，他注定要走上思想领袖的路，因为他年轻时无法阅读。他的心思飞扬跳脱，以致无法专注于书页之上，他有注意力缺失症。不过，西奈克喜欢把问题看成伪装的机会："我相信我们小时候发现的克服困难的方法，成人后会变成我们的优势。"他发现自己无法通过阅读学习，只能通过谈话学习。在他变成极成功的思想领袖后，面对该是他写书的时候，他以一种奇特的方法做研究，他说："如果必须读书，我会请人读给我听，然后解释给我听，让我询问对方问题。"这是他个人达到许多思想领袖所具备素质的特殊方法：一种免于受任何智识传统束缚的自由，可以自由谈论一个主题，而不承受前人教诲的负担。西奈克认为，这种优势很快就与另一种优势结合：在广告业磨炼几年的经验,因为思想领袖的工作往往必须让思想像广告那样动听、易于记忆及容易理解,并在研讨会、付费演讲和顾问中像广告那样传达思想。

西奈克先在英国学习法律,但不久后发现它"并不适合我,我也不适合它"。他在第一年就辍学,让父母大失所望,然后进入广告界。他说,在那里"学到情绪扮演了重要角色"。"重要的不只是论点,而是你要能让人以某种方式感觉,或是以某种方法与他们连接。"他学到"不只是事实和数字,如果你能让人们对自己的生活、他们本身与你做的任何事产生联想,并宣称你为他们的生活做事,你创造的就不只是可销售的产品,而是爱"。

西奈克在广告业工作数年,为安然公司(Enron)和西北航空(Northwest Airlines)等客户工作,然后创立自己的营销代理公司,争取到奥本海默基金(Oppenheimer Funds)、ABC运动(ABC Sports)、通用电气和美国在线等客户。但是他对工作的热情逐渐消失,并对为客户和雇主创造业绩的责任感到厌倦。"我花费大部分的时间在说谎、隐瞒和假装,"他说,"情况变得越来越惨淡,压力越来越大。我会参加企业会议,学习如何把事情做好,而这些会议实际上让我觉得更糟,因为站在讲台上的人只会告诉我所有我没在做的事。"

有一天,一个朋友问他过得好不好。西奈克告诉对方,说谎让他很沮丧。吐露胸中块垒"让我开始有了寻找解决办法的勇气"。这个解决办法的核心是,一个西奈克称为"黄金圈"(Golden Circle)的想法。想象一个圆圈,圆圈的核心是"为什么",也就是一家企业的目的或使命;圆圈核心之外是"如何",即公司实现这个目的采取的方法;圆圈的外环是"什么"——这些行动以产品和服务衡量的结果。

西奈克创造出这个架构的雏形,并希望厘清"为什么有些广告有效,而有些无效"。有一天,他参加一个"穿着正装的活动",坐在一位父亲是神经科学家的宾客旁边。西奈克表示,这位神经科学家的女儿谈起父亲研究的"大脑边缘系统和新皮层",引发他的兴趣。"我开始了解人脑做决定的方式和我萌生的小想法类似。"他说。后来他描述道:"我告诉你的都不是我自己的观点,一切都是建立在生物学的基础上,不是心理学,而是生物学。如果你看人脑的交会处,从上到下,实际上可以分成三个与黄金圈完美关联的主要部分。"根据西奈克(极具争议性与过度简化)的大脑理论,人类行为的"为什么"和"如何"是从大脑边缘系统出发,而人们做"什么"则是由演化上较新的新皮层控制。这种科学可能很可疑,听起来却很新奇。

西奈克从以每次一百美元协助人们寻思为什么来展开新事业,他会与对方坐下来,花费四个小时访问他们的"自然高点",就是他们灵感的巅峰时刻,然后告诉他们什么才是他们的人生目的。这项服务大受欢迎,最后为西奈克带来一场极为成功的TED演讲,出版非常畅销的企管著作,并接到一场接一场面对商务人士的演讲和顾问咨询。这个一飞冲天的思想领袖事业有一则(略带启示录味道)创立故事,有一次去加拿大出差时,西奈克与一个前客户吃早餐。他的朋友问道:

"你这些日子都做些什么?"和在每个地方一样,我拿起一张餐巾纸,开始画圆圈。他对我说:"这实在很棒,你能不能过来和我的执行官分享这些?"我看了看手表,然后说:

"当然可以。"因此我们走到他的公司,我和那位执行官坐下来。那是一家小企业,我向她解说黄金圈与"为什么"的概念,她说:"这实在很棒,你能协助我们公司的人发现他们的'为什么'吗?"我说:"当然可以。"她说:"你能今天下午就进行吗?"我又说:"当然可以。"她说:"收费多少?"

当然,我脑海里闪过的是一百美元,所以我说:"五千美元。"对方说:"好。"于是我用两个半小时的工作时间赚了五千美元,离开时笑得合不拢嘴。我走到街上,为这么荒谬的一天大笑出声。但更重要的是,我意识到自己真的可以借着做这件事谋生。我在脑海里盘算着:按照我过去赚钱的方式,我有多少次一天可以赚进五千美元?实在不多。

西奈克不受多重思想的束缚,这是他的重要观点,现在准备将它传播开。"我是福音的传道者,而且在寻找人们加入我信仰的福音,并且协助传播福音。"他说。对这位激励思想领袖来说,强化学术研究基础的重要性比不上它是你的思想,你只要坚持信念。西奈克很擅长这件事:他本人便遵循围绕一个"为什么"而生活的教条。他有信心与热情,并且坚持不懈,知道如何把他的思想"商品化",一如在商界的说法。他逐渐建立一个有两大区块的庞大事业:一个区块是他做的所有事,例如演讲与写作;另一个则是其他人和他一起做的所有事,例如由他招募较浅资历的思想领袖发表演讲,以及帮他贩售书籍和其他东西。

有人愿意推销一些成问题的福音,这并不奇怪;较令人吃惊的是,精英如何接受这样的思想。西奈克对各式各样有影响力的机构和人演讲并提供咨询,包括(根据他的文学版权代理公司)

微软、美国运通（American Express）、美国国防部、国会议员、联合国及外国大使。崛起中的思想领袖必须有所妥协，但是这种妥协可能获得丰厚的报酬。不过在他们获得的热烈接纳中，清楚暴露的并不是他们的价值观，而是那些提供赞助和奖赏的市场世界精英的价值观：他们爱像意大利冰激凌那样容易入口的思想，以及能给人希望但不挑战任何事物的观点。他们轻易地接受科学权威，不管多么薄弱或具有争议性。他们支持的是有用、结果导向、有利可图的思想。他们对集体政治目的心怀戒慎，并且偏好被私人化成微小事情，以及局限在公司与企业主管层面的目的。他们感兴趣的是像西奈克这样的人，赋予他们日常做生意一种英雄主义、带来改变、任务甚至使命的光环。这类思想提供那些有钱有权者在企业生活中的指引，就是这么一回事。但是，我们希望用这类思想来指引解决我们共同面临的最严峻的问题吗？

西奈克似乎对思想领袖取得的优势地位感到不解。虽然他显然很相信自己的思想，却觉得这个圈子鱼龙混杂，不过是在新一代富豪阶层支持的思想浪潮和思想商品化之下催生出的假行家。"我瞧不起那些巡回演讲圈的人。"西奈克说，虽然他是巡回演讲圈的主要人物之一。"尽管外人把我和这些高谈目标和自称激励演讲家或不管自称什么的人混为一谈，我还是瞧不起这些家伙，因为我看到他们站在台上对着我知道他们并不认同的公司演讲，说着我知道不是真话的垃圾。"他说："我听到后，询问他们说：'老兄，为什么你要这么说？'然后他们会说：'西奈克，我要养家糊口啊！'而我想'养家糊口'只是我们做不诚实事情的借口。"虽然有些人会用完全一样的话语来描述西奈克，但是他认为自己向来不屑做这种曲意迎合的事。

"有时候那很困难,而我对那种挣扎能感同身受,"西奈克继续说,"有人提议给你一大笔钱做某件事,而你基于诚实拒绝了。然后他们提议给你更多的钱,因为他们认为是钱的问题,但是并非如此。然后你坐下来,想着:'噢,老天,我可以只做一次,我可以只做一次。'"

不久前,西奈克受邀加入一个顾问圈,只有大约十个人,其中有好几个是像西奈克这样出名的思想领袖。他说:"我们应该谈论的是,我们如何团结起来以促进更大的好事,那是我加入的原因。但他们谈论的都是如何增加自己的邮寄名单,他们如何为这个、那个多赚一点钱,他们如何销售更多产品。我干坐在那里,感觉十分嫌恶。"即使西奈克完全是在把思想转变为产品,但还是找到方法把自己视为出售者中的无辜者。"它变成一门生意了,"他说,"还有,有许多人出人头地后的第一本书很诚实——他们花费一辈子才得来的成就。接着钱开始介入,做生意开始介入,电视开始介入,TED开始介入,诱惑来了。然后一些人屈服于诱惑,不过也有一些人能克服诱惑,虽然并不容易。就像我说的,我拒绝做一些事,但是并不表示拒绝时毫无压力,因为那涉及很多金钱,而且我可以迅速地将其合理化。"

停顿一会儿后,他说,思想界"只是另一个产业,其中有好产品,也有坏产品"。问题是当思想被看成一个产业时,而且普遍的诱因一面倒地偏好坏产品时,一个国家还能否繁荣兴盛?拥抱和赞助这类思想的精英是不是我们可以托付未来的人?

柯蒂想相信思想领袖可以利用她的专业技巧,超越思想领导的陷阱。她想相信有一种微观的路径可以进入宏观——我们可以走雪莉·桑德伯格（Sheryl Sandberg）的路到达西蒙娜·德·波伏瓦（Simone de Beauvoir）主张的美好社会。她想相信一个思想领袖也可以是批评家，可以利用她被市场世界接受，从内部引起改变。柯蒂认为，哄诱他们朝体制改革走可能要靠着混合来自她领域的两个不同概念：一个是关于如何凭借聚焦一个活生生的人，让人关注一个问题；另一个则是如何凭借拉长焦距，从看一个人到看一个体制。

上述第一个概念是所谓的"可辨识受害者效应"。正如卡内基·梅隆大学（Carnegie Mellon University）学者黛博拉·斯摩（Deborah Small）和乔治·洛文斯坦（George Loewenstein）在一篇重要论文写道：

> 人们对可辨识受害者反应有别于尚未被辨识的统计受害者，特定的不幸受害者往往吸引特别的注意和资源。但是在发生问题前，要吸引注意或募集金钱，以采取预防人们变成受害者的行动，往往很困难。

斯摩和洛文斯坦的研究，证实许多新兴思想领袖观察群众表情时的直觉：当你帮助人们从个人角度看问题时，人们的反应会更强烈、更关心。在柯蒂的例子里，每次她谈论年轻女孩而非成年女性时，就能感觉到人们的身体语言倾向回缩。谈到女儿时，男人的防御就会软化。"一个六十岁的男人走到我的面前说：'噢，天啊，很感谢你，这对我女儿和她的孩子们非常重要。'她们打开了心门。当我说'你必须变成领袖；必须说这么做是不对的；你需要做这个或那个'时无法打动的听众，那些对我的话完全没有反应的人，突然敞开心胸了，因为我谈到他们的女儿，以及他们女儿会有什么机会。"

柯蒂想知道思想领袖能否善加利用这种反馈。如果你想谈论性别歧视的结构性权力，要先让人想到他们的女儿。"人们希望自己的女儿获得每个机会，但是对于女性同事则没有类似的感觉。"柯蒂说。对思想领袖而言，拉近焦距的好处是，把性别歧视、权力及体制的故事说成你女儿的故事，这才能吸引人。但思想领袖可能知道或不知道的风险是，你调整焦距的做法改变了问题的性质。凭借塑造成听众女儿的问题，你缩小了问题。"人们不会在自己女儿之外思考问题，因为他们的女儿和其他女孩不同，"柯蒂说，"这称为次类型化。"和种族歧视者说"我的黑人朋友不一样"类似，是一个由来已久的现象。

许多思想领袖屈服于这种压力。而柯蒂坚持认为那不是因为他们不愿意追求更大的改变，而是因为他们是人。"不是因为身为思想家的你忘记重要的是群体，你并没有忘记，"她说，"当你对别人说话时，你希望得到回应、希望他们行动，你希望得到的不只是中性的脸部表情。你希望互动，非常渴望。所以久而久之，当你谈论这些思想时，开始谈到个人，听众突然变得反应积极了，我这样理解你如何走上这条路，越来越熟练。那不只是满足，它带给你希望。你真的感觉人们将会改变。我想这时候你会开始想着，**现在我必须把他们当成个人来传达信息。**"

从柯蒂的话里，可能了解市场世界精英和他们的思想领袖间发展的共生关系。这些身为凡人的思想领袖在阿斯彭思想节和TED等地方提出各式各样的思想，并注意到哪些思想可以打动人。特别能打动听众的思想，是以不引起恐惧、片段式又容易消化的方式来描绘社会问题。思想领袖挑选这种方式，并且越来越用这种方式谈论事情。听众的反应越来越热烈，而问题真正的样貌也变得越来越模糊。

这是柯蒂对第二个社会心理学概念可行性感兴趣的原因，也就是涉及拉大焦距的概念，她觉得可能会打破这种拘束的共生关系，这个概念的正式名称是"同化效应"（assimilation effect），涉及人们如何看待个人经历和具体的周遭社会背景的关联。你诉说一个女孩的故事，那些男人想到自己的女儿，但是这时候他们也"同化自己女儿的概念到其他女孩，同化到那些看起来不像他们女儿的女孩，那些有棕色皮肤或来自贫穷家庭的女孩"，她说。依柯蒂所见，挑战在于如何把广大的政治和社会问题人性化，而不触发相反的反应，也就是"对比效应"（contrast effect）。"天啊！但我的女儿很特别，"柯蒂模仿对比的反应说，"她和其他女孩都不一样，我必须保护她，我只需要保护她。"

思想领袖把问题的政治属性排除掉，把重点放在可行动的修正，而非结构性改变上，并把作恶者从故事中抹除。这些思想领袖的演讲邀约往往是由市场世界支付，他们的生涯是由市场世界造就的，因此他们被鼓励用这种方式描绘事情并非偶然。诉说一个涉及富人女儿的问题可以激发他的热情；诉说一个牵涉所有人女儿的问题，而且问题的解决方法可能牵涉牺牲特权与耗用大量资源，则可能会惹得一个富人转身离开。

为了安抚自身的正直感，柯蒂希望找到避免落入这种陷阱的出路：专注于协助受害者，借由拉近焦距吸引人们注意问题，但避免轻轻放过权力问题。"要怎么做才能把两者结合在一起？"她问，"有关自己人做了哪些错事的信息，除非有希望可以借由简单的方法让人改过自新，否则我想这类信息多半会遭到拒绝。"

如果一个社会里不止有一个柯蒂，而是有数千个思想领袖各自进行私下交易、手下留情，以便被再度受邀、保持某些缄默，会有什么结果？所有这些疏忽的累积效应会是什么？

他们在某种程度上已促使经稀释的变革理论兴起，这些理论的特性是个人的、个别的、去政治化的，尊崇现状与体制，而且完全不具破坏性。较真诚的批评受到排挤，而较乐观、可行动和要点式的思想受到吹捧，变革的思想变得越来越浅薄。当思想领袖去除问题的政治性、无视加害者时，往往可以更大的平台，去影响变革制造者，同时派生出大量市场世界推崇的故事，告诉我们改变很容易，改变可以双赢而无须牺牲。

思想领袖有意或无意地提供给市场世界赢家的，是表现出站在改变正确的一边。在不平等的时代里，大众偏好的改变——如不时反映在一些选举纲领上的主张，通常无法被精英接受。直接拒绝这类改变只会引起对精英更强烈的敌视，被认为是支持改变则对精英较有利，而这当然是他们偏好的那类改变。以在社会流动性下降的时代里教育贫困儿童的问题为例，真正的批评家可能会呼吁停止借助地方房户税来资助学校，并效法许多先进国家，通过全国性资金来源，较平等地资助学校；而思想领袖提供市场世界及其赢家的，可能是思想上的讨价还价，例如，采用大数据给明星教师更高薪资和淘汰较差教师的构想。在极端财富不平等的问题上，批评家可能呼吁经济重分配，甚至激进的补偿措施；与之相对，思想领袖可能会主张应该给基金会老板更高的薪酬，以便让贫民从最有能力的领导阶层分一杯羹。

当缺乏批评发生在不止一个问题，而是每个重要问题时，思想领袖就不仅是在压制自己的思想与直觉，更是借对改变方法的表态，参与市场世界维护有问题的现状。不久前，主持柯蒂TED演讲节目的布鲁诺·乔萨尼（Bruno Giussani）就在为自己在这种现象里扮演的角色感到棘手。乔萨尼是TED少数几个策展人之一，也是TED大会的主持人。几年前柯蒂就是从乔萨尼的爱丁堡讲台上一跃成为全球明星。来自瑞士的前新闻记者乔萨尼是TED高管之一，他们决定重要演讲的人选，并指导演讲者修改内容，协助散播他们的思想。TED活动多体现出热爱科技、拥护市场的信条，而乔萨尼以反对者闻名，但是显然反对的程度还不到他不为TED工作。他是幕后的操盘手，没有家喻户晓的名声，却协助许多人成名。

乔萨尼原本要度等待许久的长假，但是数个月前又决定延缓，因为世界各地兴起的民粹主义与激愤的政治抗争，让他担心并好奇脱序的社会发生了什么事。

起初，民众对精英的愤怒似乎令他困惑，因为在乔萨尼的社交圈里，他看到许多组织和人对社会感到忧虑，并积极参与社会活动。"无论参加哪次晚宴，不仅是在TED、斯科尔基金会、阿斯彭思想节或其他任何活动，"他说，"你的右边有人刚捐了一百万美元给非洲的某个非政府组织，左边有某人的儿子刚在一所战地医院工作六周回来。"乔萨尼开玩笑地说，有这么多的精英做好事想要改变世界，多到"如果每个人同时跳起来，地轴可能会倾斜"。但是看看世界上发生了什么事——沸腾的民粹运动、愤怒、分裂、仇恨、排外与恐惧不安。

近几年来，乔萨尼注意到精英似乎越来越被导向精简版的变革思想。这类思想大致上避免检视市场及其赢家,尽管他们在影响人们的生活上拥有巨大权力,并支持创造庞大财富和极度排外的体系。乔萨尼表示,这类改变思想是由"在过去二十年间取得主宰地位的假设"的综合体形塑而成的。比如,"企业是进步的引擎,国家应尽可能做最少的事,市场力量是同时分配稀缺资源与解决问题的最佳方法。人类基本上是理性、自利导向的行为者"。乔萨尼以世界上最有影响力演讲平台之一的操控者身份表示,在这期间,"特定思想获得更久的传播时间,因为它们符合那些智识假设",不符合的则传播机会较少。

市场世界发现一些思想较可接受,比其他思想更不具威胁性,因此通过对思想领袖的赞助,协助传播这些思想。例如,乔萨尼指出,架构成谈论"贫穷"的思想比架构成"不平等"的思想更可接受。两种思想彼此相关,但贫穷是剥夺的物质事实,而不怪罪加害者;不平等则是令人忧虑的事,论及一些人拥有什么和其他人缺少什么,暗示不正义和作恶的概念,有着关联性。"贫穷基本上是一个你可以通过慈善解决的问题。"他说。有方法的人看到贫穷可以开一张支票来减少贫穷。乔萨尼说:"但是不能这样解决不平等问题,因为不平等与施舍无关。不平等是关于你如何赚到用来施舍的金钱。"他说,不平等与体制的性质有关,对抗不平等意味着改变体制。对于有权有钱者,就意味着要检视他们的权势。而且乔萨尼也说:"光靠你无法解决。你只能与他人一起改变体制;而慈善基本上是,如果你有钱,就可以独自做许多事。"

这个区别类似于柯蒂在 TED 演讲中,重新建构她的反性别歧视信息。她研究这个主题的动机是不平等,特别是一组学生缺少权力，是因为另一组学生（与类似他们的人）拥有权力。这是一个有受害者与加害者的罪行。这个思想来到 TED 时，我们所看到的不平等已经被重新塑造为贫穷。柯蒂说："女性长期以来感觉比男性缺少权力。"罪行仍然是罪行，但是现在却没有嫌犯。

乔萨尼比大多数人清楚看到思想家是怎样被诱惑着加入这种思想领导。而那并非意味你别无选择，只能妥协。你可以轻易地发展思想，并通过被乔萨尼称为"边缘杂志"和"战斗会议"来推广。但是这些努力是有限的。如果你想像希拉里·柯恩领会到的，想以可口可乐般的规模帮助别人，而且你知道自己的思想可以帮助别人，可能会觉得恪守原则会限制思想传播的范围，并因此伤害而非帮助所有需要你的人。乔萨尼表示，你的替代选项是做柯蒂做的事：忍住说不好听的话，让别人愿意听。"你可以把思想包装成能吸引大舞台、高级听众或广泛听众的话，让你的思想被人听到，并希望在这种环境下，你仍可以说出足够多能影响他们的思想，而不只是取悦或满足他们，或只是让他们保持愿意倾听的思想。"

市场世界的倾向是否认柯蒂和乔萨尼坦率承认的事，他们经常但不是一直必须保留而非说出一些想法，以便让人们愿意倾听。"你必须和你的道德原则或信念做一些妥协，更好包装你的思想，让它们在这类环境中更动听。"乔萨尼说。他表示，对许多思想领袖而言，这仍是很划得来的交易。"如果这是你的信念，"他说，"你就会希望下周和下下周能再度演讲，借再度演讲并强化，以及借继续研究它和触及越来越多的人，尝试对创造变革有所贡献。"

许多思想家与道德原则妥协，并以这些方式扭曲自己，因为他们在建立职业生涯时十分依赖市场世界的认可。有些人设法创造稳定的职业生涯,而不靠任何付费演讲、孟山都(Monsanto)和百事可乐赞助的阿斯彭思想节夏季研讨会,也没有利用像TED或脸书的平台,让较乐观的思想被更多人听到。德雷兹纳在《思想业》一书中表示:"仍有知识分子中产阶级存在于学术界、智库及民间公司。"但是他们很少有机会像思想领袖那样迅速获得如日中天的名声和公众知名度。"要留在超级巨星的行列,知识分子必须能流畅地对富豪阶层说话,"德雷兹纳还写道,"他们得讨潜在的赞助者的欢心,他们未必能承担对富人说实话的后果。"

没有任何精英曾打电话给乔萨尼,告诉他不让哪个人登上演讲台。他说,实际的运作不会如此,而是会有一些无形咒语以隐晦的方法执行。乔萨尼表示,执行的方法之一是,近来流行偏好能让赢家感到自我优越的思想家。传统模式的批评家往往是输家——有如芒刺在背,他们是局外的煽动者,潦倒的愤世嫉俗者。虽然新兴思想领袖的产品是思想,不像批评家那样,而是较像有权势者的伙伴——在同样的阿斯彭商店购买派克大衣,参加同样的巡回会议,同样阅读尤瓦尔·诺瓦·赫拉利(Yuval Noah Harari)的书,接受同样的企业赞助,同意基本共识,遵守同样的智识禁忌。

"人们都喜欢赢家,不喜欢输家,这就是现实。"乔萨尼说。他知道有人会说,像他这样的人应该抗拒那种偏好,而非迎合。"如果会议不让输家上台,他们永远会是输家。"乔萨尼表示,他预期他的批评者会这么说。但是他告诉自己:"要求会议筹备人或《纽约时报》,解决因为人们喜欢赢家、不喜欢输家而存在于链条末端的社会问题,是不公平的。如果让输家上台,我自己也会变成输家，因为没有人会参加我的会议。"（乔萨尼说到"输家"时，用引号来凸显人们的看法，而不是自己的看法。）

按照乔萨尼的说法，维系这些模式未必是敌意或愤世嫉俗，而是更加平凡无奇的东西。扮演全球精英品位制造者的人——如乔萨尼人，和许多人一样都身处一个知识泡沫里。"法国人有个词叫**单一思想**（une pensée unique）。只用一种方式，每个人都以同样方式思考。"乔萨尼说，在他的世界里，那表示对某些思想有一种秘而不宣的共识（普遍被接受但非全部）：进步的观点优于保守观点；全球化虽然问题重重，但终究是多赢的策略；大多数长期趋势对人类有益，让许多所谓的短期问题终究无足轻重；多样性、世界主义和人员自由流动总是胜过其他选项；市场是把事情做好的最务实之法。

乔萨尼说，这种**单一思想**导致相同族群的人"忽视和他人有关，而与我们无关的许多问题。这种情况越严重，我们就越忽视许多这类问题，以及对问题的敏锐度，甚至于文化——推广的文化终究会反噬，而让我们困扰不已"。乔萨尼是指平民爆发的愤怒，而他以谦逊的方式怪罪自己。

当然，不止是像乔萨尼这样的策展人和裁决者，会保护自己的世界观并排拒其他人，只想听见顺耳言论的精英听众也是如此。乔萨尼举斯蒂芬·平克（Steven Pinker）大受欢迎的 TED 演讲为例，演讲内容是平克根据所写的著作《人性中的良善天使》（*The Better Angels of Our Nature*），谈论暴力在历史进程的没落。平克是深受尊敬的哈佛心理学教授，很少人会指责他放纵或屈服于思想领导的诱惑，但他的演讲受到避险基金业者、硅谷人及其他赢家狂热吹捧，不但是因为演讲内容有趣、新鲜和论理清晰，也因为包含让社会秩序保持现状的合理化。

实际上，平克的观点很狭窄、聚焦，还有确实的根据：以人际暴力作为人类问题的解决模式长期以来已大幅减少，但是对许多听到演讲的人来说，它提供一种社会接受的方式，告诉为当代的不平等抗争的人停止抱怨。"它已经变成一种意识形态：今日的世界可能在许多方面错综复杂而令人困惑，但现实是，如果你采取长期观点，将会发现我们现在有多好。"乔萨尼说。他认为，这种意识形态告诉人们："你太不切实际了，而且你不是用正确的方式看待事实。如果你认为自己有问题，就应该知道你的问题与过去相比真的不算什么，你的问题真的不是问题，因为世界变得越来越好。"

乔萨尼频繁地听到富人说这种话，所以为此发明一个动词：他们在"平克化"（Pinkering）——用人类历史的长期方向来微小化与去正当化无权力者的质疑。乔萨尼表示，他也常听到经济的平克化，也就是"告诉大家，全球经济情势大好，因为有五亿中国人已经脱离贫穷，变成中产阶级。这当然是事实，不过如果听你说这些话的是因为工作已外移到中国而被曼彻斯特工厂解雇的工人，对方可能会有不同的反应。但是我们不在乎曼彻斯特的工作，所以这种意识形态有许多面向是用来正当化目前的情况"。

又如社会心理学家海德特谈到的例子。注意他有多么精确地观察到在狩猎-采集时期和当前的批评-羞辱时期的人类进步：

> 我们是这么一个微不足道的部落物种，基本上只是用各种手段彼此痛殴与竞争，不知何故，我们有了大幅提升，远远超越原初的设计规格。我环顾四周，我想说人类加油。我

们太棒了。没错,有极端组织,有许多坏人,但是那些以为世界很糟糕的人,你们实在要求太多了。

身为 TED 策展人的乔萨尼,是近几十年来协助打造一个新智识界的许多人之一。这个新智识界把思想领袖变成我们耳熟能详的哲学家,把许多人列入企业和富豪阶层的发薪名单,那成了他们的维生之计。它推广一系列对当代赢家友善的思想,散播这么多关于晚近世界变得越来越美好的思想,以至于它的天线无法接收到绝大多数人生活并未改善的信息,而这些大多数人并不喜欢被平克化,因为他们知道自己看到的是,一小群参加会议的人及其友人囤积大部分的进步,并且宣称进步是无可阻挡、取之不尽,而且所有人都能雨露均沾。

现在美国、欧洲和其他地方正在兴起反抗风潮,人们开始反对乔萨尼描述的赢家共识。市场世界霸占与扭曲思想界是不是激发这种反抗风潮的原因?尽管这股风潮让乔萨尼困扰。他说:"这种扭曲当然是原因,我甚至认为它是最大的推手之一。"市场世界精英为自己编织思想的茧,并不断反复诉说反对变革的故事。乔萨尼表示,同时全世界数以亿计的人"感觉自己大部分的现实遭受忽略、审查,甚至被嘲弄"。

到最后,他们将不得不设法解决这个问题。

第五章
纵火犯是最好的救火员

没有人比我更了解体系,所以我一个人就能修理它。
　　　　　　　　——唐纳德·特朗普(Donald J. Trump)
主人的工具绝不会用来拆除主人的房子。
　　　　　　　　——奥德雷·洛德(Audre Lorde)

随着双赢式社会变革法散播到世界各地，乔治·索罗斯（George Soros）始终扮演抗拒者的角色。拥有数十亿美元身价的索罗斯是世界上最富有的人之一，也是最慷慨与最具影响力的人，创立一个计划在二〇一六年捐献九亿三千一百万美元的慈善帝国。直到最近，他捐献的指导原则与市场世界的假设产生冲突。索罗斯是匈牙利犹太人，受纳粹迫害，后来则是共产党政权下的资本家，因此与许多富人相比，他对正义和运动、权利与政府治理更感兴趣。他的开放社会基金会（Open Society Foundations）描述其宗旨为"建立活络与包容的社会，其政府对批评保持负责和开放，其法律与政府对辩论和修正保持开放，其政治体制对全民参与保持开放"。该基金会计划在二〇一六年捐献一亿四千二百万美元给人权和民主行动、两千一百万美元给新闻事业，以及四千二百万美元给司法改革与法治。索罗斯把许多钱捐献给未必会让赢家受益的非市场导向目标。

但是随着双赢的福音征服越来越多的领土，许多地区的人也越来越认为帮助他人最好的方法是通过市场；新类型的改变有新的需求。在索罗斯团队的工作中，他们遇见一名年轻的欧洲罗姆人，她的态度代表一种文化的转变。对方告诉他们，上一代的欧洲罗姆人想要权利，但是新兴的一代想要成为社会创业家。这名女性是否具有代表性值得怀疑，因为社会企业可以说仰赖根本的权利，但也是时代的表征。在市场当道的时代里，一个为法治下人民权利与平等抗争的组织，可能会因为未能投资在追求营利的社会正义企业而让民众感到失望。

该基金会的经济进步计划（Economic Advancement Program）诞生于二〇一六年，目标是回应这个时代迫切的需求。基金会以拥抱双赢的措辞表示，这个计划将"从经济发展和社会正义的交会处着手"，并"以增进开放与繁荣社会的方式，鼓励增进实质机会的经济转型"。过去索罗斯的基金会大多会避免这类工作，原因是顾虑可能会被视为利益冲突——一个还在市场活跃的人向一些国家倡议市场应该如何安排与规范。不过，避免已经不再可行。新计划可以从事传统慈善捐款、资助如何促进经济体更公平与更具包容性的研究、借款给其他组织，并提供政府政策建言；此外，在最终的双赢中，这个计划将管理一个影响力投资基金，其任务是投资于促进更开放社会和"促进弱势人口利益"的营利企业。

改变世界的新方法需要新领导者，因此该基金会雇用曾任职于麦肯锡、高盛及矿业集团力拓（Rio Tinto）的西恩·辛顿（Sean Hinton）担任计划执行官。辛顿及其团队花费数个月确立一套促进更包容和正义的经济体运作理论，用来指导他们的工作。现在他们需要对这套理论的反馈意见，希望基金会外部的人协助辨析重要的根本问题，例如，他们如何协助快速成长的经济体，同时又推广正义、治理、赋权、社会和谐与平等？传统的经济进步工具如何变成用来协助又不伤害最无助和被边缘化的人？

因此有一天，辛顿在曼哈顿第57西街楼上的一间会议室里，召集一群他颇尊敬的朋友，包括一家专门投资金融业的私募股权公司资深顾问露丝，她曾投入时间在大型对冲基金桥水（Bridgewater）和其他类似的金融机构，并曾在一个美国大城市担任两年的首席投资顾问；另一位是在私募股权业工作的保罗，曾在一所常青藤盟校管理学院授课，过去是投资家和管理顾问；奥瑞利安带领一家综合顾问公司，为大公司提供动荡市场情况下的策略咨询，他是数家硅谷新创公司的创投合伙人，更早也曾是麦肯锡合伙人；阿尔伯特是力拓的品牌与公关主管；还有两位有过世界银行／国际金融公司历练的专家，拥有这次会议讨论主题的专业知识，其中查尔斯长期担任这类工作，另一位胡安·巴勃罗（Juan Pablo）先后曾在思科（Cisco）和波士顿咨询集团工作。至于辛顿，在担任这个职务前曾是矿业公司、银行，以及在中国、蒙古和非洲的其他公司的顾问。

当这群专家坐上环绕着蒙皮大桌的红椅子后，把注意力转向三面壁挂式的电视屏幕，正播放着一种证明是市场世界征服社会问题的解决方法不可或缺的利器：微软 PowerPoint。这些贵宾面对的正义与平等是人类已知最难解决的问题，所引发的争议光是在二十世纪就曾造成数千万人死亡。但是在这场会议的讨论将不会根据对慈善的见解，或被援助者表达的渴望，或对权力结构阻碍正义与平等追求的分析，而是以做生意的方式，用图表幻灯片的形式呈现在一群市场世界人士面前。建立更具包容性经济体的问题将拆解成无数微小的类别，直到人的现实面完全消失。根本问题的面貌将模糊到无法辨认，正义与不平等将转变成最适合私募股权主管解决的问题。

这种情况在会议中偶尔讨论的内容是关于简报本身时特别明显，也在这类会议很常见。那些瀑布图与二乘二矩阵，以及子-子类别是如此复杂且需要专心观看，以至于一切都要靠它们。**看那张幻灯片。能不能回到前一张幻灯片？这张图表的历史方向是什么？** 就像一对夫妻的争吵不再与问题有关，而是变成与争吵本身有关，回避根本的问题。**那张图是否暗示经济进步在两极间占据一个中间位置，或是它真的整合所有四个部分？** 房间内的人开始讨论那些只以最隐晦方式代表人类问题的图形元素。那位私募股权的主管神采飞扬，因为现在她不但能有所贡献，还能主导讨论。而这个主题真正的专家与受到这些决定影响的人往往退居其次,张口结舌。问题已因为市场世界的作业系统而重新建构。

这些受商业训练的问题解决者已经重新塑造问题,以适合由他们解决,还把能以旧方法思考它的人排挤到旁边,他们现在站在一幅空白画布前,可用自己的架构与偏见加以描绘。因此,在索罗斯的会议上,当讨论转向在印度偏远地区的农产品供应链时,他们用的是商业语言,与会者谈到供应链里有太多的中间商:印度农民和印度消费者之间有太多交易商与掮客。商业式的解决之道是"去中间化"。在第57西街似乎没人想到,他们对印度农村认识错误的可能性。要是该地区的中间商多半是女性,虽然效率低落,却是社会进步的据点呢?要是中间商能确保新鲜的农产品送到通往城市道路沿线的村落,因为大型卡车会略过小村落,进而增加他们对加工食品的依赖?要是有其他现实情况是房间里的高盛-麦肯锡-力拓-桥水人看不到的呢?要是这些赢家并非全知全能呢?如果不在房间里的局外人知道一些事呢?

在过去三十年,世界各地的许多人与机构相信,要解决贫穷和弱势者的问题,就需要像辛顿那样召集商务人士提供意见。这种想法认为,改变的最佳指导来源,就是曾设计、参与并造成需要改变权力结构的那些人。但是借用奥德雷·洛德的话,用主人的工具拆除主人房子行得通的说法向来就不一定正确。

在涉足商业之前,辛顿走的是一条大不相同的路。辛顿是伦敦市政厅音乐与戏剧学院(Guildhall School of Music and Drama)的学生,成长于艺术家庭和剧院,主修科目是古典音乐与指挥。不过,他在学院第四年兴起到蒙古的想法。他表示,想到在二十世纪八十年代末能进入那个封闭国家的唯一方法,就是到那里学习民族音乐。因此,辛顿进入剑桥大学的研究所研究这个主题,申请并获得英国文化协会的奖学金,前往蒙古学习传统音乐。原本预定学习一年,结果除了几次休假,接下来七年时间,辛顿都待在蒙古。

一九八八年十二月,辛顿前往乌兰巴托。一开始,他被迫生活在蒙古政府的严格管制下,不能在没有看守者陪伴下离开首都超过二十公里,这让他很难开展音乐理论研究的工作。但是民主运动在不久后兴起,这场革命让辛顿得以畅游蒙古。他前往蒙古最西边的山区,与一个游牧家族共同生活,专注研究当地的情歌与婚礼仪式。

辛顿喜爱蒙古到让他在完成学业后仍留在那里,而且革命也让他得以留下。新兴起的市场经济让创业化为可能。观光客对这个新开放的国家感兴趣,因此辛顿决定开设旅行社,协助人们体验他曾有过的蒙古游历。辛顿表示,当时蒙古没有几家外国公司,他变成如何在蒙古开创事业的专家。当美国驻乌兰巴托大使馆官员接到有关在当地创办公司的询问时,偶尔会介绍给辛顿。辛顿很快就发现他可以收费提供咨询,并且真的开始这么做。他变成了特别顾问,不是用试算表和PowerPoint工作,而是协助人们认识一个变迁中的社会。

在蒙古待了七年后,辛顿结婚了,即将迎来三十岁生日。他选择离开了蒙古,并开始找工作。"每个人都想请我喝啤酒,听我说和游牧民族生活的故事,"他说,"但是每个人都好像在说:'不用说也知道,我们不能给你工作。'"只有麦肯锡悉尼办公室例外,这不完全是偶然,辛顿头脑敏锐,容易给人留下印象,让他成为麦肯锡雇用的理想人选。

新工作最令人眼花缭乱的，也许是在陌生的环境里学习另一套完全相反的东西。辛顿在麦肯锡的工作与在蒙古时有一个共同点，就是必须面对陌生人，并且试着让对方留下好印象，除此之外就截然不同了。

在蒙古，辛顿的方法是通过从旁观察、了解他不知道的事物，向他研究的对象学习。成功有赖于其他人的引导，正如他回忆道："我使用的工具大致上与认知和感觉有关，大致上与直觉有关，大致上与创造力和寻找联系有关，而且和人们的关系密切。"多年来，辛顿一直抗拒轻易做出假设，避免武断，而是寻找线索，遵循别人的引导。他说："在蒙古，当你走进一个蒙古包时，要注意一切：你坐在哪里、把脚放在哪里、什么时候拿出带来的礼物——我已经完全专注这一切。身体语言——我做对了吗？其他人都怎么做？你变得全然专注从周围的人解读这些信号。"辛顿把这种面对异国环境的方法称为谦虚。"如果你了解如何在帐篷里生活，如何在一种外国文化里立足、说外国语言、面对完全陌生的环境，你别无选择，只能保持谦虚，"他说，"你靠着这个生存，而且你的生存依赖于认识你不知道的事物，还有对一切事物保持绝对开放——吸收周遭的一切影响并且倾听。"

在麦肯锡，辛顿发现他被期待以大不相同的方式运作。他说："几个月后，我坐在一家澳洲重量级公司的执行官旁边，对方期待说出一个观点，发表意见——对我们谈论的问题做出初始假设。"派头十足、收费昂贵的顾问不需要倾听、吸收、尝试慢慢且谦逊地了解面对的情况，而是被期待一跳进去就知道一切。甚至像辛顿这样受过音乐训练、是西蒙古情歌专家的顾问也被期待这么做，因为麦肯锡教导旗下顾问实施一套作业程序，提供让你介入陌生世界的强力方法，然后重新建构它的现实，让你比客户的当地主管更容易找到解决方案。这套标准作业程序容许一种奇怪的自以为是。配备拆解问题、分析数据和达成结论的特殊方法，让相关顾问建立权威。这工作正如辛顿的描述，是"强迫并拥护对事实的崇拜——不容争辩的、科学的、不带情感又不受人牵绊的事实"。

这套作业程序容许这种确信的态度，它就像拉丁文一样，是许多方言起源的母语。这些方言有一个共同的目的：源自商业世界里局内人和局外人的区别——顾问、金融家、管理学者，而非源自产业内部，提供分析他人情况的方法。银行业者试着计算一家即将上市化学公司股价的不一定是肥料专家；制药公司从外面请来的企业策略师未必是药物释放载体的专家。这套作业程序——有些针对特定领域，如金融或顾问；有些则跨越较多的领域，容许以图形拆解问题，呈现新事实，制造见解，排挤其他人的解决方案，让自己变成不可或缺。

辛顿学会这套作业程序的麦肯锡方言。在伊桑·雷索（Ethan Rasiei）的著作《麦肯锡的专业思维》（*The McKinsey Mind*）中，该公司的作业程序被提炼出来：顾问要先根据对公司及其产业的评估来发现"企业需求"或基本问题，然后进行"分析"。这个步骤需要"架构问题：定义问题的范围，并拆解组成元素，以便解决问题团队拟出解决方案的初始假设"。这也就是立刻确认并提出假设的程序，然后顾问必须"设计分析"和"搜集资料"，以证明这个假设，且必须根据结果来决定解决方案的理论是否正确。如果正确，下一个步骤就是以简洁、明了、有说服力的"呈现"方式，说服客户打消对局外人所提的动听构想的顾虑。最后，解决方案通过"导向持续改进的重复说明",进入"执行"阶段。

辛顿面试麦肯锡的工作,一开始就让他学到关于这种解决问题方法的教训:重要的不是运用知识,甚至经常是不屑于运用知识,而是在于即使无知也能分析情势和超越不熟悉。面试中让辛顿惊讶的问题像是:**多少颗乒乓球能塞满一架波音 747?你如何估计玻利维亚钢铁业的规模?澳洲每年销售多少刮胡刀片?**辛顿开玩笑地说,他在听到这类问题时,本能是打电话给工作性质与这类事实相关的朋友,但面试的重点不在于说出正确的数字,而是展现你如何根据所做的假设来推论。辛顿说,这个概念是"如果你把问题拆解成逻辑上有关联的小片段,并对可得的事实做出合理推测,或至少把搜集而来的事实加以组合,就能从几乎是任何问题中建构出合乎逻辑又有说服力的解答"。换句话说,辛顿加入麦肯锡,以及更广泛地看这种作业程序后,被要求永远必须对他毫无所知的事说出充满自信的解答。

随着辛顿适应麦肯锡之道,他学会许多说话的小原则与技巧,这些小原则与技巧虽然对许多顾问业的怀疑人士来说是笑话,对商业和更广的世界却是影响力大到令人难以相信的工具。例如,辛顿学会最好以三点来做说明,这是根据研究人如何吸收资讯而得出的结论。如果你有两个重点要说明,就必须加上第三点;如果你有四点,就要结合其中两点,或是干脆省略一点。辛顿也学会避免挑战太大问题的原则。不要"好高骛远",熟悉作业程序的人可能会如此告诫新手。作业程序告诉你限缩考量问题的范围,减少处理的资料量,避免被你面对的现实量压垮。除非你担心限缩视野会减损处理问题的能力,这套作业程序提供 80/20 法则。在二十世纪初,意大利经济学家维弗雷多·帕雷托

（Vilfredo Pareto）据说已注意到，80%意大利的土地由20%的意大利人拥有、他花园里生产的豌豆有80%来自20%的豌豆荚。这些观察促成"系统的20%创造出80%结果"的企业格言——举最常见的例子来说，一家企业五分之一的顾客提供大部分的营收。这套作业程序告诉装腔作势的问题解决者有可能赌赢，只要找到那20%，在那个范围做一些调整，然后公布好消息。这些技巧的目的不是整体、全面、从各种人的角度观察问题，而是省略这些麻烦来得出结论。

在麦肯锡，辛顿学到所谓的问题树（issue trees），用一个视觉图帮助你通过界定范围、80/20法则化、限缩规模，把问题拆解成元素。它从一个挑战开始，例如，让一家银行赚更多钱。获利增加可以通过第一层次项目的提高营收或降低成本，以公司的用语来说，每一层次项目必须"彼此独立，互无遗漏"；换句话说，提高营收必须完全不同于降低成本，而所有通往最终目标的路径必须通过它们。现在每个次项目可以再拆解成次次项目——例如，以增加营收来说，可以来自既有业务或新业务。以此类推，直到次次次次次项目为止。持平来说，这种做法可以让人得到看整体时不可能看到的清楚视野，做调整可能相对容易，成效显著——例如，关闭曼哈顿三家租金较贵的分行，可能节约80%的成本。但这种建构化无论是用麦肯锡方言或其他方言，有时候可能有武断的缺失，项目的设置可能与现实不符，原本相关的事物可能被分割而未互相联系。空降者可能以一己所见与权宜方便的方法拆解事物，有时候把现实分解打碎成数百片，以形成一个解决方案，实际上却模糊了真正的问题。那些能指正空降者的人、那些拥有宝贵传统与当地知识的人，无法以新语言谈论问题，反而在自己的土地上变成一无所知。

最后，辛顿开始喜欢上麦肯锡的做法——他郑重地说。进入这家公司对辛顿是一大震撼，他说："但是也让我感到刺激和兴奋，如果这份工作不是刚好投合我的许多优点，我不会留在那里。"他很快又补充说："或是投合我的弱点。"经过这么多年，辛顿还是难以确定他真正学到了什么。

辛顿学习的是让他可以在商业竞技场上制胜的作业程序，但与此同时，那些作业程序已经超越商业，以原子化的方法征服更为广大的领域。它们用于解决商业以外的问题，而且市场世界人士借此排挤更有公共意识、传统上以其他方式考虑社会问题解决方案的人。越多人接受这套作业程序是解决公共问题不可或缺的想法，市场世界就越超越政府与公民社会，成为改变和进步的最佳引擎。

市场至上的时代已赋予这些作业程序不同凡响的好运，它们从原本用来专门解决特定商业问题的方法，演变成在许多人眼中解决一切问题的必要工具箱。这些作业程序正愈来愈被视为在慈善、教育、社会科学、医疗照顾、艺术、编辑室，以及无数过去习于使用自家作业方式的领域不可或缺的训练。像盖茨基金会这类组织就雇用熟悉作业程序的人，以解决美国贫民儿童的教育问题。公民权利组织把熟悉作业程序者安插在董事会里，不仅接受他们的捐款，也接受他们的建议。正如同我们看到的，像柯恩这样的年轻人被周遭的环境说服，只有学习这些作业程序才能帮助数百万人。

说明这些作业程序散播得有多广的最佳例子是新类型顾问公司的崛起，这些顾问公司专门以商业工具来为受压迫者抗争，其中之一是创立于一九六八年的TechnoServe，刊登广告自称为"贫穷的商业解决方案"，并提供一个例子说明如何借由熟悉作业程序者提供自创的诊断来解决社会问题。TechnoServe宣称"利用私人部门的力量来协助人们摆脱贫穷的领导者"。该组织开宗明义地宣告一套直接从市场世界搬来的改变理论："借由连接人与资讯、资本和市场，我们已帮助数百万人为他们的家庭与社会创造持久的繁荣。"我们可能解读这种理论是指人的贫穷是因为缺少这种连接，而不是因为种姓、种族、土地、少数人聚积财富、薪资、劳动条件及掠夺；不是因为任何人对其他人做了或正在做任何事；也不是因为社会做了某种可反转的决定。

这是一种很成问题的社会理论，也是一种精明的姿态，因为如果问题是缺少连接，那些擅长创造这类连接的人就会被提升到问题解决者的地位，而那些提议以其他方法解决问题的人——特别是借由指向权力和资源，以及其他让赢家感到不安的东西，将会被这种理论排挤在外。如果TechnoServe对贫困者的痛苦见识浅薄，原因可能出在其领导者。该组织的经理人大多来自大公司，从事如投资银行、管理顾问、医疗照顾与基金管理等产业，以及来自知名企业，如摩根士丹利、瑞士信贷（Credit Suisse）、孟山都、奎斯特（Qwest）、嘉吉（Cargill）、巴克莱（Barclays）和麦肯锡（是其他公司的好几倍）。也许TechnoServe对作业程序可以治好不公正抱有信心的最明显信号是董事会组成。在网站上列出的二十八名董事中，截止上次查看时有二十六名白人。

如果TechnoServe强调的是穷人与正确的资讯、资本和市场之间失落的连接，对手公司布利吉斯潘（Bridgespan）则宣称太多好的解决方案规模太小了——另一项研究贫穷原因却未追究富人责任的理论。如果 TechnoServe 经理人组成以前麦肯锡人为主，布利吉斯潘则是另一家三大顾问业者之一贝恩人的降落跑道。该公司表示，它的世界改变者"怀抱促进社会流动性与实现机会平等的热情"。布利吉斯潘在宗旨中阐明一项改变的理论：借由把现在协助穷人的做法规模扩大来协助穷人，方法是"面对复杂的问题，并找出务实的解决方案，以协助组织了解并克服扩大规模的阻碍"。布利吉斯潘的共同创办人之一曾就读哈佛商学院，另一位则在哈佛商学院教书，并写过"转型性规模""规模影响力""让有效规模化"及"规模趋势"之类的文章。做更多有成效的事当然能让市场世界接受。

讽刺的是，这些作业程序的传播者兴冲冲地投入打造问题的解决方法，但他们的方法却是问题的共犯。来自能源和金融业的商务人士被招募进入慈善计划，保护世界免于气候变迁，虽然他们在白天思考如何逐利是发生气候变迁的罪魁之一。企业领导者被招募参与拟订女性权利的策略，虽然他们的工具被怪罪是"永远在线"工作文化的祸首，让许多女性难以主张权利，由此带来的避税也使全面日托等对女性友善的政策有名无实。而且正如在索罗斯召集的会议中，这些工具被视为提升平等不可或缺的，虽然它们的分析架构和原子化劳工与社会现实是加剧不平等的帮凶。

这些作业程序和采用者确实对社会问题界有许多贡献：严格、逻辑、资料、快速做决定的能力。随着它们散播到对抗疾病或改革教育的工作，可以做许多善事，并让人们的金钱与时间发挥比原本更大的效益。但是这些好处都要付出代价，而代价的一部分是以作业程序重新建构问题，是根据赢家的观点。毕竟，问题的定义是问题解决者所下，而且排挤其他审视的方法。非营利事业资深主管卡维塔·兰姆达斯（Kavita Ramdas）尖锐批评，社会变革遭到"矫正问题"的心态征服，容许商务人士成功，就像对冲基金经理人、资本市场投资人或软件开发商那样。她写道："这是一种目的在于得到可测量与相当快速解决方案的方法。"问题在于作业程序取代往往较平淡无奇的方法：

> 社会科学向来具有精细和谦逊的传统——了解发展与人有关、与人和社会的复杂性有关、与文化和传统现实有关，以及愿意与难题和问题的多重面向对抗，但是在这种以量表导向、追求效率、着重科技方法进行的社会变革中却完全看不到。

虽然辛顿看起来像是兰姆达斯谴责那种人的原型，他后来也批评承认自己参与其中、同时想逃脱的大企业，他称为"尝试以造成问题的工具解决问题"。辛顿表示，这些作业程序的散播是"已开化白人的殖民帝国式傲慢的延续，以钱和科学，以及高贵与慈善的意图，想要解决这些问题"。情况已不再是大英殖民者到你的国家恣意行事，而是穿着光鲜的人带着笔记本电脑，提出解决社会问题的方法，通常是不需要了解情况的志愿者。辛顿担心这种以 PowerPoint 润滑的"问题解决法"虽然"更科学、更理性一些，却只是那种传统的延续"。

辛顿慢慢体认到这些隐忧。他在麦肯锡工作五年后离开，之后在伦敦工作几年，经营一家电影制片公司，并创立一家综合投资银行，然后前往中国担任复杂金融交易的顾问工作。这份工作带领辛顿参与高盛和力拓的计划，这两家公司发现他熟悉作业程序并具备蒙古工作经验，认为他能协助客户顺应蒙古的政治环境。蒙古正经历矿业大荣景，大型公司纷纷与该国签订交易，开采铜矿和其他资源。据辛顿描述，他的任务是当这些公司与蒙古的中间人，协助双方了解彼此，以降低计划的风险。毕竟，采矿交易出问题会让投资人付出惨痛代价。

辛顿担任高盛和力拓资深顾问，让他置身雇主和热爱的国家中间，而这个充满矛盾的角色，即使在多年后仍让他感到挣扎。"我的角色是反对的拥护者，但拿的是一家矿业与一家投资银行的酬劳。"他说："我没有天真到以为自己的角色不是以满足公司的需求和利益到相当大程度为原则，当然如此。"当时辛顿或任何人都还不知道，外国企业会不会履行承诺来协助蒙古，或是会像历史上开采资源常见的情况那样搜刮一空就逃跑，他收钱就要相信，并说服其他人，这些公司想要的和蒙古需要的是相同的东西——双赢。辛顿受雇来协调也许是无法调和的事，他会发现这一点，也许是因为几年前认识一位本身也有疑惑的作业程序传播者。

哈佛商学院教授迈克尔·波特被视为现代企业策略的创始人，他在二〇一一年的一篇文章中委婉批评企业界盛行的方法，在不习惯这么友善批评的世界造成骚动，也吸引辛顿的注意。波特是企业界最常被举出的作家之一，也是关于企业竞争如何运作和企业认为有竞争力的社会具备什么条件——亦即社会如何才能吸引企业——亦即想吸引企业——理论的教父。除了教学和写作外，他也跨入散播作业程序的事业，创立名为摩立特集团（Monitor Group）的咨询公司，并为许多医疗照顾改革的努力发声。《财富》（Fortune）杂志曾赞誉："他影响的企业主管和国家多过地球上任何一位企业管理教授。"二〇一一年，波特和马克·克莱默（Mark Kramer）在《哈佛商业评论》（Harvard

Business Review）上发表一篇文章《创造共同价值》，并吸引企业界注意。

"资本主义正深陷重围"，波特和克莱默写道，令人联想到一篇十九世纪的宣言。企业"被批评是造成社会、环境和经济问题的主要原因之一"，公司"被普遍视为借由牺牲社会利益而繁荣兴盛"。谁才是罪魁祸首？"问题大部分出自公司本身。"他们写道。他们怪罪公司采用"过时、狭隘的方法来创造价值"。公司变得太专注于"短期财务绩效的最大化"，染上一种危险的倾向，就是"忽视市场上最没有被满足的需求，以及对它们长期成功更广泛的影响"。雇用大批聪明员工与昂贵外部顾问的公司，做出的决定忽视"顾客福祉、消耗攸关其营运的自然资源、供应商的生存能力，以及制造与销售的社会承受的经济压力"。波特和克莱默批评的是一种已接管商业世界的文化：因为原子化而模糊整体现实的作业程序所塑造的文化。

辛顿最后与波特见面，寻求他建议如何以较非作业程序式和较人性的方式，拟订他的公司在蒙古的交易。数年后的现在，波特坐在纽约华尔道夫饭店精致而热闹的大厅孔雀巷餐厅包厢内，解释他如何开始质疑作业程序的效用。在经济大衰退后，他开始对不平等现象感兴趣，尤其是读到一些资料显示，许多美国企业和个人安然渡过难关，但是一般人与劳工相较之下如何惨淡之后。他说："我们开始严肃地深入思考在哈佛商学院都做了什么？我们在那里教导什么？我们似乎遗漏了等式的一大部分。"这些问题带领波特到"共享价值"（shared value）的想法——思考企业目标和做法可以采用新思维，以改善大公司与社会的关系。

波特出现在华尔道夫饭店那天，带着充满希望的看法，他不想谈论人们做错了什么。"我的观点是现在有一些可以善加利用的强大力量。"他说。人们知道用老方法做生意行不通，大家想要新方法。"所以问题在于，如何说清楚'应该'怎么做，而非'不应该'做什么。"他说。对一个仍然很市场世界的人来说，这种不情愿谈"不应该"并不难理解，但是波特对"不应该"的想法似乎还有更重要的意涵，因为显然对市场世界以外的无数人而言，上一世代的商业作业程序已造成世界现在面对这么多的问题，让人不禁怀疑许多市场世界里的人还不明白是怎么一回事，也许听到波特亲口说，可以削弱他们否认的可信度。

波特以严谨、系统化的方法开始陈述过去三十年来，把企业方法用于生活，如何造成一些很严重的社会问题，而且现在企业认为自己就是药方。他陈述的核心，就是批评作业程序如何以排拒整体的碎片方法看待现实，而伤害社会大众。

波特谈到过去三十年的企业如何追求全球化愿景，而在这种全球化中，企业对社会没有责任。这主要是因为像他这样在哈佛商学院等学府任教的教授教出来的学生，以及顾问业和华尔街等地方训练出来的人，往往对当地一无所知。你分析资料，然后前往有商机的地方，这种追逐与你想为自己的地区做什么，或是你对它的义务毫无关系。"传统上，企业会做很多支持社会的事，从训练人才到各式各样的其他活动，都会承担某种责任，我们称为投资共有财产。"波特说。他指的共有财产是一个地方的共有资产，例如，让产业与一般人互蒙其利的公立学校。"随着人与地方脱离关系，企业逐渐停止再投资这些事物，认为自己的工作是全球化。"

波特所说的脱离关系，是因为作业程序的去背景化、去集结化、避免好高骛远的方法——因为它们原子化的倾向而变本加厉。在作业程序支配商业世界前，公司可能从不远的地方筹募资金，从不远的地方寻找投入的原料，卖给不远的顾客，缴税给不远的政府，并在营运成长时把获利存在不远的银行，或投资设厂于不远处的新事业。但是近几十年，情况开始改变，科技让公司更容易与远方的实体做生意，随着市场开放，以及很重要的金融巫师与管理顾问对董事会的影响力日增，这种趋势也越来越普遍。这些熟悉作业程序的人迫使企业拥抱新哲学：在最能把事情办好的地方做事，不管在什么地方。你向韩国投资人筹资，从墨西哥买原料，卖到法国，在加勒比海国家缴税，而在营运成长时，选一家瑞士银行或以虚拟比特币储存获利，或再投资于地球上的任何承诺你最佳报酬率的事业。这是商业自由的扩大。不过，波特表示，它破坏有公民感企业的旧有行为模式。"这种全球化的观念产生某种分离感，我们已不再是美国公司，"他说，"所以如果你的营运遍及全世界，可能并不觉得必须担心密尔瓦基的事。"

波特说，在迈向全球化的途中，企业身为社会栋梁的自我形象已让位给"我们现在已经全球化，那不再是我们的问题"的自我形象。他补充说："刚开始是不接受对社会承担的所有责任，因为并不认为那是分内的事，如果社会不想自己承担责任，企业永远可以搬迁到其他地方。"这是输赢的情况：企业因为有逃避的自由而繁荣兴盛，而社会却无计可施。

波特批评的第二个部分与"最佳化"有关。一部分拜兴起的作业程序所赐，新发展的企业文化强调公司活动的每个细微元素必须完美地最佳化，波特表示，这造成企业更容易虐待劳工，并忽视对更大体系造成影响的问题。这些新作业程序十分成功，因为在二十世纪下半叶征服的企业界往往比较排他、地区性和未最佳化。许多企业，甚至是大公司，都以家族方式营运（许多大公司现在仍由家族控制）：你不把产品销售到所有能卖的地方，也不要求在每个地方卖到最好的价格；只卖到你认识的人认识其他人的地方，并且卖你猜想可以销售的最好价格。当需求激增时，你不会支付工人更多金钱，需求减少也不会减少工钱，而是支付平稳的薪水。

管理顾问公司、融资并购公司、投资银行及其他作业程序的传播者，在过去数十年席卷这个相当老派的企业界，强迫这些做法都要最佳化。他们通过公司付费的顾问计划、通过他们推行新强化体质计划后进行的敌意并购，以及通过股东施压要求拉抬股价等方法，达成最佳化目标。新的最佳化伦理传遍企业界，至少就波特所见，刚开始似乎完全是好事。他说："我们学到许多如何更有生产力的经营企业方法，如何经营供应链、更善用科技与管理采购。"经过三十年，这些努力——其中有许多源自哈佛商学院，让整体经济变得更有生产力和竞争力。不过波特指出，这并非巧合，经过一段时期后，随着他描述的"松弛变紧后"，许多劳工的生活越来越辛苦："最后我们让企业变得更有生产力，让许多人的薪资增加，持续许多年，这是好事，但是也开始在不知不觉的情况下，造成企业和一般员工间脱节。"

波特举星巴克为例，星巴克和许多公司一样，开始以新流行的"动态调度"工具为员工排班，让雇主可以更频繁地变动值班表，随时最佳化。这协助公司支付最少的薪资，并满足特定的需求量。这类工具让公司赚更多钱，但是可能为员工的生活带来混乱，他们再也无法确定特定期间可以有多少小时的工作，让支付账单和采购东西变得更复杂，他们必须快速安排好托儿服务。波特说："人们似乎认为在追求效率、聪明与更有生产力时，就能不去思考人和体制内其他人的福祉。"他认为，同样的短视近利从一些高获利公司却坚持低薪这一现象可见一斑。"我们把许多人商品化，只想为了自己最佳化，完全没想到为了他们最佳化。因此有许多劳动做法，有许多你应该找约聘员工而不必给予福利的想法——这些做法实在太聪明了，而每个人都加以合理化，说'我们是在提高生产力，是在让报酬率最大化，那是我们的职责'。"

波特很清楚地指出，"企业"不是定量，可以用不同的方式达成，遵循不同的方法。近几十年来的演变是，作业程序以一切最佳化之名接管了企业营运，并获得忽视甚至伤害其他人的执照。"我们好像画了一幅讽刺漫画，"波特说，"它的观点是如果你可以强迫员工加班而不必支付加班费，就应该这么做——这是自由市场，这是利润最大化。"

最后，波特谈到作业程序的金融话语散播，如何造成公司经营越来越为了股东，而不是为员工、顾客或其他人。"在我刚开始教书时，"他说，"我们不谈股东价值。"当时企业奉为圭臬的是什么？"我想是：企业必须赚到持久的良好报酬，而且是在追求长期经营，是在打造一家好公司。"他说："当时没有股票市场每天投票决定你是否成功的概念。"在企业经营较地区化和较不讲究科学方法的年代，是为许多人而经营。股东是这个组合的一部分，但股价的微波动不是衡量企业成功的唯一指标，也不是企业如何经营的指导原则。当然，这种经营可能会出现许多浪费，对资本的许多利用并非最有效率。然后在二十世纪七十和八十年代，随着新自由主义带来的法律与文化改变，企业的首要责任也变成股东价值最大化。"企业的社会责任是增进获利。"芝加哥学派经济学家米尔顿·弗里德曼（Milton Friedman）于一九七〇年秋季在《纽约时报杂志》上宣告道。受作业程序训练的华尔街人士影响力随着他们评估公司价值的方法而水涨船高，他们对企业应如何经营的观点逐渐成为主流。

波特观察这个经常被称为"金融化"的现象，看到它把企业变成股东的仆人，无视其他考量。"股东价值的心态变得非常强烈。"他说，人们变得"执迷"于它；它造成人们的"短线"思维，促使企业做的决定可能暂时提高股价，但实际上却伤害公司长期展望，或对员工、顾客或社会不利。"我曾担任许多公司的董事，"波特说，"我参加董事会时就有这种经验，我们担心每个小时的分数，然后开始听计分员——资本市场，告诉我们该怎么做。"

像"我们必须支付员工稳定的薪资，虽然在淡季，会让我们花许多钱，但将有助于我们长期留任员工"这种论调已经难以被接受；还有"我们需要支付员工稳定的薪资，虽然这会让我们短期和长期都提高成本，但这是正确的做法"的说法也毫无胜算。"我想我们在追求效率、金融市场成熟度，以及模型等目标时，发现许多赚钱的方法，"波特说，"但是这些都与资本主义的最终核心脱节，这个核心其实是实体经济。"企业的投资面已支配与制造东西、服务人群、解决问题相关的其他面向。

综合来看，这些改变已为企业界带来一个可从两层意义来看的合理化：它们是企业营运合理化的工具，以及同样重要的，它们是商务人士合理化自己生活的方式。波特描述的大多数情况是借由原子化作业程序进入企业世界。在它们的协助下，企业在三十年间强化做法，分析并最佳化一切运作。波特现在认为其中的一些做法已经太过头。"许多在企业各方面通常明智的做法，最后都做得太过火。"他说。

其结果是许多人生活的痛苦和混乱。现在这些作业程序正向基金会、政府机构及反贫穷咨询公司，推销自己是这些灾难的解决方案。

在与波特会面几年后，辛顿发现自己坐在另一位思考现代资本主义的资本家对面。索罗斯需要有人管理他为建立更包容的经济体而推出的新计划——最好是一个还没有完全相信作业程序的人。一个在蒙古西部有多年经验、最后进入麦肯锡和高盛的民族音乐学家似乎是完美人选。辛顿知道严格的商务训练是他的优势，却又说："可想而知，我能面试的原因是自己以前做过的其他事，而且蒙古音乐学家的那部分可能也派得上用场。"

辛顿接受了新工作，纽约和伦敦两边跑，首度迈进非营利界的新领域。他很惊讶有这么多以帮助被压迫者为职责的人，不管是在盖茨基金会、欧米迪亚网络（Omidyar Network）或克林顿基金会，都是像他这样来自咨询业或金融业的。他知道这些组织的运作方式。他说："这种方法完全没有考虑的一件事是，接受这类协助和这类建议的所谓受益者，可能对问题有着自己的解答。"辛顿描述指导那些作业程序散播者从事新公益任务的假设是："如果我们集合足够多脑力与金钱，就可以拆解这件事，就可以解决这些问题。"然后这种解决方案可以"扩大规模"。他表示，这种方式"未能认清，我们是试着利用当初制造出问题的相同工具和脑袋来解决这些问题"。

辛顿看到现在被用于对抗贫穷的作业程序，对市场世界可能会有什么好处。"如果我们可以突然变成白马骑士，以救世主的姿态拯救世界，也许世界本来就没有那么糟。"他指的是市场世界支持的体系与思想。"也许世界本来就很好，而这是资本主义救赎的机会。"

这些作业程序散播到社会问题，也给予精英机会来限制解决方案的范围。"你绝对限制了准备研究的解决方案范围，"他说，"这很明显，不是吗？如果你的车上只有说英文的人，解决方案就会以英文达成。"从辛顿的观点来看，那并不是出于恶意，"而是单纯的疏忽"。他说："那不是邪恶，也不是有意识的自我检查，而只是习惯。"辛顿提到出席那场他主持的西57街会议的非专门的专家。"那是我的错，"他说，"我认识很多的人，但是当你找人时，会找像你一样聪明、熟练的人。我是说，我们都是这样——重复旧习惯。"

辛顿不知道会议背后的大计划和基金会能否用不同方式经营，如果他相信作业程序的散播已变成殖民化，那么去殖民化会是什么样子？"我的假设是，殖民化是无可避免的，"他说，"我完全没有独立的想法，连问都没问过这个问题，我觉得那很愚蠢。去殖民化会是如何？你如何扭转趋势？让参与讨论的肤色与声音有大幅改变，我认为有必要，但这还不够。"辛顿的意思是，他指的不只是寻常的促进种族和性别的多样性，也不是维持象征。让基金会想帮助的人也加入领导阶层会如何？他问道。

辛顿正在为新的经济发展计划组建顾问委员会。"我甚至没质疑过我会寻找有丰富经验和精英资历者这一前提。"他说。但要是他放弃这一前提，并把一位小学老师（如来自印度）纳入进来呢？"事实上，我准备试试这个构想。"辛顿表示将试着让一个普通人——那些私募股权和咨询业者一直在代表他们考虑——加入进来。这表示会议本身的性质必须改变，以顺应更广泛的背景。也许最好避免使用PowerPoint，也许将必须以叙述性谈话或讲故事、播放影片的形式做报告。各种构想被纷纷提出。

辛顿信仰巴哈伊，而这个宗教的最高行政机构世界正义院曾公布一篇宣言，阐述寻求改善社会和人类生活的正确方式：

> 正义有赖于全体人类的参与，因此虽然社会行动可能涉及某些形式的产品与服务的提供，但是它主要关心的必须是在特定的人群中构建能力，以参与创造更好的世界。社会变革不是一个一群人为其他人的利益而进行的计划。

辛顿相信这个观念。在他的人生中，他觉得信仰是为数不多的足以抵消商业思维方式的力量之一。他说，商业思维的严重缺陷是"物质主义"，生意人倾向于以功利的方式看待工作，把它当成人们养活自己和获得东西的方法，但是其中还涉及精神面向："工作可能是人们在表达有生产力与服务社群的内在渴望，而不让人实现这种渴望就好像不让树木生长果实。"他表示，许多商业思想的散播者，例如他自己，同时也过着宗教或精神的生活，"但是我想宗教或精神的思维从未与商业思维重叠"。他又补充说："人们在工作生活中，不被允许思考这些事，我们已认定那是不同范畴的事，在我的圈子里，谈论宗教信仰被认为并不恰当。"

辛顿被雇用，是因为他善于运用作业程序来解决业务问题，他的价值观是他自己的问题。"那不是我被邀请参加宴会的原因。"他说。

第六章
慷慨与正义

财富就像一个果园,你必须分享果子,而不是果园。

——卡洛斯·施林(Carlos Slim)

戴伦·沃克（Darren Walker）戴着一顶俄罗斯毛帽，坐在黑色林肯轿车后座，车子正慢慢驶向西57街和他所称的"野兽肚子"。他的豪华轿车正开往因《门口的野蛮人》(Barbarians at the Gate)而永垂不朽的私募股权公司KKR纽约办公室——一家带领大合理化风潮，进行一桩又一桩融资并购案的公司。沃克是福特基金会总裁，可以说从事的是社会正义事业，他的工作是施舍金钱。

沃克的任务——在午餐会上向一群私募股权主席演讲，因为数个月前他写的一封信被公开而增添困难度。那封信打破慈善界向来带给人的愉快感觉，以尖锐与挑衅的语言提出该如何回应不平等危机的问题。这个问题本身就让许多富人感到不安，他们宁可谈论消除贫穷或扩大机会，而不是可能需要有人牺牲的更彻底改革。沃克的信把罪责指向通过慈善回馈的精英，因为他们忽视自己的共谋一面，他们后来寻求解决的问题恰恰是他们造成的。

在写这封信前，沃克在财阀之间受到一致的欢迎，虽然这并不表示每个人都不喜欢他写的信。曾任职于高盛、花旗集团及美国财政部的罗伯特·鲁宾（Robert Rubin）告诉沃克，他欣赏那封信，觉得"有新意又与众不同"。鲁宾表示，他"从未读过任何像那样的文字"。不过，许多财阀反对把聚光灯照在不平等上，而不是他们谈起来较自在的议题，如贫穷或机会。他们不喜欢沃克谈论这个问题的方式，即怪罪他们，而非邀请他们参与提出解决方案。他们不喜欢沃克把焦点放在金钱是如何赚来上，而不是钱如何向外施舍。"我只是认为你应该停止抱怨不平等，"一个私募股权行业的朋友在KKR活动的几天前斥责沃克说，"那真的引起反感。"沃克打破了在他的圈子里很重要的禁忌：鼓励富人做更多的善事，但是绝不要告诉他们少做一点恶事；鼓励他们回馈，但是绝不要告诉他们少赚一些；鼓励他们加入解决方案，但是绝不要指控他们是问题的一部分。

福特基金会网站上贴出了沃克那封信，标题写着《迈向财富的新福音》。他试着修正和更新——或是颠覆，回溯到很像我们这个时代的旧福音，这个旧福音本身改变了过去美国人协助人群的观念。

已故历史学家彼得·多布金·霍尔（Peter Dobkin Hall）是美国慈善传统的研究权威，这个传统可追溯到十七世纪末和十八世纪初，当时的殖民地商品贸易拉大贫富差距，制造出"愈来愈明显的贫穷与仰赖救济的人口，而公共部门被期待必须负责救济"。霍尔写道，在此之前，大部分捐献是捐赠给公共部门，给政府机构本身或像哈佛大学等"被视为公共法人、受立法部门监督的实体，它们都大力支持以立法部门拨款为形式的救济"。但是霍尔指出，拜国际贸易、移民、新兴起的市场经济、人口成长和天花等疾病暴发所赐，社会与经济情况日益复杂，因此鼓励美国人接手救济工作。他赞扬备受尊敬的新英格兰清教徒传教士科顿·马瑟（Cotton Mather）以一七一〇年的小册子《行善》（*Bonifacius*）重新建构当时流行的慈善观念：

> 不满足于把**行善**视为**人生职志**的人，将永远因为愚痴而被视为可怜……只有**善人**是真正**生活**的人；人若是越**行善**，他的**生活**将会越真实。**其余一切皆是死亡**，或必将死亡。

根据霍尔的记述，马瑟对于何谓行善有具体的想法，马瑟"提倡'友善地探访'贫民，运用自愿性社团提供相互支持、富人的慈善施舍以救济贫民，以及支持学校、学院和医院"。

美国在大慈善时代之前的慈善具有一个显著的特色，就是由众人帮助众人。以慈善为目的的社团在十八和十九世纪增加数倍。霍尔写到一个流行的观点："都市生活的危险与不确定性可以通过友爱的社团而纾解，这些社团在成员罹病和死亡时，会协助成员及其家庭。工匠的社团保护成员免于剥削，并寻求确保他们的工作获得公平报酬。"在十九世纪三十年代，阿利西斯·托克维尔（Alexis de Tocqueville）从欧洲游历到美国后，发现美国人不会等待国王和教宗来帮助人民，而是会组织"社团"——他让这个词变得家喻户晓，"举办庆祝会、座谈会、兴建旅馆、教堂、分发书籍、派遣传教士到偏远地区"。

随着十九世纪结束，美国人生活发生重大改变，协助发展出今日称为组织性慈善的早期雏形。学者露西·伯恩霍尔兹（Lucy Bernholz）、姬娅拉·柯岱莉（Chiara Cordelli）和罗布·莱希（Rob Reich）在最近编辑的书《民主社会中的慈善》（*Philanthropy in Democratic Societies*）中写道："人类仁慈行为的古老一如人类的历史……另一方面，现代组织性慈善的起源则是相当晚近的事。"在进入二十世纪前后，新工业资本主义勃兴，从铁路、钢铁、石油及欣欣向荣成长的其他行业，创造前所未见的财富。与今日的情况相似，不平等随着一些人把握新机会和一些人被取代而扩大，怒火积聚，平民主义的冲动狂飙。许多人认为，在之前镀金时代赚取的金钱多得离奇、得来的手段不公平，并带给少数人的权力，在一个爆发新平民主义情绪的共和国终究难以维持。同时也滋养了慈善的新观念:"不平等的加剧可能是公民礼让的敌人,却是私人慈善的朋友。"政治学家、慈善捐献的研究权威莱希在书中写道。

当时,出于利他主义和想要安抚公众愤怒的自保动机,一些年事渐长的大亨,如著名的安德鲁·卡内基(Andrew Carnegie)和约翰·洛克菲勒(John D. Rockefeller)开始回馈社会。洛克菲勒的顾问弗雷德里克·盖茨(Frederick Gates)写信对他说:"你的财富滚滚而来,像雪崩般涌至!你必须跟得上它!你必须散布它快过它的积累!"这似乎意谓新慈善的一个特色,那个时代的一股觉醒,是至少一些慈善捐献者知道必须安抚当时险恶的忧虑和愤怒。

莱希认为,那个时代诞生的新形式慈善是私人基金会,在规模和性质上都不同于过去的慈善:

> 这些基金会是具备董事会和宗旨的实体,目的在于支持其他机构并创立与资助新组织(如研究机构),寻求解决社会问题的根本原因,而非直接提供服务(以"批发"方式营运,而非"零售"),并交由私人、自治的托管人管理,聘请支薪的专业人员来执行公共任务。这种基金会的另一面是新的:庞大资源让它们得以大规模运作,有别于其他较常见的捐献基金。

换句话说,这些基金会容许少数像卡内基和洛克菲勒这种富豪在公益上捐献庞大的金钱,并且因此在国家事务上取得可与许多公共官员匹敌的决定权。新出现的大型基金会不将宗旨局限于某些福祉，而是像国家那样关注广泛的问题。新慈善由专业管理实体经营，类似于大公司和政府。由专家提供咨询，不像较没有章法的社团。洛克菲勒当时写道，"妥善而有效地做这项慈善事业"是很重要的事。芝加哥大学历史学家乔纳森·李维（Jonathan Levy）写道，这种新兴的慈善越来越与托克维尔看到的地方性谷仓募款以解决共同问题无关，而越来越变成"'非营利部门'的私人财富重分配——通常这些财富是私人资本家赚来的钱"。

尽管新慈善的规模扩大，但是社会仍有许多批评，其中一项批评是捐献的钱是如何赚来的。莱希指出，新基金会备感困扰，"因为它们代表镀金时代的强盗大亨可能以不公平方式赚进的财富"。当洛克菲勒提议成立慈善基金会，以处理不断涌进的钱时，招致强烈抗拒的声浪，谴责那些钱是不义之财。罗斯福总统（Theodore Roosevelt）说："不管用这种钱财做多少慈善，也丝毫无法弥补赚得它们的恶行。"人们对洛克菲勒不怎么慈善地垄断石油和不怎么慈善地厌恶工会仍然记忆犹新。查尔斯·毕尔德（Charles Beard）与玛丽·毕尔德（Mary Beard）曾描述强盗大亨"粗糙的富豪统治"，和他们如何"想方设法寻找较体面的保证和补偿作为遮掩"。揭弊记者马修·约瑟夫森（Matthew Josephson）在一九三四年写的历史书《强盗大亨》（*The Robber Barons*），他被认为是创造这个名词的人，书中写道，他们如何"急于捐出一部分掠夺而来的战利品，好像害怕不交出多一点钱会招致上帝的愤怒"。

其他批评集中在新慈善不但漂白了以残酷手段赚来的钱，而且将它转变为对民主社会的影响力。莱希写道，这些新基金会

"引发社会不安,因为被认为是极度反民主的机构,除非受到一群特别挑选的托管人管理,否则可能是难以根绝且不负责任的实体"。莱希引述长期担任美国公民自由联盟(American Civil Liberties Union)主席的牧师约翰·海内斯·霍尔姆斯(John Haynes Holmes)的批评:

> 我毫不怀疑现在指导这些基金会的人,例如,代表洛克菲勒基金会的人,是有智慧、见解和远见的人,而且有最良善的动机……我的观点是从民主的整体思想来看……我会觉得这个基金会及其底色厌恶整个民主社会的概念。

正如莱希指出的,今日已难以听到这种批评。"我们已走过漫长的一百年,"他写道,"慈善在今日广受尊崇,富人创立的基金会不再受到公众或政治上的质疑,而是获得公民的感激。"现在很难想象美国总统或许多具有影响力的记者谴责富人捐献金钱。的确,在偶有记者违反这个规则时,其他记者会很快强化这个规则。慈善内幕(Inside Philanthropy)网站创办人,也是这个领域少数具有批判精神的记者大卫·卡拉汉(David Callahan),最近出版一本谈论这个主题的书《施予者》(*The Givers*),而一个《纽约时报》书评人(也是同行记者)的态度,透露出这些施予者凭借一个世纪以来的说服积累了多少良缘:"许多读者会气恼地两手一摊:难道我们现在应该抱怨有钱人变得太有社会意识吗?这个作家到底想要什么?"

在二十世纪初对慈善家的顾忌很普遍时,人们很难想象到了二十一世纪初,记者会斥责同行记者批评精英权力。但是那个时代和今日不同，回馈金钱无法买到对施舍者的宽恕，无法让人无视金钱的来源并保持缄默，不会让记者感觉有必要为富人辩护，也封锁不住人们质疑为富人制造财富的体制。当时的慈善文化是人们创造出来并逐渐普及的，而在创造这种新文化的思想贡献中最具影响力的是卡内基在一八八九年写的一篇文章，当时他正是一个对未来会如何看待慈善最感兴趣的人。

卡内基以《财富》为标题的文章，被后人称为他的"财富福音"，这篇文章协助建立慈善的新愿景，不仅反驳他和其他人面对的种种批评，并且有效地瓦解批评者与质疑者的正当性，还质疑他们质疑的权利。卡内基先澄清所有对他和其他施舍者如何赚钱的严厉指控，并纾解对私人权力支配民主体制公共事务的忧虑。批评者似乎想要一个卡内基和洛克菲勒不以极端手段夺取金钱的世界，如此将使他们拥有较少可以施舍的财富，进而限制他们可以发挥的影响力。如果卡内基想要反驳这一点，就必须辩称先有极端的夺取、接以极端的施舍是最佳选项。

发表在《北美评论》（*North American Review*）的卡内基福音，先聪明地指出批评者思想的谬误。他宣称不平等是坏事，却是真正进步无可避免的代价。"人类生活的条件不仅被改变了，而且是有了革命性改变。"卡内基写道。不平等是比外表看来更好的东西，他解释："我们今日所见百万富翁的豪宅和工人陋屋的对比，反映出文明带来的改变。然而，这种改变不应该引起悲叹，而应被视为十分有益。"阶层的形成是进步向前的代价。

当然，即使不平等是进步的代价，当时崛起的百万富翁不一定要从他们的事业里压榨这么多财富，也不必然要给劳工这么低的薪资。如果没有这种贪婪，劳工就能改善陋屋，即使不是升级为豪宅，至少也有像样的房子。卡内基驳斥这种说法，他说，没有别的选择，你必须以最积极甚至吝啬的方式经营，否则只有倒闭一途：

> 在竞争法则下，雇用数千人的雇主被迫斤斤计较地计算，其中支付给劳工的薪水是重要项目，而且雇主与受雇者、资本与劳动、富人和穷人之间总是会有摩擦。

这是卡内基的两步骤思想的第一步：如果你想要进步，就必须让富人尽一切可能赚钱，甚至让不平等扩大。他说，企业家值得拥有这个许可，因为"组织与管理是罕见的才能"，其中涉及的方法是不容置疑的。卡内基写道：

> 因此，我们接受并欢迎一些必须容忍的条件；环境的大幅不平等；企业、工业和商业集中在少数人手中。

如果有人质疑这些企业管理者的智慧，卡内基说，他们的才能已被"拥有才能者总是获得巨大报酬的事实所证明"。换句话说，富人必须可以尽其所能赚钱，因为当他们可以这么做时，往往可以赚很多钱，进而带来所有人的进步。

卡内基以这些概念来有效地宣称，创造财富的经济体制是毋庸讨论的。现在可以来谈福音的另一半——施舍：

> 这引发一个问题，如果前面说的属实，这是我们必须面对的唯一问题，就是在文明创立的法律下，集中在少数人手

中的财富的正确管理模式是什么？

卡内基权衡不同的施舍财富方法，并嘲弄其中最常见的两种：交给后代子孙与在死后施舍。前者培养出庸弱的子孙，后者则是浪费潜在的帮助时间，并且让受益者等待富人死亡。事实上，卡内基有别于当时和现在的许多人，认为惩罚性的遗产税可以鼓励慈善，"在所有形式的税法中，这似乎最明智"。如果富人知道大部分财产在死后会消失，可能会在活着时就被说服捐献出来做善事。

主动施舍自己的财富，是卡内基唯一支持的方法，因为依他所见，财富属于社会，拥有就是囤积。富人应实践"适度、不浮夸的生活，避免炫耀或奢华"。对于保留的财富，他"只是比他贫穷的同胞的代理人和托管人"。囤积因此类似于从公众盗窃：

> 一辈子持续囤积大量财富的人应该知道，善用财富用于公益将会造福社会，也应该知道以国家为形式的社会不能被剥夺应得的一份。

合理化极端夺取的人在这里铺陈一项极端施舍的理论，它很动听，不只是因为施舍给大众，还宣称你不需要，而大众可以拿来利用的钱**并非真的是你的钱**。卡内基提出一个你有权想尽办法赚钱的极端思想和你有义务回馈的极端思想。"它是一个奇怪、听起来矛盾的画面，"历史学家乔纳森·李维写道，"卡内基坐在书桌前，写信给卡内基钢铁公司的助手，要求他们减薪，然后写信给另一个慈善助手，给他钱（借减薪赚来的钱）任意施舍。"

所以，对卡内基来说，不平等只是夺取阶段与施舍阶段之间的短暂状态。他写道，回馈是"财富暂时不平等分配的真正解药，是富裕与贫穷的和解——一个和谐的统治"。这种暂时不平等的思想很重要：对卡内基而言，不平等是短暂的——是进步所不可或缺，但是很快可以因为进步的果实而逆转。

卡内基似乎预期人们会反对，如果穷人的薪水提高一些，可能就不需要这么多施舍。他以充满父权的语气为暂时不平等辩护，写道："流经少数人手中的财富可以发挥提升群体的更大力量，胜过以少量形式分配给众人。"他在后续的文字中说明"少量"是指薪水。卡内基举了彼得·库柏（Peter Cooper）这位由工业家转为慈善家、是位于曼哈顿的库柏联盟的创办人为例，写道：

> 以少量分配给众多人的财富，大部分将被浪费在嗜欲的沉溺，其中有些是过度的，甚至以族群来看，一部分被用于最佳用途的金钱，例如，用来增加房屋舒适度的钱，比起从库柏研究所流出与后世将持续流动的钱，能否对族群带来任何益处是很值得怀疑的。

卡内基认为，他不能给支薪工人好薪水，不能对工作多少小时才算太长感情用事，因为将会伤害公众利益，但是他资助图书馆、博物馆与其他公共设施，最终为了满足低薪工人。他写道：

> 这是富人与穷人间必须解决的问题。累积法则将保持不变，分配法则不变，个人主义将持续，但百万富翁将只是穷

人的保管人；受托暂时为社会管理增加的大部分财富，这个方法远比社区为自己管理财富更好。

这是妥协、停战，简单地说：不要在竞争的市场阻挡我们，我们将在获得胜利后照顾你们。钱将会更明智地花在你们身上，胜过你们自己花钱。你将有机会享有我们的财富，以我们认为你应该享有的方式。

我们从中看到一个被日后的市场世界式施舍奉为圭臬的原则：以事后的仁慈来合理化为所欲为的资本主义；残酷灵魂的麻木不仁和非正义，因为后来的慈善而获得宽恕；施舍不仅帮助弱势者，而且更重要的是，可借此避免他们找强势者的麻烦，特别是以慷慨作为替代手段，可避免社会需要更正义与平等的体制，以及更公平的权力分配。

卡内基的文章发表一百二十七年后，在纽约举办的一场慈善会上，似乎每个人都已内化了它的核心原则。募款的组织帮助遇到困难、脆弱和贫穷的纽约人寻找工作、住房、技术、伙伴及安全。整个晚上分成两类舞台上的表演，以深肤色为主的年轻人和需要帮助的人，不断为捐款人跳舞，然后在表演的空当，白人老者被带上台，表达赞美，谈论他们对慈善计划的慷慨，并获得听众的鼓掌。

大多数捐款人在金融界工作，包括企业大鳄，他们借降低成本来提高利润，是威胁稳定就业的罪魁祸首之一。他们是街区改建业者，助推了房价，让像这些年轻舞者的家庭更难在城市维持生计；他们是大幅降低投资绩效奖金税率的税法受益者，但是公共财库却苦于税收短缺，城市贫困儿童就读的学校资金不足，导致很多这样的儿童流连街头，偶尔才会幸运地得到慈善济助。但是这些捐款人很慷慨，而为了交换他们的慷慨，这些故事将不会被提起。没有人会说可以说的话：如果那些捐款给计划的人以不同的方式投资、不同的方式经营公司、不同的方式管理财富、不同的方式捐款给政治人物、不同的方式游说、对于住在佛罗里达州以规避纽约市税法有不同的看法；换句话说，如果他们愿意放弃珍惜的东西，生活就不至于会如此岌岌可危。这只是在一个城市的一个晚上，但它代表的却是一个普遍、未被说出口的豁免交易：慷慨赋予赢家豁免上述问题的权利。

在迈向慈善界巅峰的路上，沃克参加这类场合的次数已多到数不清，也听够富裕白人在夸赞他的同时，却拒绝看清他们的生活与他历经艰辛才摆脱的穷苦生活之间的关联。这正是沃克写下那封挑战豁免交易信的原因之一，也解释他如何因为义愤而打破禁忌。

"看看沃克，"沃克模仿他的仰慕者的语气说，"为什么他们不能像沃克？我是说，看看沃克，他有一个单亲妈妈，打工赚钱完成学业。你知道，他没有爸爸，甚至不知道爸爸是谁。"他们对沃克的一生提出的问题是：为什么那些穷人不能都像沃克那么成功？

有一天，沃克在他的福特基金会办公室告诉我："我工作的部分内容，是提醒他们为什么那些穷人没办法都像我这样——我们做了哪些事，让像我这样的人，像我这种背景、我这种家传的人，更难以有像我今日的成就，以及我们如何有系统地让我的成功故事在未来不可能会继续出现，因为我们正在做可怕的事。我觉得自己必须这么做，我只是觉得自己必须这么做。"

不过，这种冲动花费了很久的时间酝酿，因为一开始沃克并不是慈善综合体的批评者，而是慈善事业的样板人物。他出生于路易斯安那州的拉法耶慈善医院。有钱人的家庭有自己的医院与诊所，而贫穷白人和非裔美国人则由慈善机构照顾。沃克的母亲发现自己深陷绝境：一个黑人妈妈"在这个小镇、未婚、和一个男人生下两个孩子，而且显然这个男人不会娶她"，沃克说。沃克的母亲"很了不起，虽然面对许许多多的挑战，却有先见之明与雄心"，她知道"必须挣脱困境"，于是带着家人迁居到得州自由郡（Liberty County）的艾姆斯镇（Ames）——沃克说那里是该郡的"黑佬镇"。

沃克的母亲努力学习成为助理护士，并且很快取得资格证。她总是在工作，却不足以让她远离贫穷。沃克记得，他们住在很小的房子里，电力公司或电话公司的人会因为他们未缴费而来切断服务，他会与对方商量一段缓冲期，或至少有时间让母亲出去兑现支票再回来。

有一天，一个女人到家里询问，能不能让沃克登记参加一个名为启蒙的计划。沃克的母亲同意了，虽然她并不了解计划的详情。这是慈善再度眷顾沃克，虽然慈善在计划中只扮演配合政府措施的小角色。从二十世纪二十年代开始，洛克菲勒家族和其他捐款持续资助对儿童的研究，主要地点是在爱荷华大学的儿童福利研究中心，研究学者在那里求证当时备受争议的"儿童的成功更多地取决于得到的机会，而不是遗传"这一观点。这些学者在数十年间的政治阴影笼罩下，默默地做研究。到了一九六五年，慈善变成公共政策，林登·B.约翰逊总统于五月十八日在白宫玫瑰园宣布一项新措施，确保"贫困儿童不再永远沦为贫穷的俘虏"。政府将在几周内启动两千五百个学前计划，目标是让五十三万名儿童受益，为他们在秋季上学前做准备，并治疗成千上万名病童，这五十万名入学的儿童中就有沃克。

沃克也从一位老师那里受益，即梅杰斯太太，这位慈爱又有智慧的老师告诉他，他有天分，但是他的行为可能会让他被安置在特殊教育班，那是美国教育系统安置许多黑人男孩的地方，他们几乎没有例外地最后会沦落到进监狱。梅杰斯太太的社会学知识是有根据的，沃克说："我有六个表兄弟坐过牢，其中一个在狱中自杀，他们每个人都走上那条路。"梅杰斯太太的告诫警醒他回头是岸。

沃克的经历告诉他，干预的力量不管大小，都可以改变个人的一生。但是在过程中也有一些经验提醒他，如果不改变整个体制，什么也无法改变。例如，在十二岁时，沃克因为生活需要而到餐厅打杂，好帮助母亲赚钱补贴家用。（多年后，他告诉福特基金会正面试他出任基金会领导者的受托人，餐厅的工作让他学习如何担任领导者的角色远胜于其他工作。）以沃克当时的年龄来说，他可能是非法打工，而且这份工作让他深感悲观，觉得自己好像活在人类社会的边缘。这家餐厅将沃克人生里的那些抽象事实加以生动呈现。"你在奢华、富足的屋子里忙活，里面净是生财有道的人，他们赚的钱可以在外面吃饭，支付比食物本身昂贵的钱，吃一餐饭和喝好酒，"沃克说，"你绕着屋子的边缘走，你是隐形的。即使你在客人离开后，收拾盘子和清理餐桌，你也是隐形的。你是隐形的，没有人说'谢谢你'，没有人知道你的存在。对我来说，这依然是最深刻且最重要的经历。"

尽管如此，沃克仍相信杰出人士能凭着勤奋和赚钱出人头地的美国故事，在表兄弟轮流进出监狱时，他努力进入位于奥斯丁的得州大学，获得学士学位与法律学位。他加入佳利律师事务所（Cleary Gottlieb Steen & Hamilton），而后进入金融服务公司瑞银集团（UBS），在资本市场部门工作七年。受到社会精神的感召，沃克辞去工作，并在纽约哈林区担任一年社工。这段帮助与他类似家庭的经历，让沃克深受感动。他加入哈林区的社区发展组织阿比西尼亚开发公司，专注于兴建公共住宅和一所公共学校，然后他进入洛克菲勒基金会，那里的一个同事告诉他，他不像常见的"洛克菲勒人"，不是因为他是黑人（时代已经不同了），而因为他是同性恋者。最后，沃克找到福特基金会的工作，管理数十亿美元的投资组合。

沃克在工作上的表现，加上他令人愉快的魅力、不会过于冒犯的无礼言辞与注意在场所有人，让他攀升到纽约社会的上流阶层，他是外交关系协会会员，也是纽约市芭蕾舞团董事、洛克菲勒慈善顾问（Rockefeller Philanthropy Advisors）及纽约市高线之友（Friends of the High Line）成员。沃克开始在人们的谈论中被直呼名字，"你知道，戴伦那天说……戴伦和我在研讨会里，我们……"前一天沃克参加欢迎中国国家主席访问的白宫国宴，过几天又在硅谷协助扎克伯格回忆慈善史。

即使沃克在大慈善事业中力争上游，却没有一刻忘记他和同侪的努力始终未能带来改变。有一天晚上，他在参加募款活动中接到妹妹的短信，里面附有阿姨贝尔塔葬礼的照片。沃克注意到在其中一张照片里，一名表兄弟穿着囚服，还有一个不认识的白人站在他的身后。沃克问道："这是怎么一回事？"在路易斯安那州的妹妹回答，狱方偶尔会让犯人参加亲人葬礼，只要你支付服务费，就会有一名狱警戒护犯人奔丧。隔了一阵子，传来另一则短信，是另一场葬礼，沃克的另一个表兄弟死了，家里没有钱，所以沃克的母亲出钱——用沃克为她还钱的信用卡。

沃克生活中的不一致越来越尖锐，他对自己是共犯的质疑也越来越强烈。他的年薪有七十八万九千美元；他穿着华服、结交亿万富豪、参加铺张的活动、在奢侈的餐厅吃饭、住在麦迪逊广场的豪华公寓，还可因此享有一笔他不需要的减税扣除额。减税扣除额让沃克觉得困惑，也让他深感愧疚。他住在百万富翁与亿万富豪间，他们为自己和他的公寓争取到的减税，是政府原本可以投资在他的表兄弟和所有他抛弃在得州其他人的金钱。他或其他人无论多有道德感，会放弃减税扣除额吗？当然不会，这是他开始谈论体制的原因。"为什么我们活在会发生这种事的社会？"他问道，"我们应该如何矫正？而我们这些较幸运的人必须参与矫正，因为我们一方面说'纽约的平价住宅危机好可怕'，另一方面却接受基本上已经腐败的体制。"

沃克沉思后说："我真的怀疑自己的幸运，还有我是不是太习惯了？"他表示，他的愧疚"几乎每天让自己感到不安"。

社会学家谈到"个人信用"（idiosyncrasy credits），这是一种领导者享有的资源，让他们偶尔可以创新，甚至违反群体的标准。沃克一直努力累积他的信用，"在你力争上游时，必须善于分辨你得选择打哪些仗。"他说。现在，沃克在福特基金会也攀至高峰，"人们会回复我的电话，我不必再求见罗伯特·鲁宾和罗杰·阿特曼（Roger Altman），他们会来福特基金会"。事实上，这两位先后担任过政府财政部高官的人刚刚走出他的办公室。

沃克的新地位让他自问该如何善用，该如何在这个圈子里"杠杆操作"他的地位，以帮助被他抛在这个圈子外的人，这就是他在应征福特基金会职位时，回答其中一位受托人的意思。当时沃克被问道："你想当什么样的总裁？"他回答："我想运用福特基金会总裁的平台，真正探究我们国家的结构与体制和文化操作，因为它们提高社会更不平等的可能性，并且更排挤与更边缘化一般人，特别是低收入者和有色种族。"

沃克知道他想对抗的那种世界，知道有许多不同的方法可以投入对抗，其中之一是脱离让他崛起的轨道，抛开他所称的"从达沃斯、百乐宫（Bellagio）到阿斯彭飞来飞去的、谈论消灭贫穷的那些人"。沃克曾在这种矛盾中挣扎，但也很清楚自己的出身，他是那个愤怒的餐厅打杂工和瑞银银行家的某种混合。沃克得到的结论是，所能做的就是说服那些曾让他进入这个圈子的赢家，可以说服他们，他们告诉自己和其他人的许多故事并非真实的，而且一个公平的社会是可能达成的。也许他们将看出自己改变社会的许多方法中自我保护的性质，也许。

沃克的信在二〇一五年十月上线，开始在慈善界疯传，有些人收到三四个人转传这封电子邮件。它撼动慈善界，让人们议论纷纷。沃克的新福音从他非谈不可的卡内基开始。沃克表示，卡内基文章的内容是"现代慈善的思想宪章，而它的基本准则仍是美国慈善界的支柱，进而大幅影响世界各地刚兴起的慈善企业"。沃克认为，卡内基文章的核心是，极端不平等是"自由市场体系不可避免的情况"，而慈善是有效的补救措施。

你可以想象KKR的主管读到这段话，并频频点头，**没错，是不可避免的情况**。但是沃克开始不照剧本演出，他写道，慈善界必须"公开承认面对让少数人永远享有特权，并把改进体制的任务交给有特权者的体制必定存在的冲突"。沃克已经打破了卡内基协议，他质疑富人是社会盈余的最佳和正当管理者的观念，拒绝把他的分析局限于财富在市场创造以后的情况，他感兴趣的是这些财富如何创造，以及我们有哪些创造财富的选择。"我们寻求改善的不平等背后有哪些推动的力量？"他问道。

沃克表示："我们正逼近可以用十九世纪的慈善基本理论来敷衍的极限。"他也说，马丁·路德·金可能对卡内基层层虚饰的观点做有用的补充，金称许慈善，但是并未忽略"经济的不公正才让慈善变得必要"。

金认为，检视经济不公正的情况可以发现，与拥有权力者有关，而真正的慷慨可能意味着受节制的夺取，不只是事后放弃一部分夺取的所得。卡内基认为不平等是进步的自然副产品。经济改变，新科技被发明出来，一些人想出如何利用，让他们的财富因而激增，其他人则被抛在后面，只能居住陋屋。沃克进一步描绘这种情况，认为"不平等建立在先前的条件上——已存在的条件，从根深蒂固的偏见、由来已久的种族，以及性别和族群歧视，到递减税收政策等累积为孕育不平等的体系和结构"。他的意思是指，被抛在后面和被排除在外的人，并非因为未能把握改变的机会。许多人生来注定不幸，是受制于他们、他们的父母或祖先的情况，他们居住的地方，他们的肤色或天生残疾——也是因为社会的政治选择决定要如何对待他们。沃克认为，这让超越卡内基的观点——暂时不平等是进步代价——格外重要。有钱的个人必须扪心自问："我累积财富的竞争环境公平吗？体制给予像我这样的人特权，让我的优势因而倍增吗？"富人真的像卡内基形容的，是进步果实的短暂守护者，或者他们是代代相传的进步果实囤积者？

沃克认为，社会不仅应该有权决定整体的财富如何分配，也有权决定如何创造整体财富。依他所见，若非如此，慈善家就是在做自相矛盾的事：让寻求帮助的人永远受苦，甚至加深他们的痛苦。

沃克继续表示，特权阶层现在进一步受益于让他们的语言和心态支配其他领域，包括捐赠领域，不再只是满足于拥有豪宅与轿车，现在甚至还有权力影响许多公共问题如何解决。"当我们谈论经济不平等时，"他说，"我们或许承认有一个隐藏的阶层架构，让我们把一切事情联想到资本。在生活的大部分领域里，我们把市场导向的金钱化思维置于比所有其他价值理论和观念都高的地方。"

沃克把大慈善家的权力描绘成危险的权力，像他服务的基金会受到"传承的、假想的父权支配本能"阻碍。西方慈善家往往视贫穷国家为可以任意使唤的属民，是执行者而非伙伴。大慈善家必须学习"凭借倾听、学习与激励他人，建立我们希望达成的平等模式"。沃克写道，像福特基金会这类靠着有权势者的财富建立的机构，往往本身也有巨大的权力，必须严肃地检视自己的权威与是否偏离现实："我们的特权如何阻隔自己接触不平等和贫穷最盘根错节的根本原因？"

在两千字的信中，沃克震撼了市场世界的慈善长期以来依赖的思想平台。这封信的公布标志着沃克与他长期以来经受的矛盾达成和解。和希拉里·柯恩与艾米·柯蒂一样，沃克既为体制效力又深感忧虑，他曾为自己应该采取什么立场而天人交战，他不知是该保持缄默，还是掉头离去，或加以挑战。这封信因为沃克的履历足够资深，表现杰出到被拔擢为福特基金会总裁，才凸显其重要性，但是这也许只是一个在获得晋升前就明白体制本身错了的人写的信，他拒绝让自己享受晋升的乐趣，使它丧失功用。

林肯轿车慢慢行驶在第三大道中午拥挤的车流里，沃克在思索对 KKR 该如何开口。沃克内心的压力已因新福音的公布而倒转，他已说出圈子内令人不安的真话，现在任务也相应改变：他必须留在这场竞局中，让有权势者继续听他说话，他必须挑战富豪朋友，还要做到不吓跑他们。

随着林肯轿车加油往前又刹住，如此反复，沃克思忖着这些朋友的反对意见——拜托他"停止抱怨不平等"，多谈一些"机会"。他好奇这些批评想告诉自己什么，这些富人的内心深处是否赞成他的理念，呼吁他想要的那种社会，只是偏好用较温和、较鼓舞的语言去谈论？还是他和他们想要的是完全不同的东西？

起初沃克为他们辩解，展现出多年来赢得他们信任的开放心胸。他说，他们可能不使用他谈论不平等的语言，但是"他们真的会说'不，我确实想要一个充满机会的世界'"。他了解他们对"不平等"这个词深感不安，还有为什么一些朋友会觉得他在"找他们的麻烦"。那是因为对沃克认识的许多赢家来说，他们对自己的描述是并非享有特权，而是他们辛苦赢来的。"我不是什么豪门子弟，"他想象他们说的话，"我工作得快要累死，使出浑身解数在这里对这些笨蛋演讲，试着向他们募款，或是试着贩售我的产品或任何东西,所以别说我享有特权,我每天早上四点起床,从拉伊市(Rye)搭乘火车到纽约。"

过了一会儿,沃克试图更宽厚地考虑。"我认为,要他们想要我想要的东西通常很不容易,"他说,"要意见一致很难,因为我想要的东西意味着他们必须放弃一些东西。所以这个难题是,为了降低不平等,我们实际上必须讨论重新分配。我们必须讨论公平,而那将会影响他们。"沃克想要的东西和他花了长久的时间才赢得机会想说的,是节制这一类人的权力。沃克希望他们缴纳更高的税。他希望他们放弃一流大学的校友子女优先政策(legacy preferences)。他说:"当我的朋友想讨论教育时,你说:'让我们谈谈校友子女优先入学,在我们取消强制平权措施(affirmative action)后,不也应该废除校友子女优先吗?'噢,当然不应该,人们会说:'噢,绝对不应该。'"

让他的批评者最担心的,可能是沃克对赚钱手段必须改变的看法,说富人必须缴更高的税和停止从后门进入哈佛大学是一回事,但像他现在这样即将拜访一家掠夺性企业,则是另一回事。"私募股权业的根本挑战之一是,他们最注重的莫过于效率和从他们的组合事业里压榨价值,并把这些原则变成以较低成本创造更高的生产力。因此,基本上就是裁员,"他说,"我们知道过去二十年来生产力提高并未造福员工,员工所得一直都在原地踏步。"那些资源被"压榨"了,并且展现在像KKR这种公司的报酬率上,这些钱有一部分会捐出来,以抚慰它切开的伤口。

如果这是沃克准备说的话,肯定会是KKR历来的午餐会来宾演讲中较热闹的一场。

尽管这些想法可能较具争议性,沃克确实比大多数人更可能说服像这样的听众，因为他知道如何跟他们交谈，也因为他相信他们不是坏人，他并没有诋毁他们，认为他们困在假教条的陷阱中，就像市场世界中的许多人那样。沃克归结这个教条是："你力争上游，在这个世界尽可能赚最多的钱，尽可能让这个资本主义系统运转，然后你变成一个慈善家。它是有阶段的，而且是分开的。"

沃克从观察富人学到的是，这个教条如何让人较容易感觉像是一个好人。"区隔化是应付的手段，"他在轿车后座说，"所以，当然有一些他们知道、每天看到的事会让他们惊吓，如果他们具有任何道德感的话。"但是他们告诉自己："我要利用空闲的时间，加入哈林区那所学校的董事会；或是我准备教导贝史蒂社区（Bed-Stuy）的三个黑人男孩，而且准备让他们就读耶鲁大学。"那会让他们感觉像是尽本分的公民。沃克说："但问题是，它容许你停止大脑、道德感和人性中会要求你采取行动、要求体制变革的那一部分。"

现代美国生活中很少人像萨克勒家族（Sacklers）那样实践沃克所说的一切，他们是美国最富有的家族之一，而且他们在慈善界里的生活有许多点与沃克交会：他和他们捐款的组织；他从伊莉莎白·萨克勒（Elizabeth Sackler）担任托管人的博物馆获得过一个奖项。萨克勒家族是卡内基式旧慈善福音的体现：施舍，而且是风光、深思熟虑、慷慨的施舍，相应地，期待有关金钱的来源与容许赚这些钱的体制问题不被提起。

萨克勒兄弟——伊莉莎白的父亲亚瑟·萨克勒（Arthur Sackler），以及雷蒙·萨克勒（Raymond Sackler）和莫提默·萨克勒（Mortimer Sackler）都是医师，也是制药公司普渡制药（Purdue Pharma）的共同创办人。这三兄弟大手笔捐款给纽约的大都会艺术博物馆（该博物馆因此开设萨克勒馆）、古根海姆美术馆，以及美国自然历史博物馆；华盛顿特区的史密森学会亚洲艺术博物馆，该馆宣称拥有"受世界瞩目的中国古玉器与青铜器"；伦敦的泰特美术馆和皇家艺术学院、巴黎的卢浮宫、柏林的犹太博物馆；哥伦比亚大学、牛津大学、爱丁堡大学、格拉斯哥大学和萨尔茨堡大学，以及特拉维夫大学医学院。

　　三兄弟不仅自己捐献，他们的公司也以备受赞扬的慷慨捐款给营运的社区，拨款给地方团体以"鼓励年轻人减少高风险行为，如药物滥用，获得健康的发展"；支援"希望在全国层面以及本地社区层面提高生活质量"的组织；资助教育计划以"协助医药专业人员认识并减少药物滥用"。在该公司位于康涅狄格州总部的支持下，赞助收留无家可归者的斯坦福德男孩女孩俱乐部、一所图书馆、斯坦福德皇宫剧场、康涅狄格芭蕾舞团、斯坦福德交响乐团、斯坦福德商会、费尔菲德郡企业协会、斯坦福德博物与自然中心、海事水族馆、联合劝募协会，以及抗乳癌健行活动。

　　在美国与世界各国的权力和影响力中枢，想不看到萨克勒家族的慷慨事迹是很难的事。但是，沃克现在提出一个问题：施舍者是否不但有义务贡献给解决方法，也必须回答他们在造成问题上扮演什么角色？

　　在企业事务上，萨克勒家族推行的做法起初只是引人侧目，后来则引发严重的法律纠纷。据《纽约时报》报道，亚瑟·萨克勒"被认为（有些人会说是始作俑者）是推出制药业较具侵略性营销技巧的人,例如,为医生举办大会,让参与者了解赞助公司的药品疗效"。此举影响了后来许多药品的营销方式,但是普渡制药及其关联企业影响美国社会特别大的,是它从一九九六年开始销售的止痛药奥施康定(OxyContin)。这是药效很强的镇静剂,对严重的疼痛可提供十二小时缓解,刚开始,广告宣称是一项突破,缓释配方较不易于导致成瘾和滥用。

《纽约时报》说:"这成为制药公司有史以来为麻醉止痛药开展的最激进的营销活动的关键。"除了在大会上喝酒、吃饭外,奥施康定的营销人员,包括普渡制药的伙伴亚培实验室(Abbott Laboratories)也展现出招揽医生的高超手段——根据医药刊物 STAT 报道,比如一位不愿拨出时间和药品销售代表会面的骨科外科医生,直到他们找到该医生的弱点。STAT 揭露,药品销售代表在一份备忘录中指出:"护士与办公室员工告诉我们,要吸引他注意、发展我们的关系,最好的方法是通过垃圾食物。"销售代表很快就按照建议行动。亚培实验室的代表隔周带了一盒甜甜圈和其他点心到访,这些甜食还特别排成"OxyContin"的形状。这一次,医生肯定销售代表说话了。STAT 报道:"此后每周亚培的销售人员都来拜访医生,要求至少让三名病患改用奥施康定止痛药。"

普渡制药也采用向全科医生推销奥施康定的策略,因为他们通常在治疗严重疼痛和察觉病患滥用止痛药上,比起像骨科医生等专科医生有训练不足的缺点(或优点,视观点而定)。全科医生的人数当然比这类专科医生少,为奥施康定投入大规模的营销攻势让普渡制药从二十世纪九十年代中期的一家小药品制造商,到二〇〇一年盈余激增到近三十亿美元,其中有五分之四来自奥施康定。

奥施康定是一种威力强大的抗疼痛新武器，却也很快变成被滥用的街头药物。它原本应该被吞服，以发挥缓释效果，但是根据《纽约时报》报道："不管是药物滥用的老手还是新手，包括青少年，很快都发现咀嚼药片，或是捣碎它，以吸入粉末或用针头注射，就可以制造有如海洛因的强烈效果。"因此，奥施康定开始制造出越来越多的使用过量与死亡，特别是发生在农村地区的穷人。这些在新千禧年前后的死亡事件，是几年后所谓的全国性"阿片类药物滥用"（opioid epidemic）的初期迹象。正如《纽约客》报道："虽然许多致死使用过量案例是非奥施康定的阿片类药物造成，但这场危机初期的快速恶化却是处方文化转变所造成——由普渡处心积虑促成的转变。"疾病防治中心在后来的报告中说，阿片类处方药使用过量致死案例在一九九九年到二〇一四年间增加四倍，在二〇一四年夺走一万四千条人命。在同一年，近两百万名美国人"滥用或依赖阿片类处方药"，且四分之一并非患癌的病人必须竭力对抗成瘾。阿片类药物每天送超过一千人进急诊室。在网络论坛上，有许多人交换心得，讨论让自己最亢奋而不送命的最好方法：

主题：咀嚼或吞服整颗？
千万记住你的耐药性会提升非常非常快！
我今天吃两粒八十毫克的，早上十点、晚上十点各一粒。
那是三年的经验换来的，因为我有两种严重的病需要缓解疼痛，但两粒半或二又四分之一粒就能应付。我周末会放松限制，但是也要看从事多少活动而定，像走路……

小心，我一开始每天吃四粒二十毫克的……现在每天总共三百毫克。

你最好不要因为手边没有药而药瘾发作，去年十二月二十四日我就是这样，当时我一周都没药吃，让我吃足苦头。

有时候没有人预见到会发生这样大规模的社会问题，这就是一个例子。在二〇〇一年，奥施康定和其他阿片类药物的销售飙升，西弗吉尼亚州雇员医疗计划的官员注意到发生奇怪的事。作为州级雇员的承保人，他们会收到雇员死亡的相关文件，包括法医开具的死因报告。根据 STAT 报道，他们注意到死于羟考酮（奥施康定的有效成分）的人数大幅增加。这些官员对这种药物很熟悉，因为参保人中间这种处方药的摄入量暴增，从一九九六年总值一万一千美元增到二〇〇二年的两百万美元。

这些官员很快公布这个发现，要求立法规范医生在开奥施康定前必须先取得授权，限制这种药物只用于真正需要的人，避免已知的药瘾者和其他有滥用纪录者取得。但是 STAT 报道，这些努力遭到普渡制药激烈抵制，使普渡制药在二〇〇一年的"第一优先"要务，变成击退任何限制奥施康定处方的企图。根据此媒体取得的一份备忘录，描述该公司在西弗吉尼亚州的年度目标，颇瞩目的就是，"阻止任何要求奥施康定事先授权的努力"；另一份备忘录则提到与西弗吉尼亚州官员的一场会议，目的是"阻碍"官员减缓奥施康定处方的任何努力。

正如一名前普渡制药的管理者向 STAT 解释："我们希望开任何药物都不需要事先授权。"官员努力让这个问题受到法规管制，但是普渡制药却发现一个巧妙的回避方法,利用所谓药品福利管理业者的第三方公司,确保西弗吉尼亚州居民可以不经事先授权取得奥施康定。普渡安排如果药品福利管理业者可以无须事先授权处方奥施康定,即能获得该公司支付的"退款"。

面对公众时,普渡制药设法塑造遵循公司与创办人慈善精神的形象,它的存在是为了帮助他人,和该州官方一样急切地想避免药物滥用或伤害。尽管如此,根据州律师提出的动议:

> 和普渡制药企图描绘的帮扶与合作的形象相反,其雇主积极且秘密地试图阻止西弗吉尼亚州实施对奥施康定销售的任何管制。

STAT指出,西弗吉尼亚州麦克道威郡(McDowell County)变成"煤矿坑里的金丝雀,预警全国性阿片类药物危机的降临"。回顾二〇〇一年,保险公司发出警讯时,该州因阿片类药物使用过量致死率是每十万人里有六人死亡,麦克道威郡则已达到每十万人里有三十八人死亡,而这正是西弗吉尼亚州命运的前兆,在后续十年,全州的死亡率增加三倍多,成为美国所有因处方止痛药致死比率最高的一州。如果该州官员规范奥施康定处方的立法举措顺利实施,许多死亡案例原本可能避免。麦克道威郡警长马丁·韦斯特(Martin West)对访问的记者说:"我每晚在这里听警用无线电,第一个呼叫的都是用药过量,这种情况实在很可悲。"

同时,《纽约时报》报道,当美国各地的公务员也开始担心这种药物容易成瘾和滥用的倾向时,普渡制药展开反击,"宣称该药品的长效性质让它比传统镇静剂较不可能会被滥用"。美国司法部驳斥这种说法，当时担任弗吉尼亚州罗阿诺克（Roanoke）检察官的约翰·布朗利（John Brownlee）表示："普渡声称奥施康定较不易成瘾、较不致被滥用和不当使用是错误的——该公司知道说的是假话，恰恰造成这种处方药的全国性滥用问题。"他补充，这种药品的欺诈式推广"对弗吉尼亚州以及美国各地的许多社区带来破坏性影响"。布朗利对普渡制药提出诉讼，普渡制药在二〇〇七年同意和解，承认以"蓄意诈欺或误导"方式行销奥施康定，并同意支付六亿三千五百万美元的罚款和其他费用。

这是同类案件中支付罚款最高的一起诉讼，但与奥施康定带来的暴利相比只是小小的代价。二〇一五年，《福布斯》杂志公布萨克勒家族是年度富豪家族排名中"最富有的新进榜者"，资产净值高达一百四十亿美元。该杂志指出，这个家族已超越"布什家族（Busches）、梅隆家族（Mellons）及洛克菲勒家族"，并问道："萨克勒家族如何打造美国第十六高的财富？简单的回答是：制造二十一世纪最受欢迎也最具争议性的阿片类药物——奥施康定。"

这个问题的另一个回答可能是：凭借公共利益的守护者每次尝试保护公民时横加阻碍。后来的报道揭露，布朗利在获得普渡制药认罪的前一晚曾接到不寻常的电话。据《华盛顿邮报》指出，司法部资深官员迈克尔·艾尔斯顿（Michael Elston）用手机打电话给布朗利，"要求他暂缓这个案子"。布朗利拒绝了他的上司。该报说："八天后，布朗利的名字出现在艾尔斯顿列出的一张建议开除的检察官名单上。"那是小布什政府尝试大幅削减检察官人数计划的一部分。布朗利没有丢掉工作，这份名单被公开后引发争议，艾尔斯顿被开除。那通电话谈了什么？根据艾尔斯顿的说法，他的上司司法部副部长保罗·麦努提（Paul McNulty）在接获代表普渡主管的辩护律师要求延缓时间后，要他拨打那通电话。

萨克勒家族只是美国众多可能被沃克文章激励而回顾过去的家族之一，沃克唤起他们注意的，不只是他们的作为，也是他们运作场域形成自身优势的体制。

尽管奥施康定和萨克勒家族的资讯很容易获得，但市场世界却拥抱该家族的善行、对伤害保持缄默，对该家族成员最常见的形容词是"慈善家"。

慷慨无法取代公正，正如市场世界俯拾皆是的情况，在这个例子中却被容许发生。因萨克勒家族慷慨捐赠而获益的机构，对于要求该家族因挑起一场全国危机而进行补偿并不感兴趣。慷慨往往在有权势者聚集处显现，而不公正往往发生在看不见的地方，像麦克道威郡；有关麦克道威郡的讲述几乎无法与馈赠大都会美术馆一份厚礼的媒体报道竞争。慷慨是以百万美元计算，而不公正却协助创造一百四十亿美元的财富。根据《纽约客》报道，从一九九九年以来，有"二十万名美国人死于奥施康定和其他处方阿片类药物的使用过量"。

沃克在信中引述金博士的话，呼吁像萨克勒家族这些捐献者不应只捐献，也要"扭转**需求曲线**朝向正义"，这并不容易。

林肯轿车已行驶到第49街和第三大道，沃克正在谈他如何尝试把信息传达给富人——不管像萨克勒家族的慈善家、KKR里的那些主管，还是他能打动的任何有钱有权的人。

他以两个颇受欢迎的现代金句来概括，关键在于"设身处地认识人"与"不带批判性"。沃克以一个比喻说明自己看待事情的方式，当他在哈林区工作时，要让父母带小孩到约诊的医院很难。我们会忍不住批判和批评：**我们试着帮助你们，你们却懒得从沙发起身**。沃克说，他知道那不是正确的方法，他知道他们会有自己的逻辑、自己的故事。"你径直闯进去说：'你们是输家，你们不对……'你必须了解人的处境。"

"这是我很清楚的观点，"沃克继续说，"所以我们要设身处地。"他现在说的是那些有权势者。"在他们的处境里，他们真的相信自己正在行善，在给我们的经济做贡献；在贡献给税基；在通过自己的个人捐献与承诺给基金会或其他机构来做大慈善，那就是他们的处境。"

这个比喻很发人深省，因为它显示出"不批判"这一伦理，原本为了保护弱者却也能用来护卫强者。"设身处地认识人"，用在哈林区一名有精神疾病的妈妈、做三份工作、照顾两个孩子和应付医院约诊是一回事；但面对一个私募股权大亨时，则是截然不同的另一回事，他真的应该像底层贫民一样，设身处地被认识吗？

安坐在林肯轿车中，沃克表示在我们的时代，财富和权力的集中正造成"中产阶级的空洞化"和"民粹主义、国家主义、仇外的强烈反扑"。在世界各地，沃克说，愤怒与报复的政治情绪逐渐高涨，"因为人们真正感觉到从现代以来未曾感受过的痛苦"。不过，富人不想谈论这些，他们想谈机会。"好吧！让我设身处地认识你，"沃克说，"让我们谈机会。"

尽管如此，要沃克在会议室或大厅继续听另一个继承巨额财产的年长白人大亨解释"为什么重点不是不公平",仍然会让他感到恼怒。他在轿车上说出没有说出口却似乎幻想着告诉他们的话:"你们很幸运,活在不必应付现实的世界里。"不过,沃克打起精神准备面对KKR:"我将设身处地认识你。"

许多市场世界的人不想问自己,沃克所问的钱从何而来的问题,但是也有一些人愿意问这些问题,并且真正努力追求答案和摆脱自己的合理化罗网。

凯特·科尔(Kat Cole)是焦点品牌(Focus Brands)首席运营官,这是西那邦(Cinnabon)、安缇安(Auntie Anne's)、Moe's Southwest Grill、小快船(Carvel)及其他食品公司背后的私募股权公司。有别于许多已经聚积财富的慈善家,科尔是仍有机会遵循沃克新福音中施与受观念的女企业家。另一方面,她的人生可视为一个研究案例,说明了沃克所反对的论点以及如何将其合理化。

科尔十七岁开始在猫头鹰餐厅工作,她加入一家长期以来让某些人觉得有道德争议的公司,理由则是和许多人一样:为了生存。她在佛罗里达州杰克逊维尔(Jacksonville)长大,家里原本属于中产阶级,父母拥有两辆汽车,在众多亲戚里是唯一的。他们从事白领工作,而亲戚中有不少人住在拖车停车场,在断断续续的工作(垃圾场、工厂、开卡车)、入狱、吸毒成瘾中轮转。科尔的父亲后来变得酗酒,她说父亲经常不在家,不再是可靠的丈夫或父亲,让妻子和家人过着悲惨的生活。

科尔九岁时,母亲对她说:"我没办法了,不知道该怎么做,但是我们非离开不可。"向来以务实自诩的科尔记得,她一点也不生气，"我只是想着，你早该这么做了"。科尔的母亲很快陷入更贫困的家庭生活，她和三个女儿每周只有十美元的食物预算，饮食主要是午餐肉（Spam）、罐头肉、罐头豆子和求其汉堡。科尔的母亲继续做秘书工作，晚上与周末则兼职做其他工作。几年后，科尔的母亲再婚，家庭总算稍微稳定一些，但是之前几年贫穷的生活塑造了科尔，让她在加入职场后，不断思索对其他未被幸运之神眷顾或没有更好选择的人有什么责任。

科尔十五岁开始在商场卖衣服，高一去猫头鹰餐厅工作，第二年从领台晋升为服务生，这足以让她辞去零售工作，还能存钱就读大学。虽然这家餐厅以服务生的胸部作为卖点，并号称"愉悦的粗俗"，但是科尔却发现这带给她力量。她只是一个高中生，后来上了大学，每做一班工作可以赚取多达四百美元（虽然可能不会有人相信，科尔坚称这家连锁餐厅从未促销胸部，"而是促销'整体的性感'"）。

科尔是一个优秀又能干的服务生，如果需要有人到厨房烤鸡翅，她可以做；如果酒保不在，她可以照料酒吧。这些技能让科尔受到经理人注意，当总部在寻找人才时，她的名字浮上台面，在二十岁被拔擢进入总部的管理团队。科尔周游世界，开设新加盟店。她的薪资与职责逐年增加，变成一颗明星。

在后来担任的职务中，科尔变成激励女性领导者的楷模，她被要求担任年轻女性的导师，并在集会中对她们演讲。科尔是多才多艺的角色模范，因为她曾在猫头鹰餐厅担任各种职务。

起初科尔看不出自己"获得权力"和"猫头鹰餐厅是什么"之间的矛盾，这家连锁餐厅是杰克逊维尔的地标之一，她说："在佛罗里达州，没有太多人对它大惊小怪。"餐厅的地点离科尔小时候的家不远。在高中时，那里是每个人周六晚上会出现的地方，包括棒球队员、足球队员、啦啦队员。"那里给人的感觉并不怪异、阴暗，不是在剥削女性，因为你走进去看到的那些女孩都很开心。而且在你是高中生时，看到那些漂亮的女孩自得其乐，在自己的角色上握有掌控权，她们几乎是以各自的方式成为小名人，看起来真的能够激励人。"她们看起来也比 Applebee's 的服务生快乐很多。

此外，随着业务扩大，这家公司也让女性担任领导职务，通常是从内部晋升，而且大多数是把穿着清凉的女服务生变成经理。"因此，我从亲身经历得到的第一印象是，'这是一个女性发展的绝佳职场'。"科尔说。偶尔会有喝醉酒的男人搭讪服务生。不过，科尔也有在 Applebee's 工作的朋友，那里会发生同样的事，即使不那么频繁。"我看到的只是有自主权的女性。"她说。

科尔很感激公司为她做的一切，并竭力为其辩护。当她晋升到管理团队，并在会议场合递出名片时，会看到人们眼中充满批判。她还记得有一个女人说："你为一家剥削女性的公司工作也就罢了，竟然还帮助它扩张！"科尔给对方一个自己深信不疑的回答："我们不剥削女性，我们雇用女性。"

科尔正为如何将体制合理化奠立基础，那是许多商务人士必须建构的、用来平息自己和其他人的怀疑所不可或缺的。她可以看到许多实在的好事，对她来说已经足够。她没有开放心胸去质疑公司对一个更大、更抽象又较难感觉到的体制造成的负面影响。

科尔最后成为公司的执行副总裁。在攀升到高阶职务时，她的合理化理由是，无论别人感觉受到什么伤害，都可以被善行抵消。她继续推进学费报销计划,帮助女孩完成大学学业;建立一个履历填写计划,协助离开的员工"清楚表达她们的工作经历,如何以最佳方法减轻她们会遭受的批判"。

不过,科尔不希望猫头鹰餐厅是她"唯一的故事",她重回学校,借着晚上和周末上课取得企管硕士学位(虽然没有学士学位)。一家私募股权公司聘请科尔担任旗下西那邦公司总裁,后来又被拔擢为母公司焦点品牌的资深主管。到了西那邦后,科尔需要新的合理化。当时她负责推出许多人们最好少吃的新产品,她坚持称西那邦是一家"烘焙公司"。她说:"实际上,它是一家烘焙公司,已有数百年历史。"科尔似乎觉察到自己的话有问题,所以又补充:"我们只是添加更多糖,这对有两百年历史的烘焙公司来说是有意义的改变。"

这个相当鲁莽的合理化,和其他更动听的说辞掺杂在一起,例如,既然一定会有糟糕的产业,那么就该让好人来经营。"如果在自由市场社会有这种需求,不管是高糖食品或酒,还是餐厅里有穿着暴露的女服务生,它就会存在,"她说,"所以既然存在,重要就变成该如何存在。"这个合理化很重要,因为它不仅表明像科尔这样的人将才华倾注给猫头鹰餐厅这样的公司是可以接受的,而且可能比用在更高尚的地方更可取。如果此类企业继续存在于自由市场,重要的是如何经营,拒绝为其工作将无法解决问题;事实上,将会扩大错误的领导者、采取错误的方法做事,而不是由你来领导做事的可能性。

科尔也告诉自己,她向大众告知西那邦的肉桂卷实情,已算尽到职责。她说:"我们清楚地说明它是什么。我们告诉你,它用了很多糖和脂肪,被标示为放纵食品,我甚至会在媒体上表示,早餐、午餐和晚餐不应该吃这种东西。"同样,你必须拉近焦距,才能让人忽视体制与结构的问题、更复杂的不良饮食习惯以及营养选择与肥胖的问题。

科尔认为,她试着把有害产品透明化是较真诚形式的企业美德,胜过卡内基提倡的道德补偿。她说,这让品牌避开为它们可能协力造成的问题去做个弥补,因为依她所见,这种弥补是不对的:"我们如果为青少年肥胖基金会捐款恐怕很虚伪。"她认为,告诉顾客你的产品可能对他们有害,不能经常消费,在道德的衡量上可能是"制衡"广告的最佳方法。

科尔对自己的合理化是坚定而真诚的。如果沃克是想要改变赚钱的体系本身,改变企业的做法,他不仅是挺身对抗强大的企业利益和它们的游说者,也是在对抗成千上万像科尔这种人的心理,以及一种无须愤世嫉俗或麻木不仁就能造成伤害地看待生活方式。这种看待事物的方式,让看待者习惯于四周的更大体系,不把这些体系视为你的问题。

在沃克拜访KKR几个月前的一个晚上,他坐在办公室里思考慈善家劳瑞·提施(Laurie Tisch)将在现代艺术博物馆(Museum of Modern Art)颁奖给他。颁奖后,还会"在圣瑞吉斯酒店(St. Regis)举办八十人的小型晚宴"。沃克很兴奋,因为和KKR的午餐会一样,他觉得这类活动是"破坏的机会"。"我不是要说'你们这些富人真可耻',"他说,"我只是要提出问题,质询并谈论一些让人不舒服的事,例如财富、种族、特权和正义,以及我们所有人在促进与削弱正义上扮演的角色。"

沃尔特·艾萨克森(Walter Isaacson)是市场世界的神庙之

一阿斯彭研究所的所长,将在台上采访他,而沃克很清楚艾萨克森想听到他奇迹般的人生故事。"我可以保证艾萨克森会提到这个,他向来如此,这没有什么问题,"沃克说,"这就是目的,所以我的说服法包括给他想要的东西,告诉他我的故事,以此提醒人们,我们生活在一个像我这样的人可以实现梦想的国家。"但这只是沃克想说的一半话,"在此同时,我们必须说:'好,所以你相信这个故事,对吧?'"——他模仿大多数是白人的听众赞叹的声音——"**是的,我们相信这个故事,我们相信你的故事**。然后你必须协助人们描绘一幅图景,即像我这样的故事在未来想达成与实现的机会很小。我的历程、我的故事今日可能永远不会发生,原因是我们了解的。当我搭上阶层攀升的电梯后,发现在这过程中以各种方式帮助我上升的事物不是已经消失,就是已经变弱,甚至变得会让我下沉。"他说,在这样的场合下,修辞要着眼于让财阀"感觉美国真好",让他们"觉得自己真棒",然后用这种感觉软化他们,说服他们——他们的美国必须改变。

提施是一位对沃克呼吁的根本改变、开展关于正义的新对话感到心动的慈善家,但是她也纠结于要如何达成目标。提施继承的家族财富估计有二百一十亿美元,她已故的父亲普雷斯顿·罗伯特·提施(Preston Robert Tisch)是洛兹公司(Loews Corporation)创办人,家族借此赚进大部分的财产。这个家族是美国以慷慨知名的家族之一,尤其是在纽约,提施的名字出现在每个慈善活动里。拜乐善好施所赐,她是惠特尼美国艺术博物馆(Whitney Museum of American Art)托管董事会共同董事长、林肯中心(Lincoln Center)托管董事会副董事长、阿斯彭研究所托管人之一,以及曼哈顿艺术教育中心和儿童博物馆(Children's

Museum of Manhattan）前董事长，同时也是纽约巨人（New York Giants）橄榄球队共同业主。

以和她一样的富豪的标准来看，提施对她的财富持矛盾的态度。不久前的某天早上，她坐在纽约洛兹饭店丽晶烧烤酒吧的角落长沙发上，谈论她常认为自己是家族"局外人"的原因。也许是因为她是同辈人中唯一的女孩，被两个兄弟和四个堂兄弟包围。她骄傲地说，她是第一个姓提施的女性，这个姓是从一个太长的外国姓氏缩短而来，她的祖父母在二十世纪初从俄罗斯移民到美国，在布鲁克林区本森社区（Bensonhurst）重新扎根时变更了姓。

约六十五岁的提施回忆，她在密歇根大学求学时正值越战接近尾声，她参与了可含糊地称为"有点激进的政治活动"——校园示威之类的，"不是丢掷炸弹"，她和伙伴试着阻止大学储备军官训练团（ROTC）在密歇根大学招募。虽然提施来自后起的富豪家族，却认为资本主义是"肮脏的词"。大学期间，有一天她通知父母，准备开车到华盛顿参加一场示威游行。"让我弄清楚，"她记得双亲之一回答说，"你准备驾驶我们买的车，到华盛顿高喊'解散大企业'，是这个意思吗？"一辆拜他们的公司生意兴隆所赐而买的汽车。最后提施取消了此计划。

当时的提施既反对体制，却又是该体制的体现，她笑着说，它意味着"始终觉得头痛"。尽管她的思想和对策这么多年来几经改变，这种基本冲突与头痛的感觉却从未消失。

冲突带来的愧疚感逐年加深，那是一种富人朋友在告诉提施去哪里做脸、坐飞机去哪里水疗、买哪一幅画——这些富人告诉她"你当然应该这么做，你值得享有"时似乎感觉不到甚至不了解的感觉。这种愧疚让提施自问:"我值得享有,因为什么?因为我继承了很多钱?"她曾向沃克提到这种愧疚,沃克事实上认为这种愧疚很合理,并把他的职业生涯押注在施舍并不够上,但是他出于尊重没有跟提施明说。"他叫我不要有愧疚感。"提施说。为了平息她不正义的共犯感,沃克称赞她的慷慨:"那种感觉很荒谬,看看你正在做的事!"但即使是沃克也不够迷人到消除她的罪恶感。提施表示,她大半辈子为此所苦——"内心纠结,有点精神分裂,有点虐待自己。"提施喜欢开玩笑说,想向她募款的非营利组织应该追踪她的信用卡账单,因为每当她的支出激增时,愧疚感也随之上升,捐款的意愿也会跟着变得强烈。

不过,对提施来说,这种愧疚不只是一个要管理的情绪问题,也是一种刺激,督促她相信和做自认为正确的事。"你什么时候才能摆脱愧疚感?"一个朋友很久以前曾问她,毕竟她已捐出这么多钱了。"但愿永远不能,"提施回答,"它是我的罗盘。"愧疚感并未让提施停止从一个她认为不正义的体制中获益,但是能让她避免忘记这个事实,并激励她做能做的事。提施表示,她成立个人基金会的原因之一是"消除愧疚感,转变为更有用的东西,但是它将永远留存一些"。它会留存的部分原因是,提施知道她的施舍"不是体制性改变或系统性改变",她说:"我要把这个工作留给子女。"

但是如果提施够诚实的话,愧疚也给予某种她不愿意割舍的东西——一种比没有愧疚感的富人和比她更放纵的人更优越的感觉。感到愧疚、反省参与共谋的提施,让她成为沃克争取说服的目标——呼吁一种较公平、较少引起愧疚的经济体制,而不只是事后的施舍。但是在真正面对一种不同的体制会对她有什么影响时，提施的自我保护本能开始压倒那些愧疚。

提施真的认为遗产税应该课得比现在重——就像许多国家那样吗？她开始局促不安。"我的意思是，理想上绝对应该，富人和穷人之间不应该有这么大的差距，不该如此。"她说。不过她是否认为，如果她不能继承拥有那么多钱，社会会变得更好吗？这对她比较困难。"我很幸运，能做我可以做的事。"提施指的是继承的金钱让她得以参与慈善。"但我是否认为它是最公平的体制？可能不是。"

所以提施应该缴更多税吗？她的子女继承的财产应该缴更多税吗？"你必须比我多学一点历史，"她说，"我的意思是，那是一个令人鼓舞的梦想。"提施似乎在暗示，对像她这类人的家族课重税理论上是对的，但是也许仅止于理论。而有时候她也不确定这个理论是否正确：如果富人的子女不继承大笔财富，不就必须继续追逐财富，到华尔街或其他地方，反而没有那么多时间来帮助其他人吗？

提施相信一个较少继承财富的社会会更好吗？"会不会更好？"她说，"我是说，也许不贫穷会更好。"

那么，提施会支持这种变革吗？"所以我才说自己没有学好历史，因为那是令人鼓舞的梦想。"她说。换句话说，那是一个乌托邦，听起来很美好，但是她认为自己知道得不够多而不足以拥抱它。过了一会儿，她又说："但是在比较接近这个理想的国家，是不是较好的社会？也许。"

但是我们也必须知道，在像斯堪的那维亚半岛上较富裕的国家，像提施这样的人必须拿来施舍的闲钱也会较少。"你没有施舍那么多钱的需要。"她说。当情况没那么糟时，你也没有那么多问题要解决。

然而既然我们的体制如此，提施是否看到调和她的抽象立场与实际生活方式的路径？她似乎并不这么认为。"我想那就像我们的上一任总统或任何总统很支持公共教育，却把小孩送到私人学校一样，这是同一层次的问题，我没有简单的答案。"她说。

在与她类似的富人对政治施加影响力的问题上，她同样感受到冲突，她是否认为这种影响力应该被节制？"你认为理论上这很棒，却不想变成唯一不这么做的笨蛋。"她说。她认为竞选财务体制不公平，并且了解这种不公平与被淹没的声音，和她后来通过慈善纾解的社会排挤间的关系。但是当谈到支持希拉里参选总统时，她说："我参加过多少场两万五千美元和五万美元的募款会？"提施的前夫唐纳德·舒斯曼（Donald Sussman）一直公开为一种逻辑看似很扭曲的反巨额捐款的巨额捐款辩护。舒斯曼是对冲基金经理人，据说献金四千万美元给民主党的超级政治行动委员会（PAC）和其他外围团体，这让一些人称他是二〇一六年希拉里竞选的最大支持者。他告诉《华盛顿邮报》，他的动机是想消除像自己这种巨额捐款人的影响力。"如果你的目标真的是让金钱退出政治，捐数百万美元是很怪的事，"他说，"我是公费竞选的强力支持者，认为要达成这个目标唯一的方法是，支持像希拉里国务卿这样的人，以承诺解决由联合公民诉联邦选举委员会案中制造出的不幸灾难。"为了改变现状，你不得不向现状屈服。

逃脱现状有多难，对提施来说显而易见，尤其是关于让她最有愧疚感的财富：卖烟得来的钱。据《纽约时报》报道，一九六八年洛兹公司曾"利用大众对抽烟的健康隐忧日甚的机会，以低价买进一家烟草公司"。被收购的公司是生产新港（Newport）烟的罗瑞拉德（Lorillard）公司，这家公司因生产一种更吸引人又更有害的烟、并且瞄准非裔美国人而备受争议：掺入薄荷口味让它更容易吸引人吸，而且超高含量的尼古丁更容易上瘾。一九九四年，当七家烟草公司的主管并排坐在国会否认香烟对健康有不良影响时，提施的堂兄弟安德鲁·提施（Andrew Tisch）也是其中之一。在被问到他认为吸烟和癌症是否有关时，他说："我相信没有。"次年，她的叔叔劳伦斯·提施（Laurence Tisch）——当时担任哥伦比亚广播公司（CBS）董事长，封杀一集有关烟草业吹哨者的《六十分钟》（60 Minutes）节目而引发公愤。（后来拍成的电影《惊爆内幕》〔The Insider〕便是关于该吹哨者；那集《六十分钟》节目在洛兹公司宣布将出售哥伦比亚广播公司后才播出。）

提施知道这些事，并且必定知道有人因为那些香烟与那些自保的欺骗而死。她有时候在人们感谢她推广艺术、投资在年轻人，或捐款给哈林区这类非裔美国人社区以支持健康食物时，就会想到那些烟。没有人知道那笔债能否偿还，或是拯救的人命能否弥补被偷走的人命。但是提施表示，当感谢她的人不知道那些烟钱时，她总会有愧疚的反应。她说，在不同的情况下，"他们知道那些烟钱，我反而会想为自己辩解"。她自问："烟比酒精不好吗？酒精比糖不好吗？所以当我为这件事被批评时，也会想为自己辩解——说我的家族不应该捐钱给医院做这么多事。"当她听到人们说烟钱不配捐给拯救人命的医院时，就会感到不平，为什么她的家族是唯一被批评贩售有害产品的笨蛋？

尽管如此，带着愧疚罗盘的提施大声为自己辩解。"我认为诚实的好人也可能把利用体制合理化。"她说。他们要怎么合理化呢？他们会告诉自己，这就是我们的体制。"本来就是如此，"她说，"为什么我要当唯一的傻瓜？"

在她的不愿意当唯一傻瓜中，提施显露现状对她的掌控。她一再地谈到一种最终不情愿牺牲的理想。对她来说，感觉比富人朋友更优越很重要，却不愿意带头冲出去，当唯一不利用她知道错误的体制的人。提施再三承认不愿意带头实现她深信正确的世界这件事，对沃克传达了一个信息：如果他想要一个更公平的体制，像提施这样的人将不会跟着一起追求；他可能得到他们的道德支持，却不能指望他们决定要改变造就他们一切的体制。

"既然可以利用体制，为什么他们会想要改变？"提施说，"他们可能捐出更多的钱，却不想激进地改变。"

她能不能想象有任何事能说服他们改变想法，能激励他们追求更公平的体制？

"革命，也许吧。"她说。

最后，沃克的轿车停在西 57 街 9 号前，他被指引上楼。面带微笑的接待员接过他的骆驼毛外套和毛帽。KKR 的投资人关系部主管，也是传奇华盛顿权力掮客弗农·乔丹（Vernon Jordan）的女儿珍妮丝·库克·罗伯茨（Janice Cook Roberts）与沃克笑谈她父亲的事。接着沃克遇见另一位主管肯·梅尔曼（Ken Mehlman）。梅尔曼曾在担任共和党全国委员会主席时，协助共和党推动反同性恋运动，直到几年前被爆料本身就是同性恋而下台，然后开始为争取同性恋权利而努力。和卡内基一样，他做了不得不做的事，现在是在赎罪阶段，虽然这种赎罪是以在KKR工作的方式进行。

会议在一个大房间举行，一侧是自助餐台，房间摆满优雅的白色皮椅。与会者大多数是资历浅的年轻员工，看起来都像是还没有爬升到能畅快呼吸的阶层。沃克曾说，根据他的经验，许多这类员工出现在这种场合是因为怀抱辞职后去实践行善的梦想。但是就目前而言，只觉得他们充满厌倦与疏离感，一如高阶版沃尔玛员工。你凭借一次又一次做出正确、审慎的选择才走进这个房间。和凯特·科尔一样，你学会拉近焦距，不过问你是否引发更深远的糟糕影响。由于公司某种程度上知道这一切需要你做心理牺牲，会好心为你安排一系列的演讲活动，让博物馆主管、医疗专家和基金会总裁——那些生活得比你接近他们真实世界的人，来给你一些启发。对自己的使命充满热情的沃克与听众形成鲜明的对比。

沃克是否将告诉他们，要为全球性国家主义崛起负责，说他想要的那种世界会让他们的地位降低一些？是否会说他们的企业做法是问题的一部分，或是他们必须缴纳更高的税？他是否将"设身处地认识他们"？他是否可能做到这一切？

至少他在那一天并没有做到，沃克在开场白中提到几次KKR创办人之一亨利·卡维斯（Henry Kravis），说他是"慈善家"，而不是一个企业掠夺者，就是沃克在豪华轿车上感叹的那种压榨价值的始作俑者。沃克谈到自己在金融服务业的经验很宝贵，给予他许多"技巧"——猜想其中有些是他现在可以告诉自己，应用在服务弱势者的作业程序，教导他如何同时做很多事，管理复杂的计划组合，模拟数据并形成洞察，遵循原则。沃克并不是在奉承听众,而是在诉说为什么这么多像希拉里·柯恩的人渴望帮助数百万人,却会先来到像KKR这种地方,然后才展开改变世界的工作。

沃克尝试凭借把慈善转变成一个相对概念,来让房间里的气氛更自在。"如果你谈到美国的慈善事业,它代表许多不同的事物,"他说,"意谓像卡维斯和许多你认识的人,以及你们其中许多人做的个人慈善,因为你们之中有许多人是慈善家,虽然你可能并不这么称呼自己。"

最后,沃克谈到已经准备好的主题。"我们面对着美国和世界极端不平等的现象——我不是有意夸张,但是我认为这真正对我们的民主带来威胁,因为在我们的民主体制下,美国故事的核心是人人有机会。"沃克的做法就是这样:用一种可能让他们不满意的思想轻戳他们,然后很快设身处地替他们着想,使用市场世界熟悉的"机会"用语。

接着并不意外地,沃克谈到拉法耶慈善医院和自己的出身,提到"一部我可以搭上的流动性电梯"和"美国社会的机会杠杆"。他在轿车上谈及,富人认为美国有机会的问题,而非不平等的问题,他们"有能力生活在不必面对现实的世界",现在面对着新一代"门口的野蛮人",他设身处地了解他们。"我们的体系越不平等,我们拥有的机会就越少。"他说。沃克拉近距离,以更个人的语气说:

> 我每天挑战自己拥有的特权,并说:"你知道,你在享受别人无法想象的特权,你的表兄弟绝对和你一样聪明,结果却锒铛入狱。为什么会这样?"所以我满脑子想的都是特

权,和我身在这种地方,与像你们这么聪明、有抱负、想改变世界又享有特权的人在一起。

事实上,在房间里的人是不是想用沃克建议的方法"改变世界"并不清楚,直到问答时间才解开谜底。第一个问题是,关于他的领导风格与如何激励员工:一个生意人试着向他学习如何更好地做生意;第二个问题是关于全球安全;第三个问题则是关于慈善资金是否太多,有能力的行善者太少。沃克很委婉,不去谈在轿车上谈到的私募股权业是不平等的共犯,以及他们必须少做哪些事,而他的委婉加上听众的无动于衷,可以确定他说的话并没有人真正听到。

回到轿车上,沃克说,可以感觉听众并没有真的听懂他的新福音或产生共鸣。不过,他欣慰地发现后排两位女士"对所有这些问题频频点头"。他说:"前排桌子的白人似乎毫无动静。"除了有一个人听到沃克在说明成立福特基金会时提到几次"不必缴税"点头外,他们一直没有反应。接着沃克点了点头。

沃克当然知道听众是KKR的伙伴,而不是公司的"造雨人"。他演讲的对象还在心怀恐惧地向上攀爬阶段。他说,要对造雨人说话,必须在较私人的场合。"你只能在一对一或有活动时接近这些人,你知道的,像是不久前的一个晚上有几个很有钱的白人,"他说,"他们正在某人的家里聚会喝酒,那里很安全。"过了一会儿,他补充:"这些人不会没事参加图书馆座谈会。"

这些话让沃克想到,现在美国正在私人化。美国大众在混乱的民主中进行重大对话,而精英则在自己的圈子里聊天。他谈到思想沙龙在社交圈里逐渐扩散,有人花费数万美元买大批的戏剧门票，邀请导演到他们家里，在戏上演前为他们的客人做预演解说。这让沃克想到，有一次他到巴西，认识了一个从小在戒备森严的社区长大的人——这在巴西并非不寻常的事。让他感慨的是，那个人和朋友小时候在家里就有自己的迪斯科舞厅。"他们不能到城里的迪斯科舞厅，因为太危险了，"他说，"所以就盖了自己的小型迪斯科舞厅。"

沃克观察今日的美国，看到富人朋友兴建自己的象征式社区，以门墙包围，屋内有自己的迪斯科舞厅。有门墙的社区、家庭剧院、私人学校、私人飞机、私人管理的公园，以及不让被拯救者参与的私人拯救世界计划。"人越来越在门墙后生活，"他说，"越来越多公民活动与公众活动变成私人活动。"

不平等给一些人资源，以建造自己的迪斯科舞厅，让他们隔离在室内。但是这需要更多文化的成分，让这种生活方式变得更愉快，人们选择用这种方式生活，是因为对门墙外的大众缺乏信心。他们有这种感觉，是因为在我们的想象中"大众"（public）的地位沦落为比"私人"（private）低下，扭转他们在过去的位阶：正如法律学者杰迪戴亚·波蒂（Jedediah Purdy）指出，我们在过去曾经热爱"大众"，爱到足以把最崇高的希望寄托在共和国（republic），而"私人"则让我们想起它的表亲"贫苦"（privation）和"匮乏"（deprived）。现代化的成就向来是逐渐说服人民扩大关心的范围到家庭和部落之外，纳入同胞。不平等正在逆转潮流，侵蚀沃克热爱的国家。政府仍然有责任，却逐渐由富人来制订规则。

人们不免会怀疑，沃克是否有足够的持久力与能力让这个世界众多的萨克勒、科尔、提施及 KKR 接受他的想法。在他提出新福音近一年后,百事可乐宣布让沃克加入董事会。这件事引发一些批评,部分原因是这位对抗不平等的战士,每年将从福特基金会总裁和这个只要偶尔出席的新职位赚进超过一百万美元,部分原因则是他对百事可乐所作所为将要承担正式责任,包括该公司持续销售有害的含糖饮料。批评者可能从沃克的例子并非唯一而感到安慰或沮丧:数家大基金会的高层主管也担任像花旗集团、脸书这类公司的董事。令人担心的是,市场世界终将渗透并赢得胜利。一位前福特基金会主管告诉《纽约时报》:"最好的战术是让你的批评者加入。"但是沃克承诺且似乎相信,他将改变他们,而非反过来被改变。"我将带入自己身为社会正义组织领导者的观点,"他告诉《纽约时报》,"我将带入殷切关注贫民和脆弱社区的观点。"截至目前,沃克唯一的妥协是把他喝健怡可口可乐的习惯改为轻怡百事可乐。

第七章
现代世界的运作

这些人中有不少已多次参加比尔·克林顿的会议。虽然他们常赋予自己施予者、慈善家、社会创新家、影响力投资人等称号,但是近来的政治动荡却给这类人一个逐渐固定的新称号。无论是朋友还是敌人,都称他们是全球主义者(globalist)。二〇一六年九月,出席克林顿全球行动计划的人都期待着,他们将度过像是全球主义者大家族团聚的一周,但他们也感觉到是在一个自己越发遭到鄙视的时机举行这场会议。环顾世界各地,一股疑虑挥之不去,即富人举办私人秘密会议尝试解决人类问题,这本身似乎已经变成一个问题。

这场会议是在联合国周(UN Week)——有点无政府主义意味,举行的许多活动之一。联合国周的名称来自世界主要国家元首在纽约市举行会议,这些元首会在联合国大会著名的绿色标志前向世界发言。因此,纽约市的安全警戒在九月这个早晨达到近乎战备状态,处处可见穿着暗色服装的安全人员巡视可疑迹象。每隔几分钟就有车队在专为国家元首或部长保留的车道上驰过。在第二大道,有一群示威者试图警告来访的贵宾"不要干预叙利亚";在另一个街角,两个穿着西非长袍的女性拿着写字板,寻求为一项关于健康的请愿签名。他们都有意靠近联合国,也许没有人告诉他们,比尔·克林顿已让这一周的关注焦点从联合国转移开去。

克林顿在二〇〇一年一月卸下美国总统职务时,是一个等待赎罪的中年男人。他撑过丑闻缠身的两个任期、一次众议院弹劾投票,以及一次可疑的特赦与偷窃白宫家具的指控。新闻记者乔·寇纳森(Joe Conason)在报道克林顿卸任后内幕的《世故之人》(*Man of the World*)中,描写这位前总统新生活的前几个月充满苦恼与备受指责。对丑闻的议论持续不断——先是特赦案和家具事件的余波,接着是用公帑在曼哈顿中城的建筑设立办公室,那里的租金超过四位前总统办公室的总和。克林顿后来把办公室设在哈林区西125街,在该区引进采用作业程序的企业顾问,以协助支持公益商店而平息争议。尽管如此,负面形象仍旧难以摆脱。克林顿的演讲经纪人以高达一场二十五万美元的价码为他安排演讲,但是有许多演讲因为寇纳森所说的"被大众的嘲笑淹没"而取消。不过,来自外国的邀约很少取消。克林顿从中学到教训,寇纳森写道:"他和幕僚很快发现,不管他的受欢迎程度在国内如何低,世界上其他地方都欢迎甚至赞誉他。"

在这个发现的指引下,克林顿卸任后首次涉足海外,并为他变成全球慈善偶像铺路,最后成为一部《世界总统:比尔·克林顿现象》(*President of the World: The Bill Clinton Phenomenon*)电视纪录片主角。他为印度古吉拉特邦西部的地震募款,为调降发展中国家艾滋病药价格撮合复杂的交易,然后在二〇〇五年顺应当时的世界潮流,克林顿认为如果你想改变世界,就需要企业与富豪统治阶层的协助,因此需要在市场世界圈子里举办自己的会议。

克林顿的构想是在纽约联合国周期间主持一项会议,利用各国元首齐聚纽约市的机会,他们也许可以当作吸引富人和慈善家来纽约的诱饵。克林顿把选在这个时机举办会议归功于长期助理道格·班德(Doug Band)。克林顿后来回忆自己的反应:"我说:'很好,这样每个人都会在联合国周开幕时开车游纽约。'然后我可能做了一个冲动的决定,说:'我要试试。'"

在二〇〇五年一月,达沃斯世界经济论坛——市场世界的源头性会议之一,在这个企业人士支付高昂费用以便与政治领导者和其他社会地位类似的人士攀交情的场合中，克林顿宣布建立克林顿全球行动计划。他说，这个计划和达沃斯论坛类似，但将要求参与会议的富人与权贵承诺实施以全球慈善为目的的切实计划。据寇纳森的描述，克林顿说："我是达沃斯的忠实支持者，但是无论富国还是穷国的世界领袖每年九月都会来参加联合国大会。所以今年我想我们会举办一个缩小版的世界经济论坛，将聚焦在所有与会者都能做的具体事项上。"决定与行动、实际解决问题，将是克林顿全球行动计划区别于其他论坛的特色。"所有与会者必须事先知道，将被征求该怎么处理艾滋病、肺结核、疟疾的意见；私营部门能为全球变暖做什么。"他说。此外，"你将被要求参与做很具体的决定，以及很具体的承诺"。

第一届克林顿全球行动计划获得许多热烈的评论。资深杂志编辑蒂娜·布朗（Tina Brown）写道："克林顿似乎明确了总协调人的角色，呼吁我们抛开死气沉沉的被动性，开始自己思考问题。"她直率地评论道，克林顿全球行动计划是公共、政府解决问题方法的替代选项，在一个月前卡特里娜飓风暴露的严重政府失职下尤其明显。她说："通过公民行动取代政府角色，突然感觉像是一种极有力量的概念——当发现自己受困于洪水，在屋顶上挥舞衬衫时。"的确，随着克林顿全球行动计划的发展，凝聚了越来越多对"取代政府角色"感兴趣的人：投资人、创业家、社会发明家、倡议分子、艺人、慈善家、非营利事业主管、娴熟作业程序操作的顾问等，纷纷前来讨论新的双重底线获利基金，计划对抗疟疾，同时因为已齐聚纽约市，也顺便进行交易活动。年复一年，他们的影响力似已转移了联合国周的重心。

随着克林顿全球行动计划的发展，伙伴关系和承诺这两个词越发成为它的特征。克林顿邀请各界人士——创业家、慈善家、政治领袖、工会成员、公民团体，共同研拟改变社会的计划，并公开承诺计划达成的目标。这代表了克林顿大力支持并积极宣扬的关于如何取得进步的新观点。克林顿年轻时就读耶鲁大学法学院，此后几十年里，他追求通过政治与法律的工具来改善世界。他曾服膺被作家纳森·海勒（Nathan Heller）称为"体系建构式哲学"的自由主义，它的精义是"如果不加干涉，社会倾向于朝着失序和极端发展，不是因为人类天生无可救药，而是因为他们以局部方式思考"。海勒写道，我们不能指望个人看到社会的大图像，但是"像政府这种较大的实体则能看到"。克林顿在担任公职之初，深信公众问题最好的解决方式是通过公共服务和集体行动。不过，在他主掌白宫期间，以及卸任后，越发赞成最好通过市场和私人与公共实体建立伙伴关系来解决问题，如此才能找到共同目标和共同拟订双赢的解决方案。

刚开始，克林顿不知道人们会不会来参加一项要求他们捐更多钱，以及志愿带头做事的活动。"我是说，有谁听过支付会费后，还被要求付更多钱或花更多时间？"他开玩笑道。

克林顿低估自己了，承诺能带来报偿。如果你为一家生产消费品的公司工作，并承诺为数百万人提供净水器，或是一家基金会承诺协助成千上万人恢复听力，可能会被邀请登上克林顿全球行动计划的演讲台。克林顿将站在你的旁边，大声向在场听众宣布你的承诺并加以赞扬。这个时刻在这群相信凭借行善成功的人中，将会是备受钦羡的生涯顶峰：那些有影响力和／或富有而相对不知名的人将沐浴在名人般的荣光中。如果你正在为新基金寻找投资人（举例来说），那也是一个在众多有钱有权者中露脸的好方法；如果你拥有一架飞机和可以用来承诺做慈善的巨款，像加拿大矿业大亨法兰克·吉斯特拉（Frank Giustra），可能很快发现自己畅行无阻，由克林顿扮演引荐人和好兄弟。你将为他的基金会提供支持，他将让你进入他的小圈子，而进入他的小圈子，可能会让你在下一次竞标一个矿业计划时占据优势。

根据克林顿的估计，十二次克林顿全球行动计划大会激发约三千六百项承诺。他的基金会宣称，这些承诺已改善一百八十个国家，逾四亿三千五百万人的生活——一个令人刮目相看却难以证实的数字，因为这种新形式的拯救世界方法都是私人、自愿性的，不对任何人负责。其中一项名为"与大企业共创繁荣"的承诺是由 TechnoServe 提出，这是一家反贫穷咨询公司，与沃尔玛、可口可乐、嘉吉、麦当劳及南非米勒（SABMiller）有伙伴关系；TechnoServe 后来提出一份进度报告，宣称"已为'金字塔底层'的创业家举办一项企业计划竞赛"。另一项名为"WeTech"的承诺，则是结合麦肯锡、谷歌及高盛等伙伴，为寻求进入科技领域的女性提供教育与指导课程。

这种方法与克林顿在位时的主张相抵触：倡导全球化、拥抱市场、同情、宣告终结劳资对立、承诺富人和穷人一起增益——认为放宽管制对华尔街有利，也对一般商业有利；推销大企业要求的贸易协议对劳工也有好处。当时美国距离对克林顿主义进行公投只剩两个月，希拉里（希望让所有人雨露均沾）已击败主张节制"亿万富豪阶级"、让劳工阶级出头的伯尼·桑德斯（Bernie Sanders），现在她发现自己面对一个毫不留情的终极对手，一个煽动种族对立、专制、民族主义的对手。特朗普成功地利用人们的直觉，这种直觉看穿既可以追求正义，又能变成超级富豪；既可以拯救生命，又能拥有权力和捐献许多金钱，即鱼与熊掌兼得的人的虚伪之处。尽管特朗普本人就是他谴责的对象。

对克林顿全球行动计划所作所为及其代表事物的批评已经蓄积多年，助长这种批评的是对"慈善是与会者的目的或自保的手段"从未停止的质疑。"它是社会行善版的达沃斯会议。"沃克在联合国周的某天早上，坐在福特基金会的办公室说。新联合国周在"行善与凭行善成功的交会点"上发挥作用。他称许克林顿带来的改变，福特基金会也参与赞助这项活动。"克林顿全球行动计划这个平台动员起许多新参与者，带来许多不同的新形式，如影响力投资——呈现百花齐放的局面。"克林顿运用超凡的凝聚力把不可能的伙伴结合在一起，各种解决贫穷和苦难的方案因而诞生。不过，沃克说："慈善家与企业把克林顿全球行动计划视为可以用来同时行善和建立品牌的平台，也是不争的事实。"根据沃克的看法，结果是自利与克林顿全球行动计划的利他主义纠葛不清。为什么这些执行官会不远千里来参加会议？"他们飞来这里是因为看到投资机会；他们看到建立品牌的机会。"沃克说。克林顿的聪明之处，是利用他的会议"作为给人们资历的方法"，如果他们同意助人的话。但是沃克认为，这让克林顿全球行动计划施舍的动机蒙上阴影。现在其他人正仿效克林顿全球行动计划把自己绑在联合国周的做法，并带来沃克有点夸大的"数百种副作用"。他说："危险之处是善行可能会被抵消。你可以支持尼日利亚尼日尔河三角洲的一项健康计划来减少痢疾等疾病的发生，也可以投资一家在污染尼日尔河三角洲的公司。"

在克林顿全球行动计划的播种下，公益和私人目的在联合国周期间的模糊化，已不再局限于联合国周。的确，其他类似的公共—私人混合的改变世界方法，即使规模远不及它，也纷纷在纽约市各地出现，数量逐年增加；一项会议取名"做出改变：带来影响力的投资"；GODAN高峰会邀请你"加入开发资料革命以终结全球饥饿"；另一项索罗斯基金会的会议称为"利用可持续发展目标促进包容性成长"；汇丰（HSBC）推出"可持续金融"的会议；在可口可乐和摩根大通赞助的康科狄亚峰会（Concordia Summit），"思想领袖与创新者"齐聚一堂，以"检视世界最迫切的挑战，并辨识合作的机会"；由花旗银行、玛氏（Mars）和南非米勒赞助的活动称为"企业合作实践可持续开发目标"；此外，还有一个非洲另类投资密集论坛（Africa Alternative Investment Intensive Forum）；通过慈善与影响力投资触发气候变迁创新；称为"清洁经济规模化"的网络活动，由国际法律事务所Baker McKenzie主持；美国—非洲商业论坛由彭博慈善基金会（Bloomberg Philanthropies）召集；以及"每一个妇女每一个儿童"私营部门创新高阶午餐会。

　　社会公益峰会（Social Good Summit）是另一个旨在改变世界的秘密会议，为期两天的议程聚集"活跃的全球领袖与草根活动家，讨论如何应对我们时代的最大挑战"。该会在曼哈顿第92Y街举行，向与会者承诺，将"团结一致以释放科技的潜力，让世界变成更美好的地方"。和许多其他会议一样，公共与私人的混合在这项活动中处处可见。该峰会是由目标百货（Target）、耐克及塔可钟基金会（Taco Bell Foundation）赞助，但是在数字媒体休息室里的M&M's巧克力外包装却都印上联合国可持续发展的小标志——是那一年联合国周的主题之一。在活动开始时，先有一段为艾兰·库迪（Alan Kurdi）默哀片刻的时间；库迪是在地中海淹死的叙利亚男孩,吸引了全世界的注意,默哀是借此提醒难民危机。然后是一连串商业演讲:"为了在二〇三〇年达成我们想要的世界,合作和共同设计是关键。"与会者也了解到"塔可钟基金会相信年轻人需要远大的梦想"。

这些各式各样的活动——克林顿的和大量由企业赞助的拯救世界大会,形成某种以市场世界人士为中心的平行联合国周。同样位于中央公园西侧的朗廷大厦是一栋法兰西第二帝国风格的建筑。在一栋私募大亨之一拥有的高层公寓里,一些非洲人被邀请来与想投资非洲的有钱人谈话,晚宴主人则是一家专以解决贫穷为宗旨的麦肯锡式咨询公司。在一边吃着鸡肉咖喱和生菜沙拉时,谈话的主题转移到非洲有哪些贸易机会,以及法规的愚蠢与规模的重要性,然后酒足饭饱的宾客搭上在楼下等待的黑色巴士。

巴士载送这些乘客去参加一个向非洲致敬的宴会。车上有一位高大、瘦削的优步主管,他自称负责为公司开发非洲市场。接下来的事显示出包容性的人道努力,在这个扩大的新联合国周中是如何被定义的。这辆巴士停在格拉梅西公园酒店(Gramercy Park Hotel)前,酒店大厅里人声鼎沸,据说有人看到奥巴马总统在附近一家餐厅吃饭。他到纽约市参加联合国周,但也准备在美非商业论坛上演讲。巴士上的宾客来到顶楼,加入一场由第五大道新非洲中心(Africa Center)举办的宴会。

宴会里都是自称身处两个地方"之间"的那类人。鸡肉香肠和魔鬼蛋端进端出,一位知名的谷歌主管正逗得一名尼日利亚女人哈哈大笑,一家美国大报的副董事长拍着宴会主人的肩膀,询问她父亲在哪里。宴会主人叫哈迪勒·伊布拉欣(Hadeel

Ibrahim），她的父亲莫·伊布拉欣（Mo Ibrahim）据说是非洲首富。另一位宴会主人切尔西·克林顿（Chelsea Clinton）则没有露面。前爱尔兰总统玛丽·罗宾森（Mary Robinson）从旁边走过。宾客向非洲中心以及非洲敬酒，随即转回去谈生意。有人小声对另一个人说，应该认识一下站在她后面的人，因为他在玛莎葡萄园岛（Martha's Vineyard）有一个很漂亮的地方，不止一处房子，实际上是三栋不同的房子，而且他喜欢邀请有趣的人到访。

当晚的宴会里，有几个人为反贫穷顾问公司道尔伯格（Dalberg）工作，对道尔伯格来说，这当然也是重头戏的一周。道尔伯格在联合国周期间宣传一连串场外活动（或主场活动，视你如何看待）。在它的日程表上，右边栏写着该不该参加或如何参加各项活动。有八项活动可以免费登记，八项要付费登记，另有四十八项仅限邀请参加。这个比例透露出有关这个市场世界领导的新联合国周的一个事实：当个体行为者介入公众问题的解决方案时，解决方案变得越来越与公众无关。

克林顿基金会所涉活动的私人性质多年来引发许多批评，究竟施舍金钱的人是谁？他们的动机为何？他们的施舍是否有一部分是为了获得未来希拉里政府里的影响力或职位？一部分是因为这些批评——对希拉里很快会胜选的预期让这些批评更具威胁性，这场让联合国周的面貌为之改变的第十二届克林顿全球行动计划大会将是最后一次召开。这让喜来登酒店的会场萦绕着伤感，以及担忧。许多群体中间激荡着沸腾的愤怒，部分原因是人们感觉从世界各地飞来参加这场大会的精英，近几年来在保护自身利益的表现远比改善世界来得好。

市场世界人士正逐渐察觉这种愤怒，借用哈佛历史学家尼尔·弗格森的形容，事件频发的二〇一六年已成为"环球精英觉得可怕的一年"；弗格森是收费高昂的思想领袖，也是备受全球主义者族群尊敬的一员。他在《波士顿环球报》(*Boston Globe*)上写道，他和同侪如何在一月的达沃斯论坛上嘲笑特朗普，不久后就看到特朗普获得共和党提名；几个月后，穿梭于阿斯彭、科莫湖及玛莎葡萄园岛的精英都未能严肃看待英国脱离欧盟运动，结果却看到脱欧公投通过。全世界的精英遭到怨恨，而这种怨恨恐怕与他们不知人间疾苦有关。弗格森宣称，"无根的世界主义者"别无选择，只能同意德国财政部长的评论："人们越来越不信任精英。"

在纽约联合国周来临前夕，这种不信任笼罩在一些筹备议程的晚宴、沙龙、小组讨论会及董事会上。常被问到的问题是：为什么他们怨恨我们？"他们"是指无根的世界主义者那些过平常日子的同胞，他们在困顿中逐渐靠向民族主义和受到煽动与充满怨怼的排外主义，并拒绝精英最珍视的一些信念：无国界、自由市场是万灵丹、不可避免的科技进步，以及运用良性的技术官僚方式来治理。

部分精英相信，必须向民众重新解释他们持有的美好梦想。天下一家、畅通国界、科技进步、用数据来统治、市场世界至上的理念并没有错，只是推广的方式不对。他们没有用足够的热情来推销全球化、开放国界和贸易。他们没有好好地磨平变革的棱角，例如为遭裁员的人提供就业培训。

而另一部分市场世界人士已开始怀疑全球主义梦想本身就大

有问题，这并不是说这部分人是民族主义者，其实也深受凭借行善获得成功和全球主义的观点影响。但是愤怒同时在这么多地方爆发，开始让他们清醒，发现自己和精英伙伴未能看到数十年来人们的沮丧不断累积，直到最近对变革的忿恨才上了头条新闻。他们知道抗议者也希望世界变得更好，但他们希望对如何改变有更大的决定权；人们相信民主承诺会在乎他们的想法，不管这些承诺的履行有多么不足。就在那个秋天，当市场世界人士发现自己热烈讨论人们的愤怒时，有人提出：**也许问题出在我们身上。**

究竟真正的问题是在哪里？许多市场世界人士在公开探讨这个问题。

对弗格森来说，他和市场世界的精英同伴已投身一场新阶级战争，不再是富人与穷人，而是宣称属于世界的人与固守在某个地方的人——呼应他的同僚迈克尔·波特的"某个地方的人和遍及世界的企业"概念。弗格森在同一篇文章中描述，问题是固守某个地方的人已不再被属于世界的人表现出的关心与慈善愚弄，他们的人数终于追了上来："猜对哪一个族群人数更多并没有奖金，不管全球化的精英捐献多少钱，通过慈善或政治都一样，永远无法弥补那个差距。"

和波特批评的受作业程序导向的公司一样，弗格森说，市场世界的赢家放弃对地方的所有忠诚。问题在于世界仍然由地方统治，因此精英把忠诚和计划着眼于全球层次，基本上是远离了民主本身。而一些最好战的全球主义者现在也承认如此。曾任美国财政部长和哈佛大学校长的经济学家劳伦斯·桑默斯（Lawrence Summers）在《金融时报》上为自己辩解，呼吁结束"反射式的国际主义"，以迎接新的"负责任的民族主义"。

新方法必须从政府的基本责任是最大化人民福祉这一观念出发，而不是追求某种全球公益的抽象概念。民众也想要感觉正在塑造他们所生活的社会。

桑默斯在哈佛大学的同事丹尼·罗德里克（Dani Rodrik）在联合国周开始前的星期六于《纽约时报》发表一篇文章，告诫市场世界人士别再假设对他们有利的事，也会对所有人有利。他说，全球化亟待救援，其危险"不只来自民粹主义者，也来自它的啦啦队"。他写道："全球化的新模式颠倒了它的优先顺序，实际上让民主来为全球经济工作，而非反过来行事。"

乔纳森·海德特（Jonathan Haidt）在那一年提出另一套哪里出了差错的理论，他在一篇文章中表示："如果你想了解民族主义和右翼民粹主义为什么这么快就变得如此强大，必须先看看全球主义者的行为。从某种意义来看，'始作俑者'就是全球主义者。"根据海德特的观点，这些人是"新型世界主义精英"，"行为和说话的方式是在侮辱、排斥并刺激他们的同胞，特别是那些有专制心理倾向的人"。对海德特而言，全球主义者是理想主义者，他们相信改变与未来，是"反民族主义和反宗教者"及"反地方者"，认为"任何把人区隔成不同群体或身份的事物都是坏事，撤除国界与区隔是好事"。海德特又说，他们的对手可以被理解为对根源有辨识本能的人，正如爱弥尔·涂尔干（Émile Durkheim）在划时代的著作《自杀论》（Suicide）中的论述。海德特解释说："与家庭、宗教及地方社会有紧密联系的人自杀率较低，但是当人们在'混乱'或不正常的世界，脱离社群的束缚时,自杀率就会升高。"

在海德特的分析中,全球主义与反全球主义都是有说服力的世界观,背后各有合理的论证和数据的支持。一个自由而容许人们往来移动的世界有其优点,而稳定且关系紧密的社会亦有优势。海德特指出,全球主义者是如此相信自己笃信的开放、自由及世界一家的道德优越性,以致他们无法了解这些事物引发数百万人恐惧的事实。

上述反思有时候忽略了极为强烈的种族歧视、仇外、反犹主义、男性沙文主义以及民粹主义者煽动和助长的诋毁移民。这些情绪是真实的,并且在政治动荡的故事中扮演重要角色。但是有些人会说,市场世界的罪恶——弗格森和其他人为之道歉的那些,也要让右翼民粹主义者、民族主义者等人负一部分的责任。

在克林顿全球行动计划结束后不久、美国总统大选前的一次电子邮件采访里,克林顿提出他对民粹主义愤怒激升背后动因的看法。"我们看到在选举中反映出的痛苦与愤怒示威酝酿已久。"他说。他认为这种愤怒"部分源自人们感觉政治、经济和社会里最有权势的人不再关心他们,或轻视他们,他们想变成我们进步迈向共享机会、共享稳定及共享繁荣的一部分"。但是当谈到解决方案时,听起来很像他已在做的。"唯一的解答是建立积极、创造性的伙伴关系,由政府、私营部门与非政府组织共同参与。"换句话说,唯一的解答是在传统公共论坛之外追求社会变革,政治代表只是参与者之一,还有其他参与者,而企业在是否赞助特定计划上有很大的决定权。当然,高涨的民粹主义愤怒有一部分是针对克林顿寻求聚集的那些精英,而克林顿却把他的后政治问题解决理论押在这些人身上,虽然这些人已失去数百万民众的信任,让民众感觉遭到背叛、漠视与轻蔑。

从美国、英国、匈牙利和其他国家人民的观点来看,他们拒绝接受把追求获利置于民众需求之上的全球精英统治。这些精英似乎效忠于彼此胜过效忠自己的社会;这些精英往往对远方人道使命的兴趣超过对周遭同胞的痛苦。受挫的大众觉得他们无力影响挥舞试算表与 PowerPoint 的精英,反而受制于这些精英影响他们的权力,不管是任意调换他们的工作班表、自动化他们的工厂,或悄悄为他们孩子的学校安排一套亿万富翁制作的新课程。

他们不感恩的是,世界的改变没有他们的参与。

在反全球主义起义的困境中举行的最后一届克林顿全球行动计划,筹办者认为有必要成立一个应对小组,而且显然决定小组成员都由全球主义者担任,无需反对者代表。(这不是唯一排外的表现:那些受这个话题启发来到会场的人将发现,前面几排座位大多空着,留给那些深口袋的赞助者,包括麦当劳和洛克菲勒基金会。)

会议的正式名称为"构建全球繁荣的伙伴关系",更适合的名称应该是"为什么他们恨我们?"比尔·克林顿主持这个小组,名单上有前企业家并曾打败阿根廷来势汹涌的民粹潮而当选总统的毛里西奥·马克里(Mauricio Macri);以支持市场的进步主义、遵循克林顿称为"第三条路"著称的意大利总理马泰奥·伦齐(Matteo Renzi);前尼日利亚部长暨世界银行官员,常出现在阿斯彭、TED 等市场世界社交圈,不久前加入国际投资银行拉扎德(Lazard)的恩戈齐·奥孔乔-伊韦拉(Ngozi Okonjo-Iweala);伦敦市第一位穆斯林市长、支持英国留在欧盟运动的大将萨迪克·汗（Sadiq Khan）。小组成员跨越左派和右派，而且每个参与讨论的人都是最近遭到严厉批评、由市场世界推广与赞助的全球主义、世界主义、技术官僚、双赢共识的一分子。

克林顿赞扬马克里把常识带进他形容为"经济和政治形势名誉扫地"的国家，然后邀请马克里与听众分享"你发现了什么、你试着怎么做和其他人要怎么支持你，特别是来自私营部门和非政府组织部门的人"。

马克里说："主席，你了解阿根廷数十年来饱受民粹主义之苦。"他描述支持企业的运动获得胜利，是因为阿根廷人集体决定"我们值得过更好的生活，我们想成为世界的一部分，我们想终结孤立主义"。马克里知道他的听众对让世界变得更美好感兴趣，所以决定专注谈论在阿根廷消灭贫穷的计划。尽管如此，马克里并未碰触平等、正义与权力的概念，没有讨论像土地改革或财富集中在少数家族等敏感话题，反而谈到让做生意更容易。"我们知道——我们都知道想消灭贫穷必须创造好工作、优质的工作，"他说，"而要做到这点，你必须创造互相信任、有信心的环境，必须向投资人保证你将遵循法治，你很可靠。"

马克里谈论的是典型的市场世界双赢主义，并掺杂全球主义：对阿根廷的贫民最好的东西，就是能让外国投资人和国际机构自由行事。他说，这就是他做"艰难决定"的原因：统一阿根廷的汇率，放宽海外股息支付，解决阿根廷与外国债券持有人的争议。他自豪于不久前带着国际货币基金的代表团到阿根廷，也为了上周主持一个企业与投资论坛，吸引十几个国家的数千名企业人士参与而感到兴奋。"我们需要所有的跨国企业都来阿根廷，协助我们发展国家。"他说。他将好社会视为让外国资本放心的地方，面对大众怨恨全球主义者和因变革获益的少数赢家这一问题算是奇怪的解决方案。

克林顿接着介绍伦齐出场，称赞他有勇气在意大利实施支持市场的政策——改革其劳动力市场，举行一场充满争议（最后以失败收场）的公民投票，企图减少国会议员人数并巩固他的权力。伦齐正好是在场听众最爱的那种穆迪信用评级高的政治人物，而且他讲的都是正确的话，同样以经济取代政治。伦齐表示，意大利不能再只有伟大的艺术品和文化，它必须接受"改变的挑战"。

伦齐不经意地谈到一个话题，即劳动力市场改革，反映出全球主义者共识的另一面。他说，意大利在前一年修改雇用和解雇的法律，让该国终于赶上德国与英国的标准。他补充说："显然美国在二十年前就已经达到这个水准。"全球主义者认为公共政策有"正确的解答"——让投资人感觉安全（即马克里担心的事），以及很有弹性的劳动力市场，让雇用和解雇员工更容易，这正是正确解答之一。然而，在过去，正确的解答并没有以民主方式获得，在二十年的"延误"期间，并不是意大利人通过行动或不行动所选择的解答。那是盘旋在意大利上空的全球主义真理，等着该国接受该计划。当它终于实现时，可以将早年被其他选择所定义的岁月描述为延迟。不以准时闻名的意大利人在达成全球主义者"正确解答"上也姗姗来迟。像伦齐这种领导人认为由多边机构与外国投资人推动的清单计划，具有他同胞的民主选择所没有的道德有效性，因为那些民主选择不利于效率和增长。

现在克林顿转向萨迪克·汗，称赞他是"一个积极相互依赖的绝佳例子"。市场世界相信相互依赖，因为它反映出世界是一个整体，也因为它被解释为更多可供企业进入的市场。（我们常见到秉持民族主义的人，却很少见到秉持民族主义的企业。）克林顿意识到这个愿景正受到威胁，因为正如他描述的，现在"抗拒我们聚集在一起的情绪之强，超过了聚集获益的人所感觉到的"。

让实际感觉到那股正撼动世界的怨恨的人上台演讲，应该有些作用，然而上台解释它的却是萨迪克·汗。他被问道："英国脱欧投票对世界正在发生的事件有什么意义？"汗回答："在公投运动期间，那些难以让子女进入当地好学校的人、担心医疗保健的人、担心买不起房子的人，都被误导到恐惧政治的道路上，被灌输其面临的困难和问题都是欧盟造成，都是因为他人。"换句话说，投票赞成英国脱欧的人都是容易被误导的羔羊。

克林顿在此基础上进一步阐述，"所有这些英国的郡投票放弃来自欧盟的经济援助，其实它们需要，却不知道自己在做什么，只想关上大门，有一种区隔我们和他们的情绪正在滋长"。这是一个美国前总统在英国出人意料成功脱欧几个月后、在他的妻子出人意料被与英国脱欧运动结盟的民粹煽动家击败前两个月，对于这件事的判断。这群以了解周遭愤怒为己任的人，却先入为主地认为这种愤怒不可能有理性的根据或是有意识的选择，他们无法理解看待世界的方式与市场世界人士有根本不同的人，而且无论是否被误导，这些人希望有人听到他们的声音。

"我十分骄傲伦敦是投票支持英国留在欧盟的地区之一，而且是坚定支持，"汗说，"依我所见，这不是一场零和游戏，而伦敦的繁荣并不是以英国其他地方为代价。如果伦敦的经济好，英国其他地方也会共享荣景。"

这实际是在说,一个繁荣、关联全球的大都会,住满有钱负担居住成本的银行家和其他受过高等教育的专业人士,以及推升房租却对英国的经济、税基或社会没有多少贡献的沙特、俄罗斯与尼日利亚亲王——对这样的大都会好的东西,就一定对英国好;不难想见,从中体现的狂妄自负正是一些人选择脱欧的部分原因。举一个反例来说,英国近几年来进行关于紧缩财政的政治争论。伦敦金融城银行家精英支持的那种财政"纪律",结果就是削减教育和医疗开支,以及降低社会流动性,不禁让民众感到愤怒,进而怀疑政府怎么还有钱帮助外国人。但是萨迪克·汗的愿景里并不包括英国以及世界各地数百万普通人的生活疾苦,因为一切对精英来说都太美好,太容易,也偏袒精英的利益。他提供马克里与伦齐主张类似的另一个版本:全球化的赢家绝不是问题的一部分;如果我们帮助他们赢,人人都是赢家。

从这个小组可以看出克林顿全球行动计划所秉持的价值之复杂:做对市场友好的事,而非理想主义者的事;把假设人们要有的经济需求置于他们的政治需求之上;相信正确、数据导向的技术官僚的解决方案不证自明;从投资人的报酬率判断政治人物的成功;把市场力量视为必须服从、让路及适应的绝对真理。

这四位小组成员和克林顿揣测"这些人"(奥孔乔-伊韦拉这样称呼)愤怒的原因,并得出想当然的理论。克林顿认为"在经济困顿时,冲突模式更能发挥作用"。奥孔乔-伊韦拉认为,让疫苗更容易取得(她身为全球疫苗免疫联盟领导者的职责)可能有助于纾解愤怒(她并未提到现在自己为其效力的银行家,以及如果这些银行家为犯下的罪行受到惩罚,可能也有助于纾解愤怒)。奥孔乔-伊韦拉以市场世界人士能懂的语言谈论疫苗:它们不仅拯救性命，也是一项投资，因为健康的民众意味更多增长、税收及创业。她说，疫苗是"今日经济中最好的买进标的"，因为"在疫苗上投资一美元可获利十六美元"。她滔滔不绝地说："回报率非常高。"

片刻后，奥孔乔-伊韦拉表示，在场的全球主义者必须"拆穿那些利用他们作为平台的人"——"他们"是指愤怒的选民。那些人被利用了，他们是乡巴佬。她完全拒绝接受那些愤怒的人是要主动、一致地试着告诉他们的同胞一些事，不管方法是否对头，而且他们没有机会到这里亲自告诉在场的人。

小组成员认为自己超越了可怕、冲突频仍的政治。他们的政治是围绕技术官僚进行，专注于发现正确的解答，而且这些解答是可知的，只需要分析和运用试算表就能找到。他们的政治从商业世界借鉴了双赢的互惠主义。令人惊讶的是，五位政治人物共享一个舞台，却没有一刻真正发生争论，似乎都假设好社会就是企业家的社会，他们的成功等同于社会本身的成功。世界是由最重要的人类活动构成的，政府应扮演私人部门的伙伴，而非与之抗衡的力量。

看着这些文明人，可能会让我们忘记传统政治与论辩密不可分。并不是政治人物不知道要和气亲切，而是说政治植根于一群各种各样的人想掌握自己命运的观念。政治天生就是充满利害冲突，必须谈判与妥协不相容的利益，去异存同以达成可被接受的计划。它解决问题的方式是邀请每个人参与，人人平等，都有权利抱怨未受到关照与重视。将不同利益的人聚集在一起，必然要在谈判桌上交涉牺牲。要在全由赢家参与的论坛高唱双赢很容易，他们的共识是一个提醒，要我们想想所有未被邀请参与的人和观点。

不过，小组成员知道他们被巨大的愤怒包围，而且似乎竭力探索应对之道。"更重要的是，与其利用人们的恐惧，倒不如想想如何解决。"汗市长说。克林顿承认，他担心市场世界的赢家在面对愤怒时会逃避。"要格外注意一点：不要让我们都市化、多样、年轻、经济成功的地区实际上感觉'这太费事了，我要避开农村地区，要逃避这一切'。"对精英逃避的愤怒会不会激发更多的精英逃避？波特谴责的企业逃避主义、弗格森同道的世界公民式逃避主义，在激化许多矛盾并激发强烈不满后，现在会不会因此有所纠正，或反而觉得更合理化？克林顿说："这是对我们所有人的一大考验。"

无国界的梦想弥漫在克林顿全球行动计划。想想主持小组会议的是大卫·米利班德（David Miliband），英国前外交大臣，现在担任国际救援委员会负责人，会议主题是难民问题。这种复杂的全球问题就是一条捷径，让市场世界人士在具体的国家民主体制面前找到优越感。西联汇款总裁贺博睿（Hikmet Ersek）坐在同为小组成员的瑞典总理旁边，说："没有不敬的意思，总理先生，政治家要面对的问题之一是，你们是地方人民选出的，但是你们要对全球事务负责。"经常出席市场世界聚会的约旦拉尼娅王后听到后也说："让我感到沮丧的是，环顾世界，大部分领导人都困在线性思维模式与传统方法中。或许他们是受制于紧迫的问题，例如选票和短期政治，所以他们没想到世界正在发生的破坏和它们将在未来对我们产生的影响。"

这非常像克林顿全球行动计划。一位总裁感叹代表一个真实地方的一群真实的人的政治家；一家汇款公司的总裁当然会有不同观点，他代表资本自由流动，消除国界对他而言意味着经济利益，但这是否能仅推出代表特定人群的民选领袖就一定近利短视？还有一位王后认为，政治人物太受制于选票，无法清楚思考世界的问题。对拉尼娅王后来说，会投票的大众不是她或她丈夫（他也出席了克林顿全球行动计划）要担心的事，西联汇款总裁也无需担心。不必担心选票是当国王或总裁的好处之一，这暴露出全球主义的反民主倾向。全球主义者提倡的是一种凌驾、超越、自外于政治的解决问题方法，他们对让政治运作得更好不感兴趣，而是坚持以专属权力给世界需要的东西，但不见得是世界想要的东西。

如果克林顿全球行动计划的筹办者真对人们为什么憎恨全球主义者感兴趣，本可以邀请丹尼·罗德里克（Dani Rodrik）这位就全球化写过数部著作、任教哈佛的土耳其裔经济学家。罗德里克的双重文化生活恰恰体现了全球主义者世界一家的理念，但是他后来变成严厉批评全球主义者的高尚意图如何破坏民主的批评者之一。

"没有人比我更称得上是全球公民。"罗德里克于肯尼迪学院的办公室里接受电话采访："我对世界其他地方的了解超过对美国的了解，我持两个国家的护照，我在这里的朋友大多数不是在美国出生。"一般人可能以为罗德里克会像许多全球主义者那样，在英国前首相特蕾莎·梅（Theresa May）诋毁"世界公民"时感到难以承受。梅在英国脱欧公投运动酝酿期间，取得权力后不久说：

今日太多有权势者表现得好像他们与国际精英之间的共同点更多,比与从路上经过的人、被他们雇的员工等人之间的共同点多,但如果你认为自己是世界公民,你实际上是无根的公民,并不了解公民身份意味什么。

罗德里克观察和他一样受过良好教育、周游世界的精英,听到这些话立刻产生激烈反应。他们几乎一致认为梅的说法有错而且恶毒:"她只是想唤起民众最基础的本能。"让罗德里克惊讶的是,"可以预见会出现这种负面反应,这再明显不过"。就梅尝试迎合仇外情绪而言,那很成问题,但是罗德里克认为,它也与一个真实存在的问题有关:许多空谈从整体改变世界的精英,通常立意良善却从不参加集会;许多宣称感觉与全人类息息相关的精英,选择只居住在周围是同阶层之人的地方。"克林顿全球行动计划的参与者或类似的人给自己讲他们真的在改变世界的故事,"罗德里克说,"但他们并非真是政治程序的一部分。政治程序要求你和其他公民竞争并检测你的构想,公民的定义是既存的政治共同体的成员,而我们显然还没有全球层面的政治社会。"换句话说,政治与具体的地方、具体的共同历史有关。而泛指梦想的全球主义,有不属于任何人的危险。

对罗德里克来说,不只是从全球层面着手去解决问题缺少正当性(在没有一个世界政府的情况下,那往往意味着用私人方法,而私人方法往往意味着受财阀控制)。往这个方向推动会给予全球主义者"道德掩护,方便逃避他们身为国家公民的责任"。或更简单地说,这么做是在容许他们逃避与自己国内各阶层的同胞互动、了解本国社会所面临的问题，那可能牵涉他们、影响他们的选择及其特权——相对于像气候变化等全球议题或卢旺达咖啡种植园等遥远地方面临的困境，分散或距离可以避免他们感觉有人用手指戳自己的脸。

罗德里克说，全球主义者服膺一种与时代事实不同步的进步理论。"对世界如何运作预设了一种看法，而我认为那是假的，"他说，"即世界苦于缺少真正的国际合作。"对一些问题来说，这种看法完全正确，例如，全球瘟疫与气候变化。"但是在大多数其他领域里，如果深入思考，不管是国际金融、经济发展，还是商业和金融稳定，或国际贸易，在我看来，问题不是我们没有足够的全球治理，或没有充分的全球合作或共同努力，而是国内治理做得不够好，"他补充，"世界经济面临的许多问题，不管是贸易管制或金融动荡，还是欠缺发展和全球贫穷等所有问题，如果我们的国内政治运作良好，许多问题不会变得越发糟糕。"

他继续说："你以为可以从外部发展出解决方案、可以把这些方案空投到某个地方，或是可以通过这种跨国努力绕过当地政治，在我看来，虽然立意良善，也值得当作必要的补充，但是如果再进一步，取代我们应该实际进行的种种努力，我认为它很可能会带来反效果。"罗德里克认为，全球主义者推销的行善就能成功的反政治之举，与二〇一六年的混乱局面有"直接关联"。"着眼世界的金融、政治及技术官僚精英，"他说，"自己拉开与国内民众的距离，结果便是信任的丧失。"

纳埃梅卡（C. Z. Nnaemeka）几年前为《MIT 创业评论》(*MIT Entrepreneurship Review*)撰写的一篇文章便是讨论这种疏远。她批评二十几岁和三十几岁的精英忽视了"寻常的下层阶级"——不够富有到成为全球精英，也不够贫穷到吸引全球精英注意的人。"加尔各答、基贝拉或里约贫民窟更能引起关注，像西弗吉尼亚州、密西西比州或路易斯安那州生活困顿的居民遭到忽视。这种偏袒远方需求与跨国解决问题的倾向，可能更让人们觉得这些全球主义者彼此串连，并不关注他们的同胞。这种感觉受到一种普遍的愤世嫉俗情结刺激，引发出阴谋论和虚假新闻。此外，这种感觉也因为过去三十年来真实世界的改变而加深——这些改变意味影响众人生活的决定越来越不是由本国做的、他们小孩的玩具越来越是在不知道名字如何读的城市制造的，他们阅读什么内容越来越是由看不到的人写的算法所决定。"

这些改变有助于解释许多活在这个时代的人为什么会失去方向感，以及为什么原本应该是精英赢得同胞信任的绝佳时机——还有这种信任的丧失为何会带来如此激烈的动荡。罗德里克谈起希拉里，他说："她的政见对中产阶级与中下收入阶级的好处，会远比特朗普的提议来得多，但是她一直使不上力，我想就是缺少信任感，因为与一群全球主义者精英关系密切，或只是与来自高盛之类的人聚会闲聊，不管她的政见有多好都无济于事。如果政见来自你基本上不信任的人，如果你不认为他们在乎你的利益，这些政见就不会被严肃看待。"

全球主义者倾向和志同道合的人往来，就有把自己困在回声室里的危险。"全球化应该如何运作，有现成的故事可讲，而这些人不断把这些故事讲给彼此听，"罗德里克说，"这是一股抬升所有船只的浪潮，而这个故事不断被讲述，因而被强化，任何反对它的人基本上都被视为自私的保护主义者。"

"如果你对世界的认识出现偏差，要如何才能发现？"罗德里克自问自答,"在理想的民主世界里,公民权得以完全实现和参与,你可以通过国内的商议程序来测试理念,而且你了解到'好,等一等,我想那是一件好事,但是在北卡罗来纳州发生了什么事,那里的人因为北美自由贸易协定(NAFTA)而失去工作'。也许我们没有实施必要的保护措施,我认识到这一点,但是我们真的没有为这种风险和这种挑战提供保护。"

罗德里克表示,任何批评全球化的立场必须突破全球主义"世界一家"的道德光芒。团结听起来总是比分隔好,参与总是比划界线动听。克林顿本人是架构全球化的大师,并非将其看作一种选择,亦非可用各种合理方式实现的政策、激励措施的特定安排,而是道德进步的必然结果。"我尊敬反全球化人士,而且我认为他们的许多批评是正确的,但是他们想把我们带回全球化不曾发生的时代,"克林顿曾在一场演讲中说,"人类历史是从隔绝到相互依赖,再到整合的历程,一个分隔的世界难以永续,而且危险。反全球化人士想从相互依赖回到隔绝,那是不可能的。"曾经相当狭隘、以让企业更容易扩张和让协议程序最佳化作为核心的全球化观点,已被这种修辞粉饰为道德进化。这让它得以轻易把批评形容为仇恨,即使批评与仇恨毫无关系。你想限制与墨西哥进行某些贸易?什么!你恨墨西哥人?你不相信我们都是上帝的子女吗?

对罗德里克来说,全球和谐的梦想是可敬的,而且由像克林顿全球行动计划这种活动所彰显的慈善与社会关怀有着不容否认的好处,但他担心的是这些全球主义者的活动,同时也在破坏政治是塑造世界最佳方式的理念。"我想,政治发生的地点是这里涉及的关键问题,"他说,"正确的政治发生地点是在哪里,谁是做决定的当局？是这些人际网络和全球性集会吗？或是在国家层面进行？"谁应该进行变革，以及他们应该在什么地方进行？

当罗德里克说这些话时，已经可以听到全球主义者的反对：**不过我们到克林顿全球行动计划、达沃斯、阿斯彭研究所或斯科尔基金会集会时，并不是在参与政治，只是在助人。**"也许参与这些集会的人不认为是在参与政治，"罗德里克说，"但那当然是政治，只是这种政治发生的地点不同，而且对哪些人重要和如何改变事情的观点不同，以及有不同的变革理论、谁是变革的推动者。"换另一种说法，如果你试图塑造一个更好的世界，那么就是在参与政治行动——这引发出你是否采用一种合宜的政治程序来指导变革的问题。罗德里克表示，全球主义者眼里的世界公民通过伙伴关系改变世界，问题在于"你不对任何人负责，因为只有一群像你一样的全球公民作为听众"。他又说："有政治组织、有人民意味着其中包含问责，那是政治体制确保的东西，而这些集会则没有。"

罗德里克谈到的政治体制，不只是国会或最高法院，而是指所有这些行为和其他事物。它是公民生活；它是在公共领域中，通过政府的工具和在公民社会的管道中共同解决问题的习惯；它解决问题的方法是，给你协助的人在解决方案中有发言权，而且提供每个公民有平等的发言权，容许参与商议的管道，或是至少提供有意义的回馈机制，以反映哪些方法没有效果。它不是在会议时重新想象世界。

分组会议取名为《超越平等：为可持续发展凝聚女孩与妇女的力量》，会议主持人梅兰妮·弗维尔（Melanne Verveer）在开场致辞时说:"欢迎来到克林顿全球行动计划,我们的日出服务。"她说,她的小组是那天议程的代表,因为聚集了关于女性平等多重观点的不同利害关系人。出席会议的原来是三位企业主管与一位在联合国工作的男士,小组中没有女性主义思想家、倡议分子、律师、民选领导人、工会组织者或其他希望帮助女性的人。严肃的女性主义者可能会觉得这些专家代表有问题,但是以克林顿全球行动计划的标准来说,这不是一个随便组成的小组。相反,和讨论全球主义及其仇视者的小组一样,是一个可以期待能激发思维火花、同时绝对无须担心具体之人的小组。

像这样的小组是探讨罗德里克提出的一个问题的绝佳场所:这种民主性存疑但立意良善的全球主义者私人努力,是在"补足"寻求解决问题的国家,还是不经意间"取而代之"?

表面上看来,答案似乎很明显:一小群人怎么可能取代一个国家的民主?当然,他们有钱有权,但是国会和议会仍有自己的运作。当然,议程是国会决定的。

情况未必如此简单。斯坦福大学社会学家亚伦·霍瓦斯(Aaron Horvath)和沃尔特·包威尔(Walter Powell)研究了这个问题,并得出令人意外的答案。当精英以私人方式解决公共问题时,可以用有利于民主的方式,也可以用破坏的方式进行。前者发生在当精英协助"促进和扩大国家提供的公益,和照顾国家尚未提供的利益"时;但是同样的精英协助,在同样高尚的意图支持下,在以"为特定公共目的而进行各种私人计划取代公共部门"时,也可能会"破坏"民主,这些私人计划并非只做政府无法做的事,而是"排挤公共部门,进一步削弱公共部门的正当性与效率,并以效率和市场的狭隘考量取代公民目标"。

霍瓦斯和包威尔最有趣的分析是关于精英如何排挤庞大的国家机器。私人饭店举办的聚会上如何能让拥有常备军队的民主国家听任摆布？熟练而机灵的世界变革者往往寻求改变"哪些社会议题重要的公共讨论，设定讨论它们多么重要的议程，并指定谁是更好的服务提供者，以解决这些问题，而无须参与任何公民社会的辩论程序"。最聪明的精英救援者明白，他们生活在民主体制中并尊重这一点，他们没有忽视公共舆论，但并不表示他们会根据这种舆论提供帮助。霍瓦斯和包威尔写道，破坏性方法"并不征求公共意见，而是凭寻求影响或改变公共舆论和要求"来提供私人帮助。

所以有人可能询问小组：它是否只寻求增补公共问题的公共解决方案？或是凭霍瓦斯和包威尔描述的操作手法，影响人们的思考与谈论，将议题和可能的解决方案转向有利于精英利益的方向。

从一开始，主持人的选择为任何寻求回答这个问题的人提供了线索。以市场世界的标准来看，弗维尔是一个审慎的选择，她曾任美国国务院全球妇女事务首位大使，之前在克林顿主政期间，担任第一夫人希拉里的幕僚长。弗维尔因为是安全的、企业支持的女性主义者而受邀参与这种会议。（你不会在这类会议遇见像凯瑟琳·麦金农〔Catharine MacKinnon〕这种女性主义法律学者，或像维尔日妮·德邦特〔Virginie Despentes〕这种女性主义作家。）三十年前，弗维尔曾积极参与民权运动。如果小组成员在会议前调查过她，并担心她潜在的政治倾向，也会因为她经营的策略咨询公司网站而感到宽心，因为它引述了可口可乐首席执行官的一段话，谈论"女性已如何成为世界上最活跃、增速最快的经济力量"（市场世界是一个小世界，这位首席执行官也是应用程序 Even 共同创始人的父亲）。弗维尔的公司自称是"思想领导力的中心"，提供建议并为客户举办"影响力集会"。该公司明确表示，并不从事结构性的实质改变，化用迈克尔·波特的概念，提倡"创造共享价值——提升各年龄层的女性，同时促进可持续发展"。在市场时代，如果女权主义无法增进企业获利，一些女性主义者便认为，要求平等是一件强人所难的事。

弗维尔的女性平等小组成员有肯尼亚手机供应商萨法利通信（Safaricom）执行官鲍伯·科里摩尔（Bob Collymore）、联合国秘书长可持续发展与气候变化事务特别顾问大卫·纳巴罗（David Nabarro）、宝洁（Procter & Gamble）北美区负责人卡洛琳·塔斯塔德（Carolyn Tastad），以及销售护肤产品的德美乐嘉（Dermalogica）创办人珍·伍尔万德（Jane Wurwand）。他们做了开场演讲后不久，讨论逐渐归结到问题（在这里是妇女平权）的解决方案是创业。"对我而言，一切都关系到就业。"伍尔万德说。她指出，美容用品业为女性创造的工作占极大比例，赋予女性权力的最佳方式，也就是"关系最大"的一件事是让她们在这一行就业，并协助她们拥有自己的沙龙。最能解放女性的事刚好就是德美乐嘉下属部门的发展。

"好极了！创业！"弗维尔回应道。他们原本是谈论女性平权问题，但是现在似乎已将话题局限在就业及各自业绩的增长。他们谈论女权的条件是他们站在获利的这一边。

市场世界的思想与其说通过宣传与谎言进行，不如说是通过相反的手段。它的武器不是发言，而是沉默、没被邀请的人、谈话中的言外之意。这种方法可以避谈专业知识，以免形成对市场世界较不友善的反应。在没有多样声音的情况下，任何对这种小组的批评可能会引来奚落：什么，你不认为女性可以拥有自己的美容沙龙？你认为女性没有工作更好？因此不让赞同这种批评的人进入小组很重要。

例如，你不会在克林顿全球行动计划上听到：美容用品业是否助长了女性商品化（性别不平等状况加剧）？在真正性别平等的世界里，这一行业是否可能萎缩？小组成员宣称想要的平等世界难道没有可能让美甲、粉底液的销售量减少数百万？娜奥米·沃尔夫（Naomi Wolf）在《美貌的神话》(*The Beauty Myth*)中写道："任何深层、本质上的女性特质——女性如何描述生活、身体的感觉、胸部的形状、生产后皮肤的变化，都被重新归类为丑，而且是像疾病一样的丑。"她指出，这种认知的丑对商业是好事，因为像零售与广告等产业——美容沙龙和整形外科自然不在话下，"因为性的不满足而更加兴旺"。女性真正的平等不正是女性的赢、德美乐嘉的输吗？

你不会在这里讨论到像这类容易激怒人的结构性问题，那意味着某个人的进步是以另一个人生意损失为代价——指这场聚会的演讲人及/或赞助人的生意。因为组织者已把各自的工作做得很好——从主持人到小组成员的挑选，再到话题的拟定，因此出现此类问题的风险很小。小组讨论本身是永远充满光明、没有冲突的地方，鲜少看到真正激烈的哲学辩论，这对女性平权的话题来说是不同寻常的。偶尔两位小组成员有极细微的不同意见时，经验丰富的主持人就会像弗维尔在这场小组研讨的做法一样，果断地说："我不认为科里摩尔和纳巴罗的看法彼此冲突。"

不让争论出现在小组座谈上，不只是一个想保持外观悦目的决定。从细微处着手，它改变了世界运作的方式，因为它塑造了在人们离开会议室后，哪些观点可以谈论、哪些解决方案会被执行；哪些计划获得资助、又有哪些计划无法获得，以及哪些故事会被报道、哪些不被报道，而且把天秤再往赢家倾斜一些，确保那种友善的、双赢的解决公共问题的方法将继续占主导地位。质疑根本体制与想象其他可能性的人不会参与其中。

这种市场共识也扮演拉抬特定解决方案的角色，赋予它们类似"好管家"标志。例如，小组成员谈到多样性，主持人告诉大家，她的顾问凭借告知人们"多样性不只是多样性，还可以赚钱"而赚大钱。"多样性的优点是真正的优点。"她说。话题转向联合国的可持续发展目标。宝洁公司的塔斯塔德试图表示支持，她说："可持续开发目标在根本上与我们公司的核心目标一致，就是赋予人权力。"很高兴知道这一点。

然后主持人以另一种方法表达相同的观点，询问小组成员是否把女性平权视为企业策略的基本组成部分，或者应该让它继续是主要由慈善家和企业社会责任部门去思考解决的社会问题。伍尔万德认为，那是一个竞争优势。"赋予女孩与妇女权力是当红的新品牌建立法！"她解释说。在市场世界里，这是必须向听众强调的重点。"所以那不只是一件正确的事，"弗维尔说，"也是聪明的企业策略。"这是一项事业所能获得的最高赞誉。

女性平权如今被视为价值二十八万亿美元的商机，这在市场世界里已经成为重复不停的口号——"女性""平权"及"万亿美元"几个词可以任意组合。如果我们这个时代的逻辑可以应用到此前的历史事实，那么有人可能会提出一份报告，主张终止奴隶制度对降低贸易逆差有帮助。萨法利通信的科里摩尔接着说：

"当然，你应该这么做，因为那是一件正确的事，同时它还有强大的商业理由。"换句话说，你应该做，因为道德可视为足够的理由，可是既然我们都明白仅满足道德实际上还不够，你还应知道如何成功地运作商业案例。

到了问答时间，对共识的狂热崇拜持续着。愉快的气氛只中断过一次，一位自称来自世界疗愈酒店（Healing Hotels of the World）、有着德国口音的女士站起来发表评论。谈到小组想帮助的女性，她说："有时候我认为，虽然我们有着种种理念，却是加害她们的人。"

这一简单的陈述暗示着各种可能性：如果这些抱着凭借行善来成功的人是错的呢？如果他们的排外、不邀请异见人士和保持沉默是错的呢？如果这些有意的忽视加上他们提供的巨额经济支援，会对人们的生活有真切的影响呢？如果近几个世纪以来，世界各国纷纷拒绝未经民选、无需负责任的人举行秘密集会来为全人类做决定的做法，正因为此举为恶可能多于行善呢？民主政治的崛起不就是因为人们明智地对这种集会心生疑惧吗？如果一个非经民选的组织做出错误的决定，影响广阔的社会，并祸及数百万没有权力、关系的人，声称代表他们的利益与心声，实际上是不公平和不正当的呢？如果在这种会议室重新想象世界实际上是聪明的商业策略，并非是正义之举呢？

世界疗愈酒店那位女士的评论是小组研讨会唯一被忽视的，主持人倾听、点头，然后继续下一个讨论。

这些有关愤怒、参与和民主的质疑盘旋在会议上方，酝酿着克林顿全球行动计划最后一天最后一场会议的气氛。这场会议名为"想象所有人",核心部分是各方期待的由克林顿发表的告别演说,他希望为克林顿全球行动计划遗产留下他的第一篇记录。

克林顿演讲了一个多小时,也许是面对一个仍然爱他的世界的最后一场演讲,回顾克林顿全球行动计划模式的历史并称许它获得的成就,他认为最大的贡献是吸引私营部门行为者进入解决公共问题的领域。不过,难以判断的是谁对谁的影响更大。克林顿谈到持续创新、影响力、可扩展性、利润、数量,这都不是他从耶鲁大学法学院毕业和竞选阿肯色州州长时说的话。日后发生的重大文化演变之一是,政治领袖面对日益增加的压力,如果他们想被市场世界严肃看待并获得帮助,就要减少使用政治语言、多用商业术语。克林顿和许多领袖一样接受这笔交易。那是他推广的新慈善模式对公共生活带来破坏而非有所贡献的另一种表现:私营部门不仅加强了在公共领域的活动,还改变了公共领域思考和行动的语言。

当然,克林顿全球行动计划上,没有人会被发现在诋毁民主。克林顿推广的解决问题替代模式,目的并不是要与民主相冲突,而是要增进民主。他描述这种伙伴关系模式是"好人致力于创造性合作的鲜活证明,对于帮助今日的人群以及给予我们的后代更好的未来方面大有助益"。然后他又令人惊讶地附加一句:"这是在现代世界唯一行得通的模式。"

根据这位历史上最强大国家的前总统——从政治左派转变成中间派,他的妻子在几个月后也将角逐相同的位置——的说法,现代世界唯一行得通的方式是,私人凭借捐款来拯救世界的做法充满善意,但不用对公众负责,基于企业、慈善家和其他个体行为者发起的双赢伙伴关系进行,并且(有时候)受到公职人员的祝福。那些计划都不在公共监督的范围内，而是在思科、帝亚吉欧、宝洁、瑞士再保险集团、西联汇款及麦当劳等公司举办的论坛上草拟。根据克林顿的说法，唯一在现代世界行得通的解决问题方法是，人们事后才知道，自己得到帮助，但是人们的心声却无法被听到。

　　克林顿谈起全球主义者感觉受到围剿："此时此刻不是这类言论风行的时候。"他谈到他们的思想。"今日在世界各地，"他说，"有许多人忍不住说出我刚才告诉你的话，'不，你错了，人生是一场零和游戏，而我输了。你错了，我们的差异比我们共通的人性来得多。去他的人类基因组计划，说什么我们有99.5%相同。不，选择憎恨胜过和解；选择愤怒胜过解答；选择否认胜过赋权；选择围墙胜过桥梁。这些都不是正确的选择，你们在这里十一年来的选择才是正确的选择。"

　　这是唯一形成选择的方法吗？人们抵制全球主义是否有正当的理由——本身便值得倾听的理由，而非被空洞地诋毁成支持憎恨和差异？克林顿的全球主义者梦想值得敬佩，但是也与其他梦想不相容。它要求做出艰难的选择，这似乎不可避免且不难理解，它试图将对与会的富豪有好处的东西与对普通人有好处的东西混为一谈，它宣扬另一种改变世界的愿景，保持根本的制度不变。克林顿指出他的哲学正遭到抗拒，但是他并未充分地解答遭到抗拒的原因。他创立基金会时奉行的双赢信条不仅不流行，更是让大众觉得在决定自己前途的事务上遭到排拒进而反抗的原因之一。

　　八个月后，克林顿在他纽约市郊区查帕阔（Chappaqua）的居所附近遛狗时遇见一位邻居，对方是热烈支持特朗普的"愚蠢"右翼分子，在克林顿全球行动计划最后一次会议结束后几周，如愿以偿地看到他的邻居希拉里败选。这位邻居与克林顿常常各据不同立场，开彼此玩笑。因此克林顿回忆说，那天他和邻居又在笑谈时，对方说："奥巴马和希拉里发动了第二次内战。"

克林顿在位于曼哈顿四十层楼高处的基金会办公室里，一边啜饮着不加奶的茶，一边讲述这个故事。他已有六个月的时间，可以反省那场让美国骤然陷入特朗普时代的败选。如果说他妻子是作为竞选纲领失败的候选人而深受打击，那克林顿则是以一种不同的、较抽象的方式受创：特朗普击败了希拉里，但助长他"美国优先"竞选声势的，却是对克林顿不遗余力带头倡导的全球主义者共识的否定。

"在小规模上反映出至今仍在全球范围内进行的竞赛，一边是包容性合作（涉及人际网、不同人群朝共同的目标努力），另一边是效忠民族主义的重申。"他对我说道。世界在熊熊燃烧，甚至连住在优雅的查帕阔街区的人们也感知到国家处于某种内战时，克林顿无法逃避以下可能：所属阵营正在输掉这场定义其政治生涯的"划时代全球性竞赛"。他的邻居就算愚蠢，至少得到作家潘卡吉·米什拉（Pankaj Mishra）分析的支持。米什拉论及全球面临恐怖暴力、仇外情绪及政治动荡的时刻，表示："未来的历史学家很可能会把这种不协调引发的混乱看作是第三次世界大战的开始——也是最长且最奇怪的战争：一个近乎遍及各地的全球性内战。"

世界正处于"强烈的憎恨期"，克林顿说，"在这样的时代，恨同样的事物，同样的人，这变得重要起来"。他指的不只是美国选举,也包括英国脱欧、欧洲兴起的极右翼民粹运动等,而他的结论是,尽管他的新哲学在散播繁荣和承诺,"世界上仍有如此强大的零和阵营"——相信"输赢"的人认为他们的进步只能以别人的退步为代价。克林顿仍然相信线性发展的进步,增长应突破国界;他相信世界总有一天会清醒。他重申经常说的话:正确的方法却无法矫治世界是很正常的事。

这种信心可谓市场世界对米什拉称为"愤怒年代"的标准回应:是的,这个时代的赢家必须把胜利扩及他人这件事做得更好。但这是一个简化的解答。它回避了赢家面对的更难、更迫切的问题。而那与造成今日情况的罪责,还有他们及其监管的体制是否必须改变有关。部分精英为克林顿的理想做出很大贡献,这当然值得钦佩,但是他们对于这种因为不信任精英所助长而在美国及世界各地沸腾的愤怒是否应承担责任?"是的,绝对有,"克林顿说,"但是……"

"是的"反映出全球化赢家对双赢的过度自信。"我想有许多生活在舒适环境中的人理论上知道存在流离失所的人,"他说,"却认为赢家永远会比输家多。"这个假设未必是真的。至于"但是"这部分,克林顿怪罪他的右派政治对手。"我也相信,当艰困时期来临时,至少在美国,我们阵营这边不管是富人或中产阶级,都较愿意想办法解决问题,"他说,"对面阵营的人发现,如果他们什么也不做,就可以怪罪我们,还可以因为他们错误的行为而得到报偿。"他补充说:"所以我们有责任,但是那些不愿意解决问题的人更有责任。"

克林顿表示,从后见之明来看,他和同伴本该更努力帮助普通人吸收变革的冲击。他在担任总统期间签署《北美自由贸易协定》时，本该多加限制。他在想当时是否该对把工厂移往海外，造成国内工作岗位减少，并把海外产品进口到美国的公司课征关税，以及他是否应该把支持《北美自由贸易协定》与课征关税建立关联。他想象这种立场应是："瞧，我很乐意签署这项协定，但是我想对出口商收费，以便照顾因他们迁厂而失业的人。"他本该在协定签署前，更努力地争取分配就业再培训资金，并争取更多的企业激励措施来稳住本国的就业机会。他也表示，当奥巴马总统推动全球气候协定时，也本该为煤矿等产业可能因此失去工作的工人提供更多保障计划。克林顿承认应该为此担负部分责任，但是他也指出，他做的每件事几乎都受到共和党对手杯葛，所以这些遗憾可能只是假想的情况。

尽管如此，他担任总统时的政治对手并未说出近几十年来，对成千上万的美国人来说生活如此艰苦的根本原因。和后来的奥巴马一样，克林顿在富豪捐款人支持下，对抗军方的保守派与自由放任主义者，这些富豪厌恶公共的、政府式的解决问题方法。严格来说，这正是市场至上支配美国并造成数百万美国人前途惨淡的动因。但是共和党代表不到一半的美国人，民主党有机会支持一种健全体制以取代市场霸权。你可以说它在某种程度上做到了，只是在克林顿和奥巴马执政下，民主党通常采取不温不火、对市场友好、捐款人认可的方式，对仇视政府者大幅让步，以致整个事业失去强烈的使命感。

耶鲁大学政治学家雅各布·海克曾被封为民主党的思想"金童"，在采访中表示："许多进步派人士仍认为政府的作用是根本的，但是他们已失去对政府能力的信心，而且在许多例子里丧失了如何去谈论它的语言。"他说，共和党人直率地表达对政府的轻蔑。民主党人,尤其是克林顿这一路两边都不得罪、市场友好型的中间派,并未以积极展示政府能力的策略对抗这种轻蔑。海克说,像希拉里这样的候选人反倒以"朦胧的"语言谈论"让不同种族和阶层的人团结一致"和"以某种方法一起解决问题",但是仍然"不情愿谈论运用政府本身"。他们继续以这种方式竞选,尽管政策仍承诺采取政府行动,甚至提出的政策也反映了矛盾心理:全民医保,但不是由公共提供;支付大学学费提供帮助,而不是免费就学;私立学校,而不是平等就学。克林顿有一段著名的话概括了这种犹豫,这段话的第二句很少被引用:"大政府的时代已成过去,但我们不能回到让公民自生自灭的时代。"

海克认为,这种犹豫和"对政府丧失信心",已"对两党带来巨大的不对称效应"。他说:"对共和党人与右派来说,对他们的目标有利——在大多数情况下,但是不必然如此,因为如果政府什么也不做,和他们想见到的情况一致;但是对左派与民主党而言,却是巨大的损失,因为他们的美好社会愿景是有许多宝贵的公共财产和福利来自政府行动这个根本。"

为了说明海克的论点:克林顿患有心脏病,这促使他尝试更健康的饮食。正因为如此,他决定解决儿童肥胖问题,而这个问题当然是因为加工食品与软性饮料制造商有很大的政治影响力,并且有办法把他们的产品带进公立学校。

可以预料,右派对这个问题的回答会是赞美自由市场,而左派则会提议召集政府,诉诸法律,以保护儿童免受企业的毒害,因为儿童既无法投票反对企业,也难以自行组织反制的力量。对一个没有法定权力但仍有能力为运动加持的前总统来说,我们可以想象发起类似进步时代(Progressive Era)的运动来对政府施压，终结这种被滥用的获利行为，但他的提议却是让这类企业更容易通过销售较健康的产品来赚钱。

"如果你希望它们减少伤害，就必须创新，因为它们仍必须赚钱，尤其是对上市公司来说。"克林顿说。这的确是底线。我们必须优先考虑市场，即使是一个一辈子从政的人也觉得有责任满足企业的要求。与其声讨企业停止减损儿童的寿命，尤其是贫穷家庭的儿童，不如确保它们找到更好的营利模式来取代目前的有害模式。

克林顿讲述了他向这些公司提出的双管齐下的观点："我们知道你们不希望让学校里的所有孩子得2型糖尿病，我们知道你们不希望得这种疾病，因为它对心脏有害，因为这些孩子到了三十几岁，两腿可能被截肢，必须坐轮椅，他们不该喝太多汽水。"不伤害儿童不但是正确的事，也是聪明的商业考量。否则的话，克林顿说："这种企业模式会自我吞噬。"他曾与企业合作，自发地降低产品包含的热量，这让儿童受益，而且完全无须政府干预。"最佳政府寻求让私营部门做更多的事。"克林顿说。而他很自豪以让公司保有赚取合理利润的方式来帮助儿童。"它们仍能赚到钱，因为兼顾两者。"他说。

在追求由私营部门做好事（虽然没有改变整个行业仍在伤害儿童这一事实）之际，克林顿透露如何与市场优先达成妥协。他一度用以下方式描述这种妥协，当面对一个坏制度，知道它存在缺点，希望改变它，但不想因高估自己的力量而失败时，你会怎么做？"怎么做才恰到好处？"他说，"你要喂野兽吃多少？"也许克林顿就像许多持双赢态度的全球主义者一样，在如何面对过去三十年来富豪阶层的影响力这个问题上，喂野兽吃得太多了。他对私营部门领导社会变革削弱政府带头解决问题的习惯和观念这一批评有什么看法？"我想其中有一些道理。"他说。他也表示，自己尽可能在慈善工作中试着与地方政府合作，"联络相关领域的非政府组织，并对人们的建议保持开放态度"。

不过，这种与政府合作的尝试，不能等同于深信政府的力量，认为那至高无上，用来改善人民生活。克林顿似乎承认这一点，在谈到一些行善的全球主义者，无论是在美国的家还是在海外工作时，有时候会忽视应强化民主的责任。"如果你在波及面广泛的情况下做这件事，就有义务构建政府解决民生问题、对抗贪腐的能力。"他说。但是有许多追求变革的全球主义者忽略这一点，这让克林顿忧心忡忡。他说："我试着告诉像汤姆斯帆布鞋创办人这样的年轻企业家——他捐献鞋子，他是好人，告诉他们只要可能的话，最积极与影响力最持久的事是，以提升地方官员解决问题能力的方法做事，包括行政当局、各类公务员及民选官员。"

因此，克林顿提议对行善者进行一项测试，以判断他们的帮助是否真的改善情况："你做完的善事，它会是可持续的吗？管理人民的政府是否更有效率、反应更灵敏和更诚实？"但是把这个原则应用在非洲，以解决软性饮料、果汁及儿童肥胖问题，可能会比在美国容易。这些美国富豪朋友未必会去批评处事积极的非洲某国政府，但是在自家后院却偏好双赢的解决方案，这时候太积极的政府可能意味着高昂的成本。

克林顿不喜欢认为他与超级富豪的关系（并因此获利丰厚）改变了他，或者说塑造了他思考的方式。是的，他已经变成全球思想领袖界的霸主，一场演讲的收费高达数十万美元。据说他在某些演讲前会与富豪小团体午餐。与他一起吃饭、听他畅谈世界大势的富豪每人都得支付一万美元。但克林顿辩称:"当你不再能做对他们有好处的决策时,顾虑也会少。"他说得好像无法想象卸任总统赚取数千万美元的机会,可能影响他在位时的关键决定。

在我们这个愤怒的年代,许多人似乎觉察到领导人已变成亿万富豪和百万富翁的伙伴,并已影响这些领导人的信念。这种直觉对克林顿妻子的竞选造成阻碍,协助伯尼·桑德斯出人意料地崛起,然后是特朗普似乎不可能的胜选——特朗普本人恰恰代表特朗普指出的症结,更让一切变得怪异。民选领导人在卸任公职后,与富豪阶层结盟是无可避免的吗?这和今日精英所面对的愤怒背后蕴藏的不信任、疏远和社会分化等问题无关吗?

克林顿表示,根据最新一次统计,他已有偿做了六百四十九场演讲,并把近半数的收入用在缴税、捐献给慈善机构,以及帮年长的亲友支付医疗费用。(他指出,如果你直接付钱给医疗机构,就不必缴纳赠与税。)"如果有人认为我因此而腐化,我得说我大致上是拿有钱人的钱,再把钱送给穷人,"他说,"我和罗宾汉还不一样,不必把箭对准富人。"

那股愤怒真的是莫须有吗?

"别忘了,我们生活在极端憎恨爆发的时期。"克林顿说。他认为这种情绪有一部分是针对金融危机:"公众对自己的遭遇感到愤怒,并未因为破产的富豪人数和坐牢人数之多而消除。"这种情绪还针对全球化、科技及其他变化带来的扰乱。换句话说,他并不认为他和同侪做错了。他认为,那些人充满怨恨,想找替罪羊,只是因为他们的生活艰辛。说穿了,正如与会的拉札德投资银行家所称,"这些人",只是像萨迪克·汗形容的"被牵领上恐惧政治的道路";按克林顿自己的话说,今日有许多愤怒的人"不知道他们在做什么",只是屈从于"区隔我们—他们的情绪冲动"。

不过,克林顿知道,对全球主义者的怨恨已威胁到所谓世界一家的梦想。可能的回应是,接受这种普世怨怒的教育并改写先前的梦想,扭转丹尼·罗德里克所言长期以来"让民主为全球经济工作,而非反过来行事"的习惯。这不是克林顿偏好的方法。世界一家的梦想对全球主义者而言是无可妥协的。克林顿表示,挑战在于如何兼顾"优先照顾美国,同时不从世界其他地方逃离"。他确定那将是双赢的方法,民众的愤怒并未改变他的做法。

克林顿是以全球化、快速变迁及市场霸权为特征的那个时代的主要塑造者之一,而且他也是那个时代的产物。他一直相信追求改革,也是朋友和批评者眼中公认的务实主义者,深谙风向的改变。在他的从政生涯中,大环境越发倾向市场友善。在他高中毕业的一九六四年,根据皮尤研究中心的调查,77%的美国人对政府抱持高度信任,至今这个数字滑落到百分之十几。相信以政治力量改善民生并以亲身经历展现政治可能性的克林顿接受这种转变。他接受企业必须赚钱,也相信儿童的利益必须纳入考量。他在后总统时期做的善事与拯救的生命或许比任何一届前任总统都多;同时他也接受今日行善的方式应受到某些限制。市场世界大行其道,甚至连一个领导过如此强大的国家机器的人现在都说,富豪阶层进行的私人社会变革"是现代世界唯一行得通的变革模式"。

对质疑这个观点的人来说,不是否认它能做善事,正如质疑君主专制并不否认国王总是希望国家经济强盛；而是说不管国王做什么，即使他做得再好也不够，重要的是他怎么做：隔绝状态、一切都取决于国王的仁慈是否持续、王室犯的错误能改变他们不应改变的子民人生。同样，质疑凭借行善成功的全球主义者不是质疑他们的意图或结果，而是说即使把一切因素都考虑在内，相信他们是能促成有意义变革的最佳人选这一观点也仍有点不对劲。质疑他们的优越地位，就是在质疑"对世界最好的恰好是有钱有权者认为对世界最好的"这个前提。也就是说，你不想把你对世界的想象局限于在他们的支持下能如何改变。那相当于承认，一个越来越充满私人贪婪、由私人提供公益的世界，是一个不相信人民、不相信他们的集体能力足以想象另一种理想社会的世界。

克林顿自始至终都看到四周愤怒沸腾真正的意涵，他看到市场世界式的变革排挤民主的倾向。他忧虑看到社会出了问题的年轻人，却不像他年轻时那样呼吁改革，而把他们的质疑局限在能创立哪些社会意识型企业。他承认，在我们这个全球化、数字化时代，那些养尊处优的人过度推销他们对进步的定义。他感到遗憾的是，变革的赢家未能对输家进行足够的投资。

克林顿能看到并承认所有这些事，却不愿大声说出精英的罪过；或是呼吁权力重分配和根本的体制改变；或是建议富豪统治阶层可能必须交出珍视的事物，以便其他人有一点超越贫贱的机会。总有人得这么做。

后　记
"其他人不是你的小孩"

克林顿的全球行动计划最后一次大会结束后两个月，也是特朗普赢得总统选举后三周，在距离总统当选人的第五大道顶层豪华公寓以北二十六个街区的一栋度假公寓大楼，一群厌恶特朗普的人正聚在一起，一边举杯庆祝假期，一边享用北京烤鸭。一个我们可称呼为妮可拉的女人在客厅里踱步，四周是穿着优雅晚礼服和笔挺西装的客人，知名编辑、执行官，甚至电视医生脱口秀的表演者梅默特·奥兹（Mehmet Oz）也在场。妮可拉觉得很沮丧，宴会上每个人都看起来如此。每个人都在想他们能做什么。

妮可拉觉得世界正在发生巨大而危险的转变，与她的生活所代表的一切都背道而驰。她是墨西哥人，而新当选的美国总统打算兴建一道墙，阻止她的同胞进入美国。她之前当过新闻记者，这在新政府看来她是"人民公敌"。她是一个骄傲的全球主义者：曾担任驻外通讯员；她在伦敦求学时，尚且无法想象英国会脱欧；曾为一个市场世界的关键会议工作数年，而现在她为一个经常受特朗普谴责的国际组织工作。妮可拉为日益扩散的愤怒政治情势所苦恼，她和宴会上的许多人希望采取一些行动。妮可拉表示，总得有人向那些暴民解释全球化、贸易、开放及"我们秉持的信念"——她是指自助餐会上的市场世界人士。妮可拉说她可以创立一项新计划，就设在世界经济论坛，也就是每年富豪阶层都会齐聚的达沃斯。她不是唯一有这种想法的人。在那个发生剧变的冬天，面对民众的反叛，市场世界的每个地方都有人计划着对策，如何能继续掌权。

如果真的有人相信同样的滑雪小镇论坛和研究计划、同样的政治人物和政策、同样的创业家和社会企业、同样的竞选捐款人、同样的思想领袖、同样的咨询公司和行事准则、同样的慈善家和洗心革面的高盛主管、同样的双赢和凭借行善成功的计划，以及公共问题寻求私人解决，均承诺宏伟（虽也算谨慎）地改变世界，即使只是表面上的改变——如果有人相信市场世界的人、机制与理念构成的综合体，高唱改变世界却未能阻止混乱发生，他们对现实的忽视恰恰助长民粹主义的气焰，还能是走出困境的解决之道的话，就用本书轻轻地拍醒他们吧！对这个难以承受的问题——我们何去何从？无法逃避的解答是：在不曾领导过我们的人的领导下，走我们不曾走过的路。

夜深人静，安德鲁·卡索伊（Andrew Kassoy）坐在布鲁克林区连排别墅的客厅里，思考他备受赞赏的方法的局限性。他想，还有其他改变世界的方法吗？而别的方法还有他立足之地吗？

卡索伊是以市场世界方法谋求改变社会的倡导人。他是我们的时代中许多从成功的商业生涯转而追求更正义和公平道路的人士之一，而且采用的是他经商时所用的工具与思维方式。他花十六年任职于他称为"完全主流的私募股权业"——DLJ房地产私募基金、瑞士信贷第一波士顿银行，以及协助科技大亨迈克尔·戴尔投资个人巨额财富的MSD资本。那是许多人梦寐以求的职业经历，但卡索伊认为那只是偶然的际遇。"我来自一个极其自由、主张社会正义、学术导向的家庭，却走上从商这条路。"他说。也许卡索伊是被一则广为流传的故事所诱惑。

二〇〇一年，卡索伊获得阿斯彭研究所颁的亨利·克朗奖学金（Henry Crown Fellowship）。这是颇负盛名的精修学校，协助研究员从经商成功转型为追求让世界更美好。它的使命是动员

"新一代领导者"来"解决世界上最棘手的问题"。它却以特定的方式定义领导者:"经验丰富的企业家,主要来自商界,已获得成功并准备应用他们的创造性才能打造更好的社会。"研究员在两年期间聚会四次,每次聚会长达一周。他们阅读并讨论重要文章,辩论是什么构成一个"好社会",并发展附属项目,以不影响他们赚钱机会的方式行善。卡索伊在那一年夏季参加位于阿斯彭的第一次研究聚会,而那些阅读和讨论让他眼界大开。这段经历唤醒了他对私募股权业者潜在的不满。"那是相当强烈的感受,因为它促使我说'我已经在这个行业做了十年、十一年,该好好思考人生是怎么一回事的时候了',"他说,"然后我回来了,'9·11'恐怖袭击发生了。"

在前金融家之间,很容易听到这类故事:要把人从养尊处优的生活摇醒,可能需要一些不可抗力因素(癌症、离婚、死亡),有时候需要不止其中一项。但是正如卡索伊学到的,光有这种外力可能还不够。他开始思考自己还能做什么。他说:"坦白说,我缺少勇气去做任何真正感兴趣的事。"

"勇气"这个词暗示卡索伊当时认为可能要做的事涉及用他的特权交换另一种生活。他假想任何善行如果真正实施,必定会付出金钱代价,这也许是他家族的政治遗产。换句话说,他在一开始的直觉与市场世界传来的信息相背,特别是他大可以鱼与熊掌兼得。这个假设让他害怕。"我最后几乎打消了念头。"他说。私募股权业将继续是他的饭票,而他还是可以帮助人,不冒风险,只要兼做。他找到名叫"绿色回响"的组织,该组织为社会企业家提供种子基金。"最后我进入董事会,因为他们正在找有钱可捐的金主。"他说。

经过多方探寻后,卡索伊发现自己身处熟悉的领域。"绿色回响"是由另一家私募股权公司泛大西洋投资集团所创立,根据网站的介绍,泛大西洋的领导层"预测他们采用的创投模式很有效,也可以用来推动社会变革"。他们的革命将应用杠杆操作;也许主人的工具真的可以用来拆除主人的房子。泛大西洋创立于一九八七年,"以威廉·布莱克关于建立一个更好世界的诗句命名"。

卡索伊开始兼职担任"绿色回响"的顾问,他们多半是寻求把自己的理念规模化的社会创业家。他开始注意到他们碰上一个共同的问题。一些人创立企业是为了赚大钱,但是那些抱持"绿色回响"理念的人"创立一家营利企业,因为他们认为那是大规模应用在解决所关注的社会问题的更好方法"。他举的例子是提供咨询的萨拉·霍罗维茨(Sara Horowitz),她创立自由工作者联盟,代表优步司机和杂志作家等独立工作者。霍罗维茨原本想担任中间人,协助这些自由工作者集体购买医疗保险,进而意识到,如果她创办健康保险公司会更容易、更有效。但经济不是为像霍罗维茨这种人设定的,一家不纯粹为股东利益而经营的公司会有被投资人控告的风险。一如我们所见,对公司法的主流解释从二十世纪七十年代以来就把为股东赚钱视为企业的首要责任,一家把社会目标置于商业之上的公司在这种体制下没有立足之地。

卡索伊因此开始像他说的,对"如何建立让人以不同方式做生意的市场基础设施"感兴趣,这种兴趣逐渐占据他越来越多的时间,甚至是工作时间。"我发现自己真的每天花一半时间,坐在我的办公室里会见这些社会企业家,而不是在做私募股权工作，对我、我的雇主或合伙人似乎并不是好事。"他说。卡索伊经历从专心追求私募股权事业的成功，到意识到对其他人的责任，再到发现安全的华尔街式变革社会方法的过程，而现在他已准备好把全部时间投入市场世界式的变革之法。

卡索伊仍然与斯坦福大学时代的两位朋友保持密切关系——也在苦苦寻求解决相同问题的杰·科恩·吉伯特（Jay Coen Gilbert）和巴特·胡拉翰（Bart Houlahan）。他们创立一家鞋业公司，卡索伊也是投资人之一，并打算在几年后出售公司。该公司以采用对社会负责的生产方法著称，不过支持这家公司的风投资本家希望得到报酬，而这让社会责任式的做法面临考验。"该卖公司了，"卡索伊说，投资人等于是这么建议，"七年的时间到了，你们要把公司卖给出价最高的人。"他说，问题是"愿意支付最高价买下公司的人是最认为有机会摆脱这些东西——负社会责任的生产方法，以便赚最多钱的买主"。

三人思考解决这个问题的构想，至少想出创造一个平行的资本主义基础架构、与传统架构并存的点子，在这个架构里，企业可以较负责且较觉醒，但是仍然从资本市场筹资与遵守法律。B型企业——亦即共益企业（benefit corporation）就在这种情况下诞生了。三人创立一间非营利的B型实验室（B Lab），根据严格分析企业的社会和环境作业，提供行为优良企业的认证。众筹平台"启动"（Kickstarter）、亚瑟王面粉（King Arthur Flour）、班杰利（Ben & Jerry）及巴西化妆品公司自然（Natura）都是B型企业。

卡索伊和两位联合创办人希望让世界变得更好，而且他们发现一种与市场世界价值观相符的方法。他们让愿意行善的企业更容易做，同时忽略作恶的公司。"根本理论是'让行善更容易'，"卡索伊说，"让辨识好企业更容易，制作一个人们能了解的品牌，然后要求企业领导人采用这个品牌，大声说出他们的价值观。然后渐渐地我们将创造一个经济的新部门，最后所有人都能看到这是一个真能成功的经济部门，然后追随这种做法。"

卡索伊及其共同创办人希望借由认证觉醒企业，改变较大的商业体制。"我确实认为，而且仍然认为，这是一个改变体制的模式。"他说。但是他们以市场世界的方式，不直接挑战体制，只是寻求应用一种不同的方法。他说，他们不从体制直接下手的原因是他们"不知道如何达到彼端，特别是我想我们三人都来自私营部门，不是很了解真正的公共政策"。他说，他们三人"只有一些模糊的概念，想证明一些事，最后让政府采用，这只是一个笼统的构想"。

十年间，他们把数百家企业转变为 B 型企业。但是，卡索伊坐在客厅说，公司正在经历重新思考期，依据的指导是"带领达到今日成就的无法带领我们达到未来"这一信念。他们究竟想要到达哪里？达到他们一直所忽略的体制变革。卡索伊表示，知道自己做得不错的是证明了一种模式，但是还达不到改变商业本身，而他们希望更上一层楼。

这段重新思考期激发许多问题，例如，是不是应该有一种"轻量版 B 型企业"，一套评分系统可供不符合正式的 B 型企业标准，但想透明化评估自身作业方法的企业使用？最棘手也让卡索伊最烦恼的问题，涉及是否要坚守市场世界的"让行善更容易"口号，或是要寻求让造成伤害的人付出较高的代价——这意味着改变涉及每个人的商业体制，在政治和法律而非市场的竞技场中战斗,并更侧重于阻止坏企业,而非鼓励好企业。卡索伊纠结于是继续谨守市场世界的假设、梦想及双赢改变理论,还是要追求另一种让他感觉较真实,也许更难达成的改变。

例如,B型实验室最大的胜利之一,是创造出一套平行的企业法则,首先在马里兰州实施,后来也被其他州采用,这套法律容许企业植入社会使命,而无须担心股东诉讼等法律问题。赋予好公司这层保护很重要。不过,卡索伊仍然不确定"在较大的体制中,一种选择加入(opt-in)的制度到最后能否战胜既有利益的力量"。让电商平台Etsy更容易行善是否比让埃克森美孚(ExxonMobil)更难作恶来得重要?能不能同时两者兼顾?

卡索伊觉得深受改造体制的吸引,虽然他过去十年花在另一种方法上。"我不确定每个人都会这么说,但是我相信政府监管企业应该扮演重大的角色,"他说,"我们无法改变每个人,无法改变人类的贪婪。企业的行为很恶劣,特别是有一些'剥削性企业的存在',本身就代表把社会成本加诸所有人身上。""我们无法消灭所有这类事物。"他表示。

美国有数百万家公司,在B型实验室宣扬理念十年后,却只有数百家B型企业。卡索伊现在比创立B型实验室时更清楚地看到,解决不平等、贪婪和污染这类问题,需要的不只是让行善更容易。卡索伊不是唯一恍然大悟、想到他们的做法可能不够的市场世界人士,这么做不足以改变世界,甚至不足以改变一个国家。不过,这些市场世界人士往往不了解变革实际上如何运作,或是他们有时候半信半疑地感觉追求其他类型的改变需要自己欠缺的技巧。如果政府是你要改变体制的地方,身为个人的他们该怎么做?他们可以向政府请愿,可以加入运动以争取改变法律与政策。但是卡索伊和许多市场世界人士一样，对这种方法感到畏惧。他和许多市场世界人士有同样的感觉，就是他们根深蒂固的商业背景让自己难以适应政治领域的运作，在政治领域中，输赢是常态，斗争是站队选择，而非双方达成的交易。冲突可能会吓跑企业型的人。"我不是很有办法的活动家，"卡索伊说，"我认识很多这种人，我很支持他们，但是我个人不擅长。我不能说这是不是缺少勇气，或是缺少技巧——我想优秀的活动家需要某种操纵技巧，但是我不擅长这种事。"倡议行动是操纵的想法很奇特，这听起来较像不愿意从体制下手的借口，而非理由。

有时候卡索伊对他的构想充满信心，认为足以显示更好的资本主义应有的样子，并把变革体制、阻止恶行的工作留给别人。他说，那"不是我最擅长和最有用武之地的事"——企业语言不自觉地凸显出重点。那不是他具备的技巧。马丁·路德·金博士的努力可与他在体制修补的努力相比拟。"金需要马尔科姆，"他说，"我不认为我们现在做的事能改变资本主义本身，但我相信我们已创造出一个模式。"在另一些时候，卡索伊对这一逻辑并不是很有把握。他不断回到监管问题。"我是倾向大政府的人，"他表示，"我认为国家应扮演重要角色，而我不知道该如何让它实现。"

卡索伊的矛盾心理好像是耶鲁政治学家海克谈论政治上的自由派，他们在哲学上相信政府和以公共方法解决公众问题，却又像吸二手烟那样吸收右派对公共行动的轻蔑。右派人士积极地相信市场作为解决方法的优越性，而自由派却表现消极的态度——他们不拒绝理论上的公共解决方案，却在实务上追求私人方法。"我永远在和我父亲辩论，"卡索伊说，"他认为地球历史上最邪恶的一个人就是罗纳德·里根,因为他凭一己之力说服整个社会相信政府就是恶。"卡索伊又补充:"如果你思考克林顿在二十世纪九十年代的成功,他的第三条路基本上就是大量采用那种语言,所以在相当长的一段时间里没有人告诉我们政府是好的。"说这段话似乎让卡索伊反省他是否不自觉地变成通过倡导私人手段解决公共问题而强化与政府对立这个自由派链条的最新一环。"现在我只要想到这件事,可能就会睡不着。"他说。

不管卡索伊私下的疑惑有多深,B型企业受到整个市场世界的赞扬。阿斯彭研究所不只授予卡索伊一个人亨利克朗研究员资格,而是授予B型实验室的三个共同创办人。福特基金会已经给予B型实验室一笔研究经费。三个创办人常常被赞誉为"思想领袖",也经常如此自称;三人中有两人曾在TED演讲。卡索伊团队认证的B型企业是海上峰会上最令人钦佩的企业,他们认证企业的方式在达沃斯被热烈讨论。乔治城(Georgetown)的贝克社会影响力与创新中心(Beecker Center for Social Impact & Innovation)表扬B型实验室研究训练人们"以商业作为行善力量"。一家称为桂冠教育(Laureate Education)的知名B型企业吸引到索罗斯和KKR投资,并任命克林顿担任"荣誉校长",据《华盛顿邮报》报道,这份工作五年的酬劳高达一千八百万美元。"你应该看看这些B型企业。"克林顿曾说,克林顿全球行动计划有一年便以专题形式表彰这些B型企业。

卡索伊不知道他和B型实验室必须改变多少,才能追求体制本身的改革——跨入让作恶更难的领域。首先,B型实验室始终强调建设性,"我们支持某些事情,而非反对所有事情"是它的口号之一。然而真正的改变需要反对某些事情,而他也知道这一点。真正的改变往往需要牺牲，卡索伊表示："在今天，没有那么多人真的愿意冒这种风险。"真正的改变可能要求做出权衡，需要选择优先要务。"我不相信每个人只要尝试更负责就能获得更高的利润，"他说，"每个人都必须做取舍。"他补充道，但是"没有人愿意谈这件事"。

有时候他看着四周涌现许多追求改变的小计划，却逃避真正的变革，心想那是不是撒一点面包屑让自己心安的一种方式。当私募股权公司引用布莱克的诗谈论改变世界时，到底有多真诚，或者只是像卡索伊描述的，希望"让人们感觉他们的呼声有人听到，但是不要有血腥的革命"？

卡索伊仍然深信他和 B 型实验室正在做的事，但针对像是"我们要到什么时候才会说'真棒，所有企业都该这么做'"这样的问题，他说："要我们做到足够像往资本主义注入一剂强心针。"卡索伊心中一股光明、热烈的力量似乎想这么做，想挑战他曾在金融业共事的那些人；想改变所有企业，让每个人遵守相同的游戏规则；想先阻止恶行，而非让已经行善的人更容易行善——想在公民的同意下改变体制，而非绕过它的腐败。然而，那股力量将发现它面对极其强大和无所不在的迷思之网——市场世界。如果卡索伊内在悸动的力量，如果改变本身——来自草根的真正改变，是注入一剂强心针，许多人将必须摆脱这种迷思，并记住真正的改变是什么。

在卡索伊坐着思索他改变世界的方法那晚，他的母校斯坦福大学正在城市另一边举办一场如果他参加可能会更让他睡不着觉的活动。那是一场小组研讨会，讨论一本名为《民主社会中的慈善》的文集,并以该文集的两名编辑和两名代表慈善界的人担任主讲人。活动的主持人是大卫·西格尔(David Siegel),这位据报道一年赚进五亿美元的慈善家,他出借对冲基金 Two Sigma 的办公室作为活动场地,虽然这本文集对慈善家有许多批评。

与会的有些人是来听大慈善受到应得的惩罚,他们先在对冲基金宽敞的厨房聚集,一边吃着迷你玉米面卷,一边啜饮葡萄酒,然后讨论会开始。文集编辑并撰写其中一篇文章的芝加哥大学意大利裔政治哲学家奇亚拉·柯岱莉发现,坐在与她相隔两个位子的慈善家,正是她学术写作中所挑战的代表。那是前花旗集团董事长暨执行官桑福德·魏尔(Sanford Weill),现在是活跃的捐款人,捐款给各式各样的慈善计划。魏尔是卡索伊的反面:一个体制的产物,对体制很少疑惑,以无比坚定的信念相信像他这样的精英救世者的重要性。

魏尔在打造花旗集团时就不是大政府的崇信者,而且希望免于政府监管,如今在解决公共问题上也不相信政府能有所作为。他始终认为,问题最好交给像自己这样的人来处理。那晚魏尔反复说到像他这样的富人应该挺身解决公共问题,因为政府太分裂、太无能,无法承担这项任务。他依然口出此言,无视他自己就是让政府经常捉襟见肘的原因之一。毕竟魏尔被《时代》杂志评为"金融危机二十五大罪魁祸首"之一,因为他冷酷地推动"为所有顾客提供所有服务","不断游说",最后成功地废除格拉斯-斯蒂格尔法案这项可以追溯到大萧条时期限制投资人涉险的法案。他提倡大到不能倒的银行,而且得遂所愿,并因此协助酿成数十年来最严重的金融危机,让政府花费数百亿美元为花旗纾困。如今魏尔埋怨政府没有钱,所以必须靠捐款来帮忙解决问题。当魏尔第三或第四次提到这件事时，柯岱莉忍无可忍："政府就是我们。"

魏尔无动于衷，似乎绝不动摇。但是柯岱莉对精英尝试改变世界究竟是怎么一回事的看法，可能正是卡索伊和其他对市场世界人士心存怀疑的人需要的补药，让他们更清楚看到自己的处境，或许改变他们的方法。更重要的是，它让我们所有人醒悟到可以借助他们的协助来追求更好的世界。

研讨会次日早上，苏荷大饭店（SoHo Grand Hotel）的安静大堂里，柯岱莉坐在无人值守的DJ台前的高背沙发上。她啜饮着纸杯盛装的咖啡，斟酌条理分明的句子，尝试剖析市场世界如何自我辩解。

以市场世界有责任和权利解决公共问题，而且带头发展解决公共问题的私人方案的观点为例，对柯岱莉来说，这就像让被告掌管法院体系。她说，精英拒绝询问的问题是："为什么世界上会有这么多需要帮助的人？你们应该扪心自问：你的行为是否助长了这种情况？你们是否通过你们的行为造成任何伤害？如果有，现在不管你们多么有效率地协助一些人似乎也不足以补偿。"

柯岱莉谈论的，包括主动造成伤害的和被动允许伤害的。她认为，主动伤害者是"较简单的情况"。她说："如果你反对遗产税，如果你直接试着逃避缴税，如果你支持并直接、自愿地从劳动法规低下、不稳定性增加的制度中获利，就是直接促成可以预见的且伤害人的结构。"这就是"直接共谋"。

至于不是经营高盛或普渡制药的人，过着优渥的生活，并试着通过市场让世界变得稍微好一点，柯岱莉说这是较复杂的情况。经济学家可能会说，像卡索伊这种人对世界提供边际贡献应该是好事。柯岱莉反对这种分析，认为这类努力不是单一的道德行为，而是双向的道德行为。除了帮助的行为，还应看到与之平行的接受行为。

这些市场世界人士实践了无数的私人倡议，不只是为世界增添善行。他们在过去就是体制——一整套制度、法律和规范的受益者，而且仍在持续受益，这个体制阻止许多人充分实现他们的人生，而且过去数十年来，被排拒在外的人不减反增。柯岱莉表示，这些精英就像一幅画的主人，后来发现这幅画是偷来的。虽然偷窃发生在买画之前，她说："不过照理说，如果你知道原本的主人是谁，就有义务把画还给那个人。也许你还要道歉，承认拥有一件不属于你东西，承认拥有的东西是非正义的果实。"

如同卡索伊的例子，选择一种解决问题的方法，就是排斥了另一种方法。如果卡索伊追求实现让企业更难以作恶的想法，亲自投入政治、法律及体制本身，成功可能意味他未来将丧失机会，甚至让他付出旧生活赚来的钱，那不是一个简单的决定。

但柯岱莉告诉我们，这是一个选择。做一点善事的同时，对更大的体制毫无作为，就是在维系这种体制，你是在享受非正义的果实。你可能正在进行一项监狱教化计划，却选择不以资助让人们生活更稳定，也许让一些人免于落入囚牢的改善薪资和劳动法律为优先目标；你可能正在赞助一项豁免法学院学生贷款的计划，却不会选择提倡制订税法，因为那样的话你得付更多税；你的管理咨询公司可能正在撰写一篇释放价值数万亿美元的女性潜能报告，却选择不建议客户停止游说阻碍实施女性平权的社会计划，那些计划已被证明能让女性达成咨询公司在报告中幻想的平等地位。

经济学主导的理由支配着我们的时代,我们可能往往专注于上述多种情况的前半段——你可以看到和触及边际贡献,而忽视涉及所谓复杂的一面。但柯岱莉是希望精英反思他们以自己之名做的事、他们拒绝抵制什么,都应视为道德之举,而不只是他们积极提倡的计划。

她的主张并非如果你无法阻止,世界上发生的每件坏事就都是你的错,相反,她认为民主社会的公民对社会上可预见且持续容许的事要负集体责任,他们对失灵体制的受害者有特殊的责任,而且这种责任大部分落在那些从同一个武断体制获利丰厚的人身上。"如果你是倡导或支持正确政策的精英,或者假设你不是直接的共犯,"她说,"我认为,你可能有责任或义务返还给那些遭到共同体制不公平剥夺的人失去的东西。"

柯岱莉表示,赢家要对体制的状态以及它对其他人的生活造成的影响负责,这出于两个理由:"因为没有社会,你就没有价值;也因为如果没有政治制度保护我们的权利,我们都会被其他人宰制。"

让我们分别检视这两个理由:她说没有社会,你就没有价值,因为如果没有我们视为理所当然的文明基础架构,就不会有对冲基金经理人或小提琴家,也不会有科技创业家。"你的生活,你的才能,你做的事,如果没有共同的体制就无法实现。"柯岱莉说。如果街头不安全或股市不受监管,要发挥个人才能将更困难;如果银行没有被迫提供存款保证,赚钱将毫无意义;即使你的孩子就读私立学校,他们的老师也可能有一部分是受公立学校训练,将学校与社会相连的道路网也是公帑建造的。另一个事实则是,如果没有共享机构组成的政治体系,任何人都可能支配任何人，想要保护宝贵事物的每个人将永远有遭受他人掠夺的危险。柯岱莉表示，生活在没有公平适用于所有人的法制和共享机构的社会，就是生活在"仰赖他人的专断意志，就像某种形式的奴役"。

想想一个人寻求在坏体制内部"改变世界"，却对体制保持相对缄默；想想管理一家影响力投资基金的人以帮助穷人为目标，却不愿意将顾问委员会上金融家的商业行为同贫困之间联系起来（无论是在脑海中还是大声说出）；想想这个例子的一百种变形。对柯岱莉来说，这样的人让自己置身于善良的奴隶主所面对的困难道德处境。

"对我来说，就好像是一个奴隶主人拒绝承认人有自由的权利，却以'我是仁慈的主人'来合理化，"她说，"所以等于是支持奴隶制度，但是等我拥有奴隶后，我会对他们很好，让他们真的过得很好。"

柯岱莉说，我们可能会回答："如果是在奴隶社会里，当然，当一个仁慈的主人好过当不仁慈的主人，这是理所当然的。"但是当我们回想奴隶制度时，大多数人会同意，唯一合理的行为是拒绝买奴隶，拒绝参与奴隶制度，拒绝跟随这个制度。如今情况变得复杂。阻碍一半美国人从三十年间生产力发展受益的政治和经济体制变成可以体谅、可以回避的东西；问题据说是太复杂了。一些人担心他们的立场将来有一天会变得荒唐，所以选择接受现状。他们寻求与不正义的加害者合作，甚至聘任那些人当顾问，让那些人担任他们寻求正义计划的董事。

有时候接受现状伪装成无能或无知。没错，像提施这样的人可能会说，理论上体制应该改变，但是那非常困难。"结构性改变和体制性改变"是好事，柯蒂说，问题是"你要找谁来实现"；创造另外自愿遵守较好行为准则的资本主义很容易，卡索伊说，改变所有企业必须遵守的法律需要他宣称自己所缺少的倡议才能，以及政治各阶层可敬的公职人员——能安于无法获得像市场世界般丰厚报酬的职位。

柯岱莉驳斥这种关于体制的宿命论，认为流露出的无能情绪是"荒谬的"。说它荒谬是因为市场世界的公民"通过自认为是创业家、是变革的代理人来过他们的生活"。但是这种一心要世界顺从他们意志的态度，证明是相当反复无常的。"当谈到用让他们感觉很好的方式做改变时——创立一家企业、游说特定事项、通过慈善帮助一些人，他们愿意当代理人，"柯岱莉说，"他们就有力量、有意愿推动改变。"不过，她继续说："但是当谈到缴更多税、尝试倡导更多公平的体制、实际尝试停止体制性不正义，或尝试倡议消除不平等和促进重分配时，他们就变得麻木瘫痪，无能为力。"

她说："这很荒谬，因为代理人的概念在哲学上说不通，在实务上也说不通。"首先，争取公司法的改变未必会比创造资本主义的平行架构更难；寻求更有效地对富豪统治阶级课税，未必会比每年举办盛大的会议号召他们回馈一些东西给社会困难。柯岱莉提醒我们，市场世界人士只是过于自谦，他们一直在做重大、复杂、精心策划的事；他们有能力解决复杂的问题。他们自称没有能力在政治和体制层面上贡献解决对策可能只是托词。此外，让市场世界在近几十年来得以欣欣向荣的体制并非自然发生的现象，而是由人设计打造的。市场世界已展现出有意愿和能力进入政治竞技场——去"改变体制"，只要是为了争取降税、更自由的贸易、废除像格拉斯-斯蒂格尔法案的法律、免除债务、限缩监管，以及让市场世界公民在当今时代如鱼得水的许多政策，但是对于逆转市场世界所造成的影响，他们却认为太难、太政治、庞大到无法应付。

虽然柯岱莉的批评听起来可能很严苛，她仍为卡索伊和市场世界的其他人指了一条路。她代表他们承认一些人私下担心可能成真的事：他们是需要社会宽恕的债务人，而非需要社会追随的拯救者。她提供市场世界最崇拜的东西：一个解决方案，就是回归政治作为我们塑造世界的地方，虽然这个解决方案可能违反他们的本能，甚至违反他们的利益。

如果柯岱莉是对的，市场世界的基本预设就是错的。在她的评估模式下，做你能做的善事不再那么闪烁光彩，接受现状和你做什么一样重要。商业人士自称"领袖"，并自任为社会最棘手问题的解决者，是令人不安的手法，用以抹除他们在造成社会问题上扮演的角色。从柯岱莉的角度来看，可能因变革而损失最多的人在带头推动改革确实是奇怪的现象。市场世界的私人改变世界法尽管做了许多善事，对柯岱莉来说，却被"自我陶醉"所伤。"似乎每个人都想要凭自己的力量改变世界，"她说，"他们从自己的角度考虑，用自己的方法做，但是你的四周有其他人，每个人应该支持能保障更好生活的体制。"

当社会通过共享的民主体制去发起帮助时，是代表所有人做这件事，而且是在平等的前提下。这些体制代表自由与平等的公民做出集体选择，选择帮助谁和如何帮助。接受帮助的人不只是这笔交易的对象，也是它的主体——有行动能力的公民。当帮助转移到私人领域时，不管那听起来多有效率，帮助的前提是不平等的关系：施予者和接受者、帮助者和被帮助者、捐款者和受赠者。

当一个社会以政治与体制方法解决问题时，呈现的是整体观，是代表每个公民说话，是在通过它做的事情表达信念。柯岱莉说，这种为他人说话的权利在由强大的公民个体执行时，就失去正当性。"你是一个个体，"她说，"不能代表众人说话，你也许可以代表你的小孩说话，但其他人不是你的小孩。"

她说："这是自由、平等与独立个体的含义，这也是共同体制的意思，不管是好是坏。"我们的政治体制——法律、法院、民选官员、机构、权利、警察、宪法、监管规范、税收、共有的基础架构；数百万个支撑我们文明、我们共享的小部件——柯岱莉说，只有它们能"代表每个人发言与行动"。她承认"它们有失灵的地方"，但并不表示市场世界经常说和做的就是正确的。柯岱莉说："我们的职责是让它们说和做，而不应认为我们能执行改变、削弱并摧毁这些体制，让我们开始努力创造让这些体制变得更好的环境。"

谢　词

二○一五年夏天，我焦虑地站在科罗拉多州阿斯彭的讲台上，心想：如果你告诉满屋子有钱有权的人，说他们不是自己想象中的世界拯救者，会发生什么事。

四年前，我获选为阿斯彭研究所亨利·克朗研究计划的研究员。你可以从一些文件回顾，该计划尝试寻找"新类型的领袖"，以"解决世界上最棘手的问题"。我是一个奇怪的选择，研究计划表示所寻找的领袖"全都是已认证的企业家，大多数来自企业世界"。我当时不是，也从来不是企业家，而且如果写作是经营企业的话，我也不是好作家。但是我没有拒绝阿斯彭的习惯，而且这个计划听起来很有趣——在两年期间与约二十名同学上四次每次为期一周的课程，阅读重要的文章并加以辩论，且私下讨论我们的生活和辛苦，同时思考着如何"改变世界"。

刚开始，我的研究计划经验局限在这个小团体。我与同学交流彼此的挣扎，最后成为其中一名同学的婚礼司仪。随着我融入阿斯彭研究所的世界，一些较难启齿的快乐逐渐浮现，我开始认识有私人飞机的朋友，有时候会和他们一起搭机；我在有鹿角壁饰、俯瞰咆哮叉谷（Roaring Fork Valley）的豪宅与超级富豪厮混；我带着母亲参加阿斯彭思想节，同住一个旅馆房间，为了谁要穿那件虎纹浴袍、谁穿豹纹浴袍而大笑不止。

即使在回忆这些美好的体验和关系时，我发现阿斯彭研究所仍然缺少了什么。这些有钱有权的人在这里聚集，谈论回馈社会，但从这种聚会中得到最多好处的人似乎是提供帮助者，而非被帮助者。我开始想了解这些最幸运的人不仅想做善事，而且实际上宣告拥有"改变世界"的主权，这究竟是怎么一回事。

很奇特的是，我们在阿斯彭研究所里有关民主与"良好社会"的讨论是发生在柯克（Koch）大楼里，该大楼是以做出许多为了"改变世界"而伤害民主和社会大众的家族命名。筹办研究计划成员聚会的主办人为我们安排由高盛赞助的午餐会是很扫兴的事，因为该公司的善行在会中不断受到吹捧，而在金融危机扮演的角色却未被检讨。阿斯彭研究所聚集来自强大机构的人，如脸书、对冲基金桥水和百事可乐，而且不要求他们让公司减少垄断、贪婪或伤害儿童，反而呼吁他们策划"改变世界"的活动。

我开始觉得像是偶然参与花言巧语的大谎言，也像是胆怯的共犯及怯懦的受益者。我们究竟是谁的领袖？谁给我们权利按照自己的意思解决世界的问题？我们选择的标准把哪些利益与盲点带进问题的解决中？我们为什么来到阿斯彭？是为了改变体制，还是来被它改变？向有权力者说实话——像我们在座谈会中读到的作者那样？或是协助让不正义、令人难以忍受的体制更容易再延续久一些？我们提议要解决的棘手问题能否以我们默默坚持的方法解决——只需要精英支付最少代价，只需要最少的权力重分配？

在计划第五年时，有人要求我对夏季聚会的几百位研究员同僚发表演讲。这并非不寻常，研究计划的口号之一是彼此学习胜于邀请外来的演讲者，每次聚会都有数十位同侪以不同方式演讲。随着进入夏季和聚会接近，过去几年来的复杂感觉也在我的心里翻搅，我的愧疚感和不适如影随形，直到最后在迟疑中决定发表成为本书种子的那场演讲。

那一天，我在讲台上说："我想说的是，我们可能并非一直以来自认的领袖。"我描述自己所称的阿斯彭共识："我们时代的赢家必须接受做更多善行的挑战，但是绝对不要告诉他们少做恶事。"

公开演讲通常不会让我害怕，不过那天我确实感到心慌。我不知道当你告诉一群自认为朋友的人说他们生活在谎言里会发生什么事，但我就是那样发表了演讲。让我久久无法停止惊讶的是，听众站起来欢呼鼓掌。不过，在我演讲后不久，美国前国务卿玛德琳·奥尔布赖特上台委婉地驳斥我的演说。"去她的。"另一个女人对我小声说，但是她的丈夫开始在背后批评我。一个亿万富豪走过来，谢谢我说出她这辈子一直无法说出的心声。阿斯彭研究所领导阶层里的一些人开始慌张地询问，是谁让这种荒腔走板的事发生。那晚在酒吧里，有些人向我敬酒，另一些人冷冷地瞪着我，还有一个私募股权业的男人说我是"混蛋"。

更晚一些，《纽约时报》专栏作家大卫·布鲁克斯（David Brooks）在壁炉旁问我能否报道我的演讲，我原本不打算让演讲内容对外散播，但还是同意了。人们开始要求看演讲内容，我把它张贴在网上，因而引发许多骚动和讨论。我原本没有计划撰写一本关于这个主题的书籍，是这个主题选择了我，因此我接着花费两年的时间，与对精英推动的改变世界方法感觉疑惑的人讨论和写作。

我告诉你这些事，是要让你知道本书的缘起，以便表达第一个要感谢的对象——阿斯彭研究所，它接纳我，并为我揭开精英领导社会改变的帷幕。我说这些，是因为幕后故事能清楚解释我该感谢的其他人：了解一个问题最好的方法是成为问题的一部分。

本书是一个批评家的作品，也是它所挑战问题的内部人士/外部人士的作品。我发现本书探究的所有问题、迷思、自利的正当化，几乎都是问题的一部分，不管是因为天真、愤世嫉俗、合理化、无知，或是为了谋生。我选择不以个人角度撰写这些事，是因为不希望本书以自己为主题。但是让我趁着写谢词时也做一番说明，我曾在麦肯锡担任分析师；我在 TED 演讲过不止一次，而是两次；我的收入有一大部分来自演讲；还有在我看清楚精英"改变世界"只是猜字谜游戏前，也参加了宣称"改变世界"的会议。我尝试过着诚实和道德的生活，却无法与我批评的东西区隔，本书批评的是一个我绝对无法否认自己也是其中一部分的体制。

在我撰写本书时，有很长一段时间在一种奇怪的感觉中挣扎着，纠结于指控一个我有许多朋友在内的群体的作为和信念。当我偶然看到诗人切斯瓦夫·米沃什（Czeslaw Milosz）写的句子时，立刻有一种熟悉的感觉。一九五三年，米沃什出版《被禁锢的头脑》(The Captive Mind)一书,写到他对这么多波兰同胞思想家屈服于——在一个又一个合理化和借口下——斯大林主义的虚伪和压迫感到沮丧。他描述自己的著作是"与正在一点一点地屈服于新信心(New Faith)神奇影响朋友的一场辩论"。这带给我很大的帮助,因为我的著作主要内容之一也是与朋友的辩论。它是一封以爱和关心写的信,写给我看到正屈服于一种新的新信心的人,而且我知道其中有许多人是诚实的。当然,它也是一封给社会大众的信,呼吁他们向窃占改变世界为己任的人收回这项工作。

由于它是与我朋友的辩论,一部分被写到的人是我在建立新闻记者与访问对象关系前就认识的:辛顿、柯蒂、沙阿、卡索伊、提施。我很感谢他们愿意与我角力这些问题,虽然他们很清楚我的观点。我也一样感谢所有原本不认识却还是回复我电子邮件和电话的对象,分享他们的故事与对改变的看法。在少数例子里,我为了保护隐私而更改了他们的名字。

我很感激两位教授。在阅读皮凯蒂的大作《二十一世纪资本论》时,看到一个让我为撰写本书感到豁然开朗的句子。"这种极端的不平等能不能长久存续,"皮凯蒂写道,"不仅取决于压迫机制的有效性,还可能主要取决于合理化机制的有效性。"就在那一天,我决定让本书深入探究合理化的机制。而在哈佛教导我的迈克尔·桑德尔(Michael Sandel)可能是第一个让我意识到金钱已超越货币,变成我们的文化,征服我们的想象,渗透至与钱无关的领域这一观念。

我想向那些慷慨付出时间阅读本书章节,甚至整本手稿的人表达谢忱:理查德·薛文(Richard Sherwin)、尼古拉斯·尼葛洛庞蒂（Nicholas Negroponte）、雷默、鲁克米尼·吉里德哈拉达斯（Rukmini Giridharadas）、汤姆·弗格森（Tom Ferguson）、柯恩和凯西·杰拉尔德（Casey Gerald）。也谢谢查克拉·坎内帕里（Zackary Canepari）出借树林中的小屋。还有就是我坚持不懈的妻子普莉亚·帕克（Priya Parker）。她是第一个知道写作进行情况的人，因为多年来她始终坚持听到每日收获进度。我睿智和永远支持我的双亲希亚姆（Shyam）和南迪尼（Nandini），还有人数太多不及列出名字的人，都以他们充满热情的方式提供协助：建议、支持并在写作无可避免地变得艰困时，转移我的注意力——以及提供迅速的简讯回馈意见。还有，再次幸运地有老练的编辑暨聪明又开朗的朋友沃林达·孔迪亚克（Vrinda Condillac）帮忙，花费近两周的时间坐在我旁边，逐段修改手稿。

我的经纪人林恩·奈斯比（Lynn Nesbit）是堪称拥有传奇地位的罕见人物。没有人比他更懂得如何把书引入世界，并且处理一路上遭遇的阻碍。没有人比他更能让作家感到放心，没有人像他那样——如果还有这样的人，善于把眼光放远，用电话闲聊而不只是打字传达意念，没有人比他更善于聊天。

奈斯比带我找到阿尔弗雷德·A.克诺普出版社，虽然那好像是命中注定的事。我在大约十年前先认识本书的编辑乔纳森·西格尔（Jonathan Segal），当时我正在撰写关于印度的书。他没有取得那本书的版权，却通过对提案的评语从根本上塑造了它。我们在《赢者通吃》再度相遇，西格尔对书籍很精明、认真、热情，而且很难讨好。当他在电脑上编辑文字时，我感觉像是观看大师进行外科手术，起初目光聚焦在剪下，然后看到他删除非删不可的文字、转贴、插入和接合后变得流畅的段落。如果没有他的眼、手及信心，本书无法存在。我也很感谢该出版社勇气十足的领导者索尼·梅塔（Sonny Mehta）对书籍的支持，以及杰西卡·普赛尔（Jessica Purcell）、保罗·博加兹（Paul Bogaards）、山姆·阿柏（Sam Aber）、茱莉亚·林戈（Julia Ringo）、金·桑顿·因杰尼托（Kim Thornton Ingenito）与团队的其他成员。

我把本书献给我的孩子奥瑞恩（Orion）和佐拉（Zora），也献给你们的孩子，他们值得生活在即将来临的新时代。

注　释

这是一本报道文学，整体来说，我写的人和较长的引述文字来自亲身访问，一些例外则会在正文中加以说明。同样，我详细描述的情景源于身历其境，或是尝试重建身历其境者的证言。大量取材的内容会尽可能在正文中引述来源。因此，以下的清单将列出我在正文中为了避免妨碍叙述和拖累阅读，而未加引述的主要资料来源。挂一漏万在所难免，一些书中的小引句可以从互联网或不待赘言的来源轻易找到，所以没有在正文中多做说明。

前言

有关美国科学家在世界生物医学研究上领先的讨论，参见"Globalization and Changing Trends of Biomedical Research Output," by Marisa L. Conte, Jing Liu, Santiago Schnell, and M. Bishr Omary（*JCI Insight*，June 2017）。有关"一般美国人健康的改

善仍比其他富裕国家的人缓慢"的讨论，参见"U.S. Health in International Perspective: Shorter Lives, Poorer Health," by the Institute of Medicine and the National Research Council (Washington, DC: National Academies Press, 2013)。有关美国人预期寿命下降，参见"Mortality in the United States," by Jiaquan Xu et al.(National Center for Health Statistics data brief no.267, December 2016)。有关十二年级学生平均阅读能力水平下降，参见"The Condition of Education 2017," by Joel McFarland et al.(National Center for Education Statistics, 2017)。有关肥胖和相关疾病的案例，参见"Early Release of Selected Estimates Based on Data from the 2015 National Health Interview Survey," by B.W.Ward, T.C.Clarke, C.N.Nugent, and J.S.Schiller(National Center for Health Statistics, May 2016); 和 http://stateofobesity.org 上的各项资料。有关年轻人创业减少的讨论，参见"Endangered Species: Young U.S.Entrepreneurs," by Ruth Simon and Caelainn Barr(*Wall Street Journal*, January 2, 2015)。有关谷歌图书（Google Books），参见"Torching the Modern-Day Library of Alexandria," by James Somers(*Atlantic*, April 2017)。有关美国人识字率的讨论，参见"The U.S. Illiteracy Rate Hasn't Changed in 10 Years"(*Huffington Post*, September 6, 2013) 和来自国家教育统计中心（National Center for Education Statistics）的资料。文学阅读的相关来源，参见"The Long, Steady Decline of Literary Reading," by Christopher Ingraham(*Washington Post*, September 7, 2016)。有关信任政府的讨论，参见"Public Trust in Government Remains Near Historic Lows as Partisan Attitudes

Shift"（Pew Research Center，May 3，2017）。

有关"变革的果实"分配不平均的讨论，参见"Distributional National Accounts: Methods and Estimates for the United States,"by Thomas Piketty，Emmanuel Saez，and Gabriel Zucman（National Bureau of Economic Research Working Paper No.22945，December 2016）。有关社会流动性改变的真正情况和"出人头地的机会"，参见"The Fading American Dream: Trends in Absolute Mobility Since 1940,"by Raj Chetty et al.（National Bureau of Economic Research Working Paper No.22910，December 2016）。富人与穷人预期寿命差距的相对讨论，参见"The Association Between Income and Life Expectancy in the United States，2001-2014,"by Raj Chetty et al.（*Journal of the American Medical Association*，April 26，2016）。有关亿万富豪相对于其他人和最富有的10%者的财富增加比率，参见"How Business Titans，Pop Stars and Royals Hide Their Wealth,"by Scott Shane，Spencer Woodman，and Michael Forsythe（*New York Times*，November 7，2017）。

第一章 这个世界是如何改变的

皮凯蒂等人的更多资料是来自前面引述的相同论文"Distributional National Accounts"。有关克林顿在乔治城大学时代的讨论，参见 *On the Make: The Rise of Bill Clinton*, by Meredith L.Oakley（New York: Regnery，1994）。讨论新自由主义引述哈维的文字是来自他的著作 *A Brief History of Neoliberalism*（Oxford: Oxford University Press，2007）。有关蒙克对"责任"转变中的意义，参见 *The Age of Responsibility: Luck, Choice, and the Welfare State*（Cambridge, MA: Harvard University Press, 2017）。有关海德特与蒂皮特的谈话，参见广播节目和播客 *On Being* 的"Capitalism and Moral Evolution: A Civil Provocation"（June 2, 2016）。

第二章 双赢

有关非洲开发银行担忧所谓秃鹰基金，参见其网站 www.afdb.org/en/topics-and-sectors/initiatives-partnerships/african-legal-support-facility/vulture-funds-in-the-sovereign-debt-context（accessed September 2017）。更多关于经济政策研究所对薪资停滞和生产力提高的研究，参见"Understanding the Historic Divergence Between Productivity and a Typical Worker's Pay," by Josh Bivens and Lawrence Mishel（EPI Briefing Paper No.406, September 2015）。亚当·斯密的引述来自《国富论》第一部，第二章；第二段来自《道德情操论》第四篇，第一章。波特关于企业解决问题的权力引述自他的文章"Creating Shared Value," coauthored with Mark R. Kramer（*Harvard Business Review*, January-February 2011）。夏皮罗的观点和文氏图来自他的协作基金网站：www.collaborativefund.com/about（accessed September 2017）。

第三章 戴着恼人贝雷帽的反叛王

米勒的引述来自名为"Tastemakers"的系列访问，由纽约服饰店 Otte 出版（网上已无法找到）。博伊德对科技大亨的批评，出自她的文章"It's Not Cyberspace Anymore"（*Points* blog on Medium, February 2016）。

有关对抗爱彼迎歧视的运动,参见"Airbnb Has a Discrimination Problem. Ask Anyone Who's Tried to #Airbnbwhileblack", by Aja Romano(*Vox*, May 6, 2016)。爱彼迎回应指控的报道标题为"Airbnb's Work to Fight Discrimination and Build Inclusion", by Laura W.Murphy。加州公平就业与住房部对爱彼迎的指控刊登于 www.dfeh.ca.gov/wp-content/uploads/sites/32/2017/06/04-19-17-Airbnb-DFEH-Agreement-Signed-DFEH-1-1.pdf(accessed September 2017)。爱彼迎的回应也刊登于上述网页。

有关陈法官对优步的判决,参见"Order Denying Defendant Uber Technologies, Inc.'s Motion for Summary Judgment" in *O'Connor v.Uber*, Case No. C-13-3826 EMC, United States District Court for the Northern District of California, Docket No.211。查伯利亚法官对 Lyft 的判决,参见他的"Order Denying Cross-motions for Summary Judgment" in *Cotter v.Lyft*, Case No.13-cv-04065-VC, United States District Court for the Northern District of California, Dockets No.69 and 74。

有关盖茨对科技用以平权的信心,参见他的著作 *The Road Ahead*(New York:Viking, 1995)。扎克伯格夫妇对网络力量的信念,参见"Letter to Our Daughter"(Zuckerberg's Facebook page, December 2015)。

汉森对硅谷伦理的批评,出自他的文章"Reconsider"(*Signal v. Noise* blog on Medium, November 5, 2015)。切格洛夫斯基的批评被引述在"California Capitalism Is Starting to Look a Lot Like Polish Communism," published on *Quartz*(September 24, 2015)。霍布斯的引述,出自他的著作《利维坦》(*Leviathan*)第

一部，第十三章。

第四章 批评家和思想领袖

柯蒂的研究论文可在网页找到：https://scholar.google.com/citations?user=ikdjewoAAAAJ。她研究男性认知的论文是"Men as Cultural Ideals: How Culture Shapes Gender Stereotypes"（Harvard Business School Working Paper 10-097, 2010）。佐里的文章是"Learning to Bounce Back"（*New York Times*, November 2, 2012）。

有关就业安全的统计数字：终身制的数据来自"Higher Education at a Crossroads," a report by the American Association of University Professors（March-April 2016）: www.aaup.org/sites/default/files/2015-2016 EconomicStatusReport.pdf（accessed September 2017）。新闻编辑室的数据来自"Newsonomics: The Halving of America's Daily Newsrooms", by Ken Doctor（*Nieman Lab*, July 28, 2015）。

格兰特的引述，出自他的著作 *Originals: How Non-Conformists Move the World*（New York: Viking, 2016）。布朗的引述来自她在 TEDx-Houston 的演讲"The Power of Vulnerability"（June 2010）。汉尼施的引述来自她在一九六九年的文章"The Personal Is Political"。格拉德威尔有关付费演讲的道德困惑可以在他网站的"揭露声明"（Disclosure Statement）中找到。马奇对弗格森的批评，出自"The Real Problem with Niall Ferguson's Letter to the 1%"（*Esquire*, August 2012）。穆孔达的见解最早见于他的文章"The Price of Wall Street's Power"（*Harvard Business Review*, June 2014）。

想了解更多"可辨识受害者效应",请参见"Helping a Victim or Helping the Victim: Altruism and Identifiability," by Deborah Small and George Loewenstein (*Journal of Risk and Uncertainty*, January 2003)。海德特对"要求太多"的批评,出自前面提到的 On Being 访问。

第五章 纵火犯是最好的救火员

开放社会基金会的二〇一六年预算可在线上找到:www.opensocietyfoundations.org/sites/default/files/open-society-foundations-2016-budget-overview-2016-01-21.pdf。兰姆达斯对技术官僚接管非营利世界的批评,出自她的文章"Philanthrocapitalism Is Not Social Change Philanthropy"(*Stanford Social Innovation Review*, December 2011)。给广大巴哈伊信徒的信,出自二〇一〇年世界正义院的年度 Ridván Message,可在下列网页找到:http://universalhouseofjustice.bahai.org/ridvan-messages/20100421_001。

第六章 慷慨与正义

沃克的引述如果没有另外说明,都出自我对他的访问。对沃克的其他专访,也可参见"What Money Can Buy", by Larissa MacFarquhar (*New Yorker*, January 4, 2016)。已故历史学家霍尔对美国慈善起源的讲述来自他著作中的一章"A Historical Overview of Philanthropy, Voluntary Associations, and Non-profit Organizations in the United States, 1600 to 2000",该著作名为 *The Nonprofit Sector: A Research Handbook*, 2nd ed. (New Haven, CT: Yale University Press, 2006)。李维的引述来自正文中提及他的著

作《民主社会中的慈善》。沃克写的信可在福特基金会网站上找到：www.fordfoundation.org/ideas/equals-change-blog/posts/toward-a-new-gospel-of-wealth（accessed September 2017）。

萨克勒家族、普渡制药和阿片类药物泛滥的章节与本书大部分的内容不同，完全是根据其他人的报道做的综述。正文中已说明引述的刊物，但是我想在此表达对《纽约时报》的布鲁斯·韦伯（Bruce Weber）和贝瑞·麦尔（Barry Meier）、《财富》的凯萨琳·伊班（Katherine Eban）等人的报道，以及大卫·阿姆斯特朗（David Armstrong）在STAT长期卓越研究的感谢。布朗利有关普渡制药的引述，出自他国会证词的一部分，标题为"Ensuring That Death and Serious Injury Are More Than a Business Cost: OxyContin and Defective Products"（Senate Judiciary Committee, July 31, 2007）。

第七章　现代世界的运作

弗格森有关全球主义者的引述，出自他的文章"Theresa May's Abbanomics and Brexit's New Class War"（*Boston Globe*, October 10, 2016）。桑默斯的引述，出自他的专栏"Voters Deserve Responsible Nationalism Not Reflex Globalism"（*Financial Times*, July 9, 2016）。海德特的分析，出自"When and Why Nationalism Beats Globalism"（*American Interest*, July 10, 2016）。

我为本书采访克林顿两次，一次是在二〇一六年九月通过电子邮件，第二次则是在二〇一七年五月，在他位于纽约的基金会办公室访谈九十分钟。

霍瓦斯和包威尔有关慈善对民主"有贡献"或"破坏"的分

析,出自《民主社会中的慈善》一书中他们撰写的章节。

后记 "其他人不是你的小孩"

关于柯岱莉的大量引述来自我对她的访问。想要进一步了解她的思想,请参见她在《民主社会中的慈善》里发表的章节,她也是该书的共同编辑。